Valerio Gemelli kehrt nach 21 Jahren in seine Heimatstadt Urbino zurück. Sein Förderer, Dottore Francesco de Carlo, der Mann, dem er sein heutiges Leben als Arzt in Hamburg zu verdanken hat, ist ernsthaft erkrankt. Valerios Eltern sind einfache Bauern. Er hat Angst vor der Begegnung mit ihnen und seinen Brüdern, denn er muss sich nun seiner Vergangenheit in seinem Elternhaus stellen, einer Vergangenheit, die 21 Jahre sein Gewissen belastet hat. Jeden Gedanken daran hat er verdrängt, selbst an die Schönheit seiner italienischen Heimat wollte er sich nicht mehr erinnern.

Der Besuch auf dem Hof seiner Familie in den Hügeln vor Urbino, lässt die guten Tage wieder aufleben, aber auch die Schrecken seiner Kindheit.

Seine deutsche Frau Christina ist ihm aus Hamburg heimlich nachgereist. Ihr hat er nie von den furchtbaren Verbrechen seiner Brüder erzählt. Vor ihm tun sich Abgründe auf. Er muss Antworten finden, Schuldgefühle bewältigen und für Aufklärung sorgen

Die Personen in diesem Roman sind frei erfunden. Ähnlichkeiten mit lebenden oder verstorbenen Personen sind reiner Zufall und nicht beabsichtigt.

Für erstes Lesen des Manuskripts und hilfreiche kritische Anmerkungen danke ich allen, die mich unterstützt haben.

Alle Rechte verbleiben beim Autor
© 2017 Jutta Gujral, Bargteheide
Umschlagillustration: Simone Gujral,
Printed by Createspace.com
ISBN 978-3-00-056812-1

Jutta Gujral

Die Mühle

Il Mulino

Roman

Wo noch Lügen liegen
wie unbegrabene Leichen
dort ist der Weg der Wahrheit
nicht leicht zu erkennen
(Erich Fried)

Kapitel 1

Während die Maschine Hamburg–Bologna abhob, dachte ich an jenen Morgen, als ich mich vor Sonnenaufgang in die Mühle schlich. Damals war ich dreizehn.

Ich hatte lange nicht mehr an meine Jugend gedacht, war nicht mehr in Italien gewesen – seit einundzwanzig Jahren. Nur mit meinem Mentor Francesco de Carlo hatte ich häufig telefoniert. Manchmal sprach Francesco dabei auch über meine Eltern und Geschwister. Ich selbst hatte seit Jahren keinen Kontakt mehr zu meiner Familie. Alles war, wie es sein sollte, ich habe es nie bereut. Keine Sprache war geblieben, keine Religion, kein lösenswertes Rätsel, nur eine tief vergrabene Erinnerung und Schuldgefühle. Doch der Stachel war stumpfer geworden, hatte sich abgeschliffen in den Jahren.

Gestern dann der Anruf. Luciano de Carlo, der Bruder Francescos, bat mich, nach Urbino zu kommen. Francesco gehe es sehr schlecht. Man rechne mit dem Schlimmsten. Er habe nach mir verlangt.
Ich hatte es seit langem vermutet. Aber Francesco war ebenso Arzt wie ich und würde am besten einschätzen können, ob er ernsthaft erkrankt war oder ob es sich eben um die üblichen Zipperlein handelt, mit denen man mit zunehmendem Alter rechnen musste. Ich hatte das bis zu Lucianos Anruf nicht sehr ernst genommen. Die Nachricht traf mich deshalb unvorbereitet, setzte mir zu. Ich musste zurück nach Urbino. Francesco de Carlo..., ihm hatte ich

mein heutiges Leben zu verdanken. Was wäre ich ohne ihn?

Plötzlich fühlte ich mich leer. Von Christina hatte ich mich schon am Abend verabschiedet, bevor sie in der Klinik ihre Nachtdienst antrat. Ich wollte sie nicht mitnehmen in meine alte Heimat. Zu viel hatte ich ihr verschwiegen. Für mich aber gab es kein Entrinnen mehr, ich musste zurück. Mit der Rückkehr zu meinem Mentor und Förderer musste ich mich auch meiner anderen Vergangenheit stellen. Genügte ein Anruf, um die dicke Schicht über meiner Verwundbarkeit und den aufgehäuften Entschuldigungen und Erklärungen aufreißen zu lassen?

Während ich meinen Koffer packte, dachte ich an Francesco, der mir, dem vierzehnjährigen Bauernjungen, mit einem gewinnenden Lächeln einen Vortrag über Respekt, Arbeit und Würde gehalten hatte. Respekt auch Kindern gegenüber, denn, so hatte er gesagt, viel könne man von Kindern lernen, mit ihnen erleben und erzählen. Gedanken und Lebensweise, die neu für mich waren und in meiner Familie nie gelebt worden wären. Und Francesco de Carlo hatte begonnen, mit mir zu lernen, hatte mich gerüstet für das Leben außerhalb des dumpfen bäuerlichen Alltags. Zwei Dinge, hatte er gesagt, verleihen dir am meisten Kraft: Vertrauen auf die Wahrheit und Vertrauen auf dich selbst. In gedrängter Folge hatte ich aufzunehmen, was es aufzunehmen gab, was ging und was nicht mehr ging, was vor sich ging, was stillstand und was sich bewegen musste. Das Unwahrscheinliche wurde für mich möglich, das als möglich Erkannte wahrscheinlich. Durch

Francesco hatte ich die Bedeutung meines Namens erfahren: Valerio - der Gesunde, der Starke. Immer wieder hatte Francesco betont, dass meine Eltern vermutlich in unwissender Naivität genau den für mich passenden Namen gewählt hatten: der Gesunde, der Starke. Francesco hatte mich gelehrt, dass die Freiheit zugrunde geht, wenn wir nicht alles verachten, was uns unterjochen will, und mir damit Kraft und Selbstbewusstsein gegeben. Und ich, was hatte ich getan? Ich hatte meine Stärke für mich, aber nicht für meine Schwester Giuliana genutzt. Giuliana, immer wieder Giuliana.

Die Begegnung mit meiner Familie – da war sie wieder, die Unruhe.
Drei Stunden noch bis zum Abflug. Auf dem Balkon hielt ich Ausschau nach dem Taxi. Es war noch viel zu früh. Ich blickte auf den am frühen Morgen noch wenig belebten Mühlenkamp herunter. Die Straße war noch eingehüllt in Dunkelheit. Ich atmete die frische Hamburger Frühlingsluft. Die Straßenlaternen beleuchteten die gegenüberliegenden Häuser. Mein Blick blieb an dem ovalen Jugendstil-Ornament über der Tür des gegenüberliegenden vierstöckigen Hauses hängen, selbst in der Dunkelheit gut zu erkennen: Baujahr 1897. Hohe Häuser, von Straßenbäumen flankiert, deren Wurzelbereiche durch um den Stamm gesetzte, verzierte gusseiserne Gitter geschützt waren, ein leichter Wind, der die Geräusche der erwachenden Großstadt mit sich führte...

Von duftenden Büschen und Nachtigallen jedoch keine Spur! Verbannte Gedanken schlichen sich wieder in mein Gehirn. Ich konnte es nicht verhindern. Italien – Italien.

Endlich hielt das Taxi vor dem Haus. Noch zweieinhalb Stunden bis zum Abflug.

Das Flugzeug gewann an Höhe. Unter ihm ragten die Kirchtürme aus dem Hamburger Morgendunst. Dann nur noch Wolken.

Ich schloss die Augen. Wie eine Sturzflut brachen sie sofort über mich hinweg, in mich hinein, die Erinnerungen. Die Bilder kamen schnell und willig, Zusammenhänge verknüpften sich. *Pazienza, pazienza!* Geduld, Geduld! Nach Hause - was für eine Vorstellung. Dieses Zuhause erschien mir nach den vielen Jahren wie ein extremer Ort außerhalb der Welt. Canavaccio, mein Heimatort, ein Nest. Genau das, was man einen Marktflecken nennt, nur ohne Markt. Die Hauptstraße entlang ein paar Läden für den nötigsten Bedarf und ein Friseur. Doch wozu mehr? Die meisten Einwohner waren Bauern, Selbstversorger. Hier empfanden fast alle Bewohner das Überqueren der Gemeindegrenze als Schritt über den Rand der Erde. Ich lächelte – ja, so war es. Ausgenommen waren nur das nahe gelegene Urbino mit seinen Schulen und Fermignano auf der anderen Seite des Berges, wo jeden Freitag ein Markt stattfand, das größte Ereignis der Woche, ein Muss für die Canavaccioaner. Dieses Fermignano hatte einen großen Sohn hervorgebracht: Donato Bramante, Baumeister der Hochrenaissance, der auszog, um in Rom einer der bis heute berühmtesten Baumeister zu werden. 1444 in

Fermignano geboren, versuchte sich Bramante in verschiedenen Künsten, begann mit dem Bau des Petersdoms und wurde berühmt. Obwohl in ganz Italien noch heute Klosterhöfe und Kapellen von seiner Kunstfertigkeit als Baumeister zeugen, erinnert in Fermignano außer einigen Gedenktafeln nicht mehr viel an ihn, den „geduldigen Sohn der Armut", wie ihn sein Zeitgenosse Cesare Cesariano nannte. Bei sieben Schwestern und einem Bruder blieb für Donato Bramante nur der Weg, es alleine zu schaffen – und er schaffte es. So wie ich, Valerio Gemelli, es geschafft habe – in Deutschland. Ein wenig stolz konnte ich schon sein, dachte ich etwas versöhnlicher - und doch...

Kapitel 2

Der Hahn krähte noch vor dem Morgengrauen. Sein Krähen blieb im Ohr. Ich konnte nicht mehr einschlafen. Ich lag auf dem Rücken und faltete die Hände über der Brust. Zwischen den Fingern spürte ich den Herzschlag stärker. Ich hatte das Gefühl, dass meine Finger im Rhythmus zuckten. Wenn nun mein Herzschlag plötzlich unregelmäßiger würde, nachlassen und schließlich aussetzen würde? Es könnte jeden Augenblick passieren, auch wenn ich erst dreizehn war, dachte ich eine Schrecksekunde lang. Die Sekunde verging. Aber der Schreck, irgendwo in meinem Kopf setzte er sich fest. Doch hatte ich nicht von Don Giancarlo, meinem Onkel, dem Herrn über die Kirche San Ambrosio, gelernt, dass auf alle Rechtgläubigen das Paradies wartete, selbst wenn sie, oder gerade, wenn sie vor dem Verrecken auf den Straßen der großen Städte betteln, selbst wenn sie in Elendsquartieren dahinvegetieren, selbst wenn sie, wie ich, gestohlen haben, um dem elenden Leben wenigstens für ein paar Stunden in Träumen zu entkommen? Waren sie alle Rechtgläubige? Meine Gedanken flossen ineinander. Ich sollte nicht liegenbleiben. Ich sollte aufstehen, etwas tun. Im Treppenhaus fasste jemand das eiserne Geländer an. Das Metall übertrug das Geräusch in die angrenzenden Zimmer. Es wurden Rufe hinauf- und herabgetragen. Unten öffnete sich eine Tür, Schritte waren zu hören, die sich wieder entfernten. Oben wusste ich nicht, wer ging und wessen Stimme ich hörte. Das Bett gegenüber war leer. Giuliana war schon aufgestanden.

Das enge Zimmer teilte ich mir mit meiner Schwester. Zwei Stühle, ein Schrank, zwei Betten, ein Nachttisch. Alles alt und schäbig. Die Holzflächen vergraut mit Stellen von uraltem Leim. Über jedem Bett das Kreuz Christi. Meine drei Brüder teilen sich ein größeres, ebenso karg eingerichtetes Zimmer. Das ganze Haus war schon lange nicht mehr instand gehalten worden.

Vorsichtig öffnete ich die Mühlentür einen Spalt weit. Sie quietschte in den Angeln. Vater war schon längst dabei, den Sack Weizen zu mahlen, den Lucio, der Nachbar, gestern auf seinem zweirädrigen Karren angeliefert hatte. Eigentlich brauchte ich mich nicht vorzusehen. Das Klappern des Mühlrades und das Rauschen des Mühlbaches in der Schlucht übertönten die knarrende Tür. Dennoch fühlte ich mich sicherer, wenn mein Vater mich nicht sofort in der Mühle erwischte. Drei, vier Meter bis zur Stiege zum Mühlenboden. Dort oben hatte ich vor einem Jahr aus der Mühlenwand einen Stein gelöst und so lange den Lehm aus den Fugen gekratzt, immer tiefer, bis es mir gelungen war, den schweren Stein herauszuheben. Das lose Gestein und den Lehm dahinter hatte ich herausgeholt, bis eine Öffnung entstanden war, groß genug für meinen Zweck. Ein Versteck für meinen größten Schatz. Mein Vater hatte auch so ein Versteck. Ich hatte ihn einmal dabei beobachtet, als er dort Geld versteckte. Das hatte mich auf die Idee gebracht. Im Haus drüben gab es kein sicheres Versteck. Meine drei älteren Brüder,

11

meine Schwester Giuliana und sogar meine beiden Onkel, Don Giancarlo und Silvano, ließen mich nie aus den Augen.

Ich hob den Stein heraus, legte ihn auf die Bretter des Mühlenbodens und holte aus der Öffnung, eingeschlagen in die schmutzigen Reste eines alten Hemdes, das Buch. Es war eine italienische Übersetzung von Senecas Briefen an Lucilius. Mit meinem Hemdsärmel wischte ich über den Einband und flüsterte den Titel „Epistulae Morales". Die wenigen Jahre, die ich bis dahin zur Schule gegangen war, hatten gereicht, in mir einen kaum beherrschbaren Drang nach Büchern zu wecken. Ich wollte alles lesen, was mir in die Hände fiel. In den Augen meiner Eltern waren Bücher nur etwas für Reiche, Priester oder Spinner. Mein Onkel Don Giancarlo, Priester seines Zeichens, besaß nur Bücher über das Christentum, fromme Bücher von Märtyrern und Heiligen - ich hatte diese Geschichten alle gelesen.

Und dann hatte ich Glück. Im vorangegangenen Jahr - es hätte eigentlich mein letztes Schuljahr werden sollen - hatte ich beobachtet, wie mein Lehrer den „Seneca" unter das Pult legte und am Ende der Stunde vergessen hatte ihn einzustecken. Ich hatte gewartet, bis alle gegangen waren und das Buch schnell unter meinem Hemd verschwinden lassen. Ich hielt es für eine glückliche Fügung, dass es eine italienische Ausgabe der „Epistulae Morales" war, denn in der Dorfschule wurde Latein nicht unterrichtet. Jede freie Stunde hatte ich genutzt, einmal schon den ganzen Text durchgelesen. Längst nicht alles hatte ich verstanden – eigentlich zuerst nur wenig. In den Briefen gab Seneca dem einige Jahre jüngeren Lucilius Ratschläge zum Leben und dem menschlichen Miteinander. Es waren Aufforderungen, auf dem Weg der Weisheit voranzugehen, und Anregungen, Distanz zu den Ängsten des Lebens zu wahren, um ein glücklicher Mensch zu werden. Viele dieser Ratschläge begleiteten mich täglich, wenn mich die Unerträglichkeit des Lebens in meiner Familie zu erdrücken drohte. Doch ich hatte bei Seneca gelernt, dass es keinen größeren Beweis für Geistesgröße gab, als wenn man sich durch nichts, was einem begegnen konnte, in Aufruhr bringen ließ. Ich hatte versucht durchzuhalten. Die Briefe an Lucilius hatte Seneca mit einem „Vale", „sei stark" unterzeichnet. Ich sah erst später den Zusammenhang von „Vale" – „Valerio". Ich wusste aber damals schon, dass ich hierin die Stärke finden würde. Die Stärke, gegen den Schrecken zu bestehen, ihn zu ertragen. Ich fühlte, je öfter und je mehr ich las, würde auch das Verstehen sich einstellen. Wenn ich erst einmal auf den Feldern oder in der Mühle arbeiten musste, bliebe nur die Nacht zum Lesen. Und allmählich, ganz allmählich hatte ich angefangen, die schwierigen Texte zu verstehen. Seneca hatte die „Epistulae Morales" 62 n.Chr. nach seinem Rückzug aus der Politik und in ständiger Todesangst vor Kaiser Nero geschrieben. In den Briefen erklärte er die verschiedenen Aspekte seiner Philosophie, gab aber zugleich ein faszinierendes Bild vom Alltagsleben im antiken Rom.

Oft fragte ich mich, ob mein alter Lehrer Perugini den „Seneca" unter dem Pult absichtlich vergessen hatte – für mich. Nie hatte er eine Andeutung gemacht.

Die Sonne war aufgegangen. An meinem Lieblingsplatz auf einem großen Feldstein am Mühlbach, verborgen hinter Fliederbeersträuchern und Brombeergestrüpp, schlug ich das Buch auf. Ich spürte die Ruhe, sie drang in mich, schwoll an und schon war nichts mehr wichtig. Ich las und las und vergaß. Vergaß den Vater, dem ich in der Mühle hätte helfen sollen, vergaß die Brüder, die mich für mein Nichtstun verprügeln würden, vergaß das Mittagessen. Erst als der leichte Wind sich legte, der den ganzen Tag über das Rauschen des Mühlbaches begleitet hatte, merkte ich, dass der Tag fast vorüber war. Ich hatte dort gesessen, gelesen, ohne etwas zu vermissen. Nicht einmal hungrig war ich gewesen, hatte nur ab und zu aus dem Bach etwas Wasser getrunken. Kein Wind wehte jetzt mehr. Die Konturen der Bäume gewannen an Klarheit. Die Schatten dehnten sich und die Schlucht wurde tief und schwarz. Kein Tierlaut war zu hören. Es war, als mache die Natur eine Verschnaufpause. Meine Verschnaufpause war zu Ende und ich wusste, dass sich jetzt die Wut der Brüder und das Donnerwetter des Vaters über mir entladen würden. Am schwersten würde ich aber das traurige, vorwurfsvolle Schweigen der Mutter ertragen können. Vielleicht würde die Wut auf mich meine Brüder von meiner Schwester ablenken an diesem Abend. Dafür hätte ich ihre Schläge und Tritte auf mich genommen.

Die Stewardess brachte ein Getränk. Ich nippte daran, nahm aber den Geschmack nicht wahr.
Was damals in meiner Familie passiert war, war unwiderruflich, das wusste ich. Aber gleichzeitig war mir

immer noch, nach all den Jahren, als müsse es einen Weg geben zurückzukommen und dafür zu sorgen, dass alles einen anderen Verlauf nahm. Nur mit Mühe entzog ich mich dieser Illusion, versuchte, an das Land zu denken, das mich hervorgebracht hatte. Es war ja nicht so, dass ich meine Heimat nicht liebte. Nein - vielmehr war es für mich immer wichtig gewesen, eine nationale Identität und Zugehörigkeit, auch einen Stolz zu besitzen. Wie oft habe ich später in Deutschland meinen deutschen Freunden gesagt, dass man sich meiner Meinung nach zur eigenen Geschichte und Identität bekennen und diese in Europa einbringen müsse. Es solle nicht alles auf eine Nivellierung hinauslaufen in der Kultur - und mit einem Augenzwinkern: besonders nicht in der Kochkunst.

Als Kind fühlte ich mich geborgen in der Gegend um Canavaccio, eingebettet in die sanften Hügel um die Stadt Urbino. Wenn meine Brüder im Mai und Juni die steilen Felder bearbeiteten, habe ich mich zwischen gelbe Ginsterbüsche und wilde Kirschbäume am Feldrand gehockt, noch zu schwach für die harte Feldarbeit, wie mein Vater es ausdrückte. Klatschmohn, leuchtendes Rot ergoss sich im Juni über die unbeackerten Felder, oder im August die Sonnenblumen, wie sie in dunklem Gelb erstrahlten. Und der Wind! Fast spürte ich ihn jetzt im Flugzeug auf der Haut. Der Wind, der den Weizen kurz vor der Ernte einem Meer gleich in hellgelben Wellen hatte wogen lassen. Meine dünnen Beine in groben Schuhen steckend, suchte ich in den Mischwäldern aus Eichen, Buchen und Akazien im Herbst nach Pilzen, wanderte mit dem Vater an den Südhängen durch die von Wachholder unterwachsene *pineta*, den Pinienwald.

Dazwischen düstere Szenen einer dumpfen Welt voller Arbeit, Sparsamkeit und Härte. Immer wieder waren sie in den ersten Jahren in Deutschland über mich hergefallen, die Erinnerungen an die bösen Stunden vor dem Einschlafen oder beim frühen Aufwachen am Morgen. Da summte es im Kopf, es klopfte. Das nach innen gerichtete Ohr, das in sich Hineinhorchen setzte die Dinge in Bewegung.

Alles erschien mir damals weniger schrecklich, wenn ich mich in meinen Büchern verlor. Die Angst abzustreifen, war das Ziel gewesen, und nur in dem Gelesenen zu leben, bevor sie wiederkam, wenn der Abend drohte.

Mein Erinnerungsvermögen war groß. Ich würde es gern beschränken, wäre gern ein Meister im Vergessen, radikal und ohne Bedauern. Vieles war nicht der Mühe wert und jeder musste schließlich mit sich selbst fertig werden. Als Kinder hatten wir gereimt, wenn wir uns neckten: *„Non mi importa niente, faccia di serpente!"* - Ist mir doch egal, du Schlangengesicht! Ich schaute auf die Wolken unter dem Flugzeug.

NON MI IMPORTA NIENTE!

Die galligen Gedanken - ich schob sie beiseite. Vertreiben ließen sie sich nicht.

Ein jeder weiß, was er ist und was er sein sollte, dachte ich, dazwischen gähnt eine tiefe Kluft, über die nur ein schmaler Grat führt - das Gewissen. Aber nicht jeder hat die gleiche Vorstellung von dem, was er sein sollte.

Meine früheste Kindheitserinnerung war Wut. Wut auf meine Brüder Giuseppe, Alberto und Bruno. Ich war sieben.

Alberto stand vor mir: „Was willst du?"

„Beuge dich runter zu mir."

„Warum?"

„Weil ich dir etwas ins Ohr flüstern will."

Alberto zuckte die Achseln und beugte sich zu mir herunter.

„Danke", sagte ich und spuckte ihm ins Gesicht.

Mein Bruder war damals siebzehn.

Alberto schrie empört auf und sprang einen Schritt zurück. Sein Gesicht wurde brutal. Er rammte mir die Faust in den Bauch. Ich fiel auf den Steinboden der Küche und rollte mit auf den Leib gepressten Händen hin und her. Jetzt war ich es, der brüllte.

Cazzo, porcellone perfido", schrie Alberto und gab mir einen Tritt.

Auf mein Geschrei hin kam meine Mutter in die Küche gestürzt, gefolgt von meiner Schwester Giuliana. Die Mutter war ungekämmt und noch im Nachthemd. Ich schloss daraus, dass sich die Szene an einem Sonntag abgespielt haben musste, denn das war der einzige Tag, an dem Mutter etwas später aufstand. Sie war, verständlicherweise, empört über die Störung. Alberto berichtete, was geschehen war. Aus dem Schlaf gerissen und überarbeitet reagierte die Mutter. Sie riss mich wütend hoch und schrie: „Warum hast du das getan, *che schifo*?!"

Ich sah sie stumm an. Mit verquollenen, vom Schlaf verklebten glanzlosen Augen stand sie vor mir. Meine

Mutter, glanzlos wie ihre Augen ihre ganze Erscheinung, die ich so liebte, ohne es ihr jemals sagen zu können.

Giuliana kniete sich neben mich und streichelte meinen schmerzenden Kopf: „Valerio, *fratellino,* beruhige dich."

„Antworte!" schrie meine Mutter.

Hatte Alberto mit dem, was er immer sagte, vielleicht doch Recht, schoss es mir durch den Kopf.

Statt einer Antwort sagte ich: „Du kannst mich nicht leiden, Mamma. Du hasst mich."

Ich hätte alles gegeben, wenn sie protestiert hätte. Das wenige Spielzeug, das ich besaß – alles. Es war möglich, dass sie erbost über die Störung ihrer kargen Ruhe war. Es wäre möglich gewesen. Es wäre verständlich gewesen. Aber sie reagierte nicht. Vieles wäre vielleicht anders gekommen, wenn meine Mutter die Kraft besessen hätte, nach der Ursache meiner Wut zu forschen. Sie besaß die Kraft nicht mehr - nicht auch noch diese. Heute konnte ich es besser einschätzen, meine Mutter war nicht schlecht, nein! Melancholisch war sie, nicht mehr begehrenswert, früh gealtert. Ausgelaugt und erschöpft vom ständigen Kampf um die Existenz der Familie. Das Leben hatte sie hart gemacht. Sie umgab sich mit einem Panzer, um ihre Verwundbarkeit zu verbergen. Ich erinnerte mich an ihre Maximen: Man muss... Man darf nicht... Man hat zu...

An jenem Sonntagmorgen sagte sie zu mir: „Hass auf dich? *Bambino isterico.* Wenn du so weitermachst, wird es irgendwann..." Sie brach ab, aber mir reichte es. Ich fühlte, wie sich mein Herz zusammenkrampfte. Ich wusste nicht, was ich tun sollte. Ich wusste nur, es musste etwas Fürchterliches sein, ja!

Gleich Shakespeares Herzog von Gloster, dem späteren Richard III., war ich an jenem Sonntagmorgen bereit gewesen, ein Bösewicht zu werden.

Ich schrie sie an: „Einen Hass hast du auf mich. Hast schon einen Hass auf mich gehabt, da war ich noch gar nicht auf der Welt. Wegmachen lassen wolltest du mich!"

„Was... wie... was soll das denn heißen?"

„Weiß ich auch nicht... totmachen eben..."

„Wer sagt das?"

„Alberto! Der sagt das"! schrie ich zornig.

Die Mutter hob die Hand, um mich zu schlagen. Gleich darauf brannte mein Gesicht und ich hielt mir die Wange. Ich biss die Zähne zusammen und sah meine Mutter mit funkelnden Augen an. Keine Träne wollte ich vergießen, lieber wäre ich gestorben.

„Geht auf euer Zimmer", sagte sie zu mir und Giuliana und konnte selbst nur mühsam die Tränen zurückhalten. Sie drehte sich um und ging aus der Küche.

Ich wusste nicht, was die Mutter danach mit Alberto gemacht hatte. Es war merkwürdig still im Haus geblieben. Ich hatte Albertos Gerede nie so recht begriffen. Alberto wollte einfach gemein zu mir sein. Aber warum sagte er solche merkwürdigen Dinge über meine Mutter? Mich hasste sie doch und Alberto liebte sie – dachte ich jedenfalls damals. Und ich? An diesem Tag hasste ich meine Mutter, wollte ihr etwas Böses sagen, ihr wehtun.

In unserem Zimmer schlug ich die Tür hinter mir zu.

„Was du gemacht hast, war gemein. Erst sagen, du willst ihm etwas ins Ohr flüstern und dann spucken. Aber ich weiß...", sagte Giuliana tröstend, „Alberto ist auch gemein.

Eigentlich sollte ich mich freuen, dass du ihn angespuckt hast. Aber gemein bleibt gemein, *fratellino,* kleiner Bruder."

Sie nahm mich in den Arm und wiegte mich.

„Ist ihm recht geschehen. Und dann nimmt Mama ihn auch noch in Schutz, diesen *stronzo,* diesen Scheißkerl", rief ich trotzig.

Die vergessene Szene – da war sie wieder. Ich war eben doch kein Meister im Vergessen.

Aber ich erinnerte mich auch daran, wie sehr ich meine Mutter geliebt hatte. Mit vier oder fünf Jahren war meine größte Angst, dass meiner Mutter etwas passieren könnte, wenn sie auf dem Feld arbeitete. Ich versuchte, ihr ständig auf ihren Wegen zu folgen. Wenn ich einmal, ins Spiel am Mühlbach vertieft, nicht bemerkt hatte, dass sie nicht mehr in der Nähe war, suchte ich sie verzweifelt. Wenn ich im Haus geblieben war und sie am späten Vormittag noch nicht zurück war, setzte ich mich auf die Schwelle vor der Küchentür wie ein kleiner Hund, der zu lange allein gelassen worden war. Ich spitzte die Ohren und hielt Ausschau, ob ich sie kommen hörte oder ihre bunte Schürze von weitem leuchten sah. Der Gedanke, dass meiner Mutter etwas zustoßen könnte, war besonders beängstigend, weil meine Brüder so grob und unaufmerksam waren, und mein Vater mir immer etwas abwesend vorkam. Er schien sich nur für seine Weinstöcke und seine Oliven zu interessieren. Bei den Mahlzeiten saß er stumm vor seinem Teller und schien in Gedanken schon wieder bei der Arbeit. In diesen jungen Jahren sah ich nicht viel von ihm. Er hatte keine Zeit, mit mir zu spielen und sprach auch kaum mit mir, wenn er zu Hause war. Er war genaugenommen überhaupt selten zu Hause, bevor es Schlafenszeit für mich war.

Erinnerung... Da war der Wind zwischen den Hügeln, die Nachtigallen in den Bäumen, die Fasane auf den Feldern, die Spinnen im Haus und die kleinen schwarzen Skorpione. Die vor meinen Schritten ins Gestrüpp flüchtenden schwarzen Nattern waren Erinnerung. Als Kind hatten sie mich mit ihrer Länge erschreckt. Und Angst gemacht hatten mir die scheuen, giftigen Ursinii-Vipern mit ihrem Zickzackband auf dem Rücken. Erinnerung war auch der Landwein, der saure Geschmack auf der Zunge. Die Bauern zogen ihn in den kleinen Weinbergen für den eigenen Verbrauch, ernteten und kelterten ihn im Oktober und tranken ihn schon ab Dezember als grünen, jungen Wein vom Erwachen morgens bis zum Zubettgehen abends.

Kapitel 3

Der Flug wurde unruhig. Der Kapitän forderte die Passagiere auf, sich anzuschnallen. Die Maschine wackelte und bebte. Das Beben - meine Hände wurden feucht. Immer wieder überkam es mich, im Fahrstuhl, in der Gondel im Gebirge, selbst manchmal in der U-Bahn in Hamburg. Dann war es da vor meinem inneren Auge, dann materialisierte sich mein Versagen an meiner Schwester Giuliana. Giuliana an der Quelle, nicht weit von der Mühle mit der Fünf-Liter-Flasche frischen Quellwassers für die Familie in der Hand. Ein Kind noch, jung, kaum älter als ich damals. Ich habe meine Schwester geliebt und sie doch nicht beschützen können. Daneben wie ein Peitschenschlag in meinem Kopf die Gesichter meiner Brüder! Würde ich ihnen gegenübertreten können? Würde ich es ertragen? Oder würde ich doch im Hause von Francesco de Carlo bleiben und meine Familie nicht sehen wollen?

Dieser Schmerz - seine Quellen kannte ich: ich, der große Verdränger. Wenn ich dennoch in mein Elternhaus ginge, würde ich nicht lange bleiben an dem Ort, wo Bosheit in Idyllisches verpackt ist, Unwirtliches wirtlich erscheinen lässt und Unheimliches heimisch gemacht wird.

Ich hatte das Gefühl, den Brüdern schon nahe zu sein, meinte, ihre verschwitzten Körper und ihren weintrunkenen Atem riechen zu können. Ich fror. Die Klimaanlage im Flugzeug war einfach zu kalt eingestellt...

Aus Furcht vor dem Heimkommen spürte ich ein Verlangen, in die entgegengesetzte Richtung zu fliehen.

Solange ich nicht ankam, fühlte ich mich sicher. Nach Hause? Eine merkwürdige Bezeichnung für etwas, das man hasste oder das zumindest widerstreitende, unangenehme Gefühle auslöste. Mein Zuhause war Hamburg. Dort hatte ich studiert. Mein Zuhause war meine deutsche Frau Christina, die drei Zimmer am Mühlenkamp. Mein Zuhause war die Uni-Klinik Eppendorf, meine Arbeit auf der Station. Schon als Junge hatte ich mir erträumt, einmal Arzt zu werden. Hatte nie geglaubt, eine Chance zu haben, bis Francesco de Carlo mich zu sich holte. Und meine Freunde in Hamburg – auch sie waren mein Zuhause.

Die Maschine setzte zum Sinkflug an, noch 20 Minuten. Noch immer hielt ich die Augen geschlossen. Da war die Mühle, da war mein Elternhaus, da waren die Geschwister. Alles sah ich wieder so klar vor mir, als hätte ich erst gestern das Haus mit der Mühle verlassen.

Am Flughafen in Bologna mietete ich mir einen Lancia. Bevor ich losfuhr, telefonierte ich mit Francescos Bruder Luciano und kündigte meine Ankunft an.
Die Autobahn A 14, Bologna–Ancona, war an diesem Samstag nicht voll. Von Bologna nach Urbino hätte man es bei freier Strecke gut in zwei Stunden schaffen können. Ich fuhr jedoch nicht besonders schnell, genoss den Blick auf das wellige Land ringsum mit seinen vielen smaragdgrünen Hügeln, auf deren Gipfeln sich hinter Zypressen Bauerngehöfte erhoben. Ganz weit weg, in der diesigen und doch das Auge blendenden Ferne die

Ausläufer des Apennin, die mit dem Himmel verschmolzen und mehr zu ahnen waren als zu sehen, wie eine Verheißung. Eine Verheißung wofür?

„Erlaube keinem Menschen und keiner Situation, dich aus dem Gleichgewicht zu bringen!" hatte Francesco de Carlo mir vor meiner Abreise nach Deutschland zum Abschied gesagt und mir aufgetragen, ihm jede dritte Woche einen Brief zu schreiben, damit er wisse, wie es mir gehe. Indem ich schreibend die Lage überdenke, hatte Francesco begründet, werde ich zugleich auch Abstand von mir selbst gewinnen und mich nicht von jedem Problem aus der Bahn werfen lassen. Gut so, dachte ich. An diese Anweisungen meines Förderers habe ich mich einundzwanzig Jahre lang gehalten - jetzt nur nicht melancholisch werden.

Ich beschloss, mir das Vergnügen zu gönnen, schon die Autobahn-Ausfahrt in Cattolica zu nehmen. So konnte ich die letzten 40 km bis Urbino über Tavullia und Gallo die Landstraße genießen. Hier prägte die Struktur des Landes vom Apennin-Kamm mit seinen Bergdörfern über das Hügelland bis zum Meer hinunter nicht nur das Klima, sondern auch die Besiedlung und die Wirtschaft. Francesco de Carlo hatte mich in seinen Briefen all die Jahre über Neuigkeiten in den Marken unterrichtet. Landwirtschaft und Fischerei hatten sich in den letzten Jahrzehnten zu Industriezweigen entwickelt. Auch kleinere und mittlere Unternehmen waren erfolgreich geworden, und der Tourismus in den Küstenregionen hatte zur Steigerung des Wohlstandes geführt. In den Dörfern galt immer noch die klassische Dreiheit der Mittelmeer-Ökonomie: Wein,

Oliven, Getreide. Italien ging es bis zum Einsetzen der weltweiten Wirtschaftskrise nicht schlecht. Ich fragte mich, ob meine Familie wohl auch von dem wirtschaftlichen Wandel profitiert hatte? Hatte sich das Leben in dem Haus neben der Mühle verändert?

- Nur nicht nachdenken!

Es gab bessere Gedanken - meine Heimat, die Marken. Sie waren ein Konzentrat Italiens. In dieser Region waren alle Landschaften Italiens wiederzufinden. Früher herrschte hier Armut vor. Karl der Große hatte die ärmliche Gegend einstmals den Päpsten geschenkt. Im dreizehnten Jahrhundert wurden sie wieder in mehrere Herrschaftsgebiete aufgeteilt. Unter den Herrschern, den Signori, war Federico von Montefeltro. Er hat damals Urbino zu einem blühenden Stadtstaat gemacht und wird noch heute für seine kluge Regentschaft verehrt.

Und heute? Ich schüttelte den Kopf. Rückschritt? Das alte Bild?

Ich fuhr durch all die kleinen Orte. Das Wiedererkennen erleichterte mir die Heimfahrt. Alles sah aus wie früher. Nicht einmal einundzwanzig vergangene Jahre hatten das Gesicht des Landstrichs verändert. Nur hier und da ein kleiner *Supermercato*, den es früher noch nicht gegeben hatte und der das Bild nicht störte. Vor himbeerfarben und gelb gestrichenen einfachen Wohnhäusern saßen die Alten, wie früher. Die Frauen mit Handarbeiten. Die Männer in Gedanken versunken; stoisch, naturverbunden oder nur gleichgültig? Wer wusste das schon zu sagen? Was für ein Leben! Die Alten hatten Zeit und die Jungen taten zumindest so.

Ich genoss die Fahrt, lächelte innerlich. Über die italienische Unordnung wurde in Deutschland mit Herablassung gesprochen. Ordnungsfanatiker waren die Italiener nun ja gerade nicht, das musste ich zugestehen. Der Hang meiner Landsleute zu Provisorien, zu Notlösungen war natürlich nicht zu übersehen. Hier und da verlassene Häuser mit bröckelnden Fassaden, eingefallene Dächer über morschem Gebälk, Risse im Mauerwerk bewohnter Häuser, unverputzte Häuser, die wie Ställe wirkten und abgesackte Gehwege. Oft hingen die Eigentümer aber mit Herzblut am verlassenen Grundstück, doch weder sie noch die Söhne oder Enkel hatten Zeit oder Geld genug, das ehemalige Heim wieder aufzubauen. Aber wozu auch etwas Dauerhaftes schaffen, wo doch ohnehin die Vergänglichkeit alles Irdischen nicht zu vermeiden war. Auf dem Land lebte man im Rhythmus der Natur und in den elementaren und fundamentalen Formen des menschlichen Zusammenlebens. Hier prägte Geschichte die Orte des Geschehens - und das war auch gut so. In geschichtslosen Gegenden verkümmert die Phantasie. Ich ließ den Motor des Lancia triumphierend aufheulen.

Hatte es nicht auch etwas Sympathisches, diese Kunst, ja das Vergnügen der Menschen überall, selbst im Verkehrschaos der Städte schnell vorwärts kommen zu wollen, ohne einander böse zu sein? Und trotz landesweiter Dauerkrise und Mafia, dem Sammelbecken von Kriminalität, Wirtschaft und Politik, gibt es ein anderes Italien, fleißig und vital. Meine Landsleute haben ein schönes Naturell. In jeder Notsituation ist ihr Motto: *tiriamo avanti* - „Nur vorwärts, Hauptsache, wir überleben"! Und der individuelle und manchmal anarchische Zug hindert sie daran, Gesetzen und Geboten blindlings zu gehorchen. Außerdem sind sie weniger lärmempfindlich, grinste ich in mich hinein, denn ihrer Meinung nach gehört Lärm zum Leben wie Stille zum Tod. Niemand würde sich darüber aufregen, wenn am „heiligen" Sonntag der Nachbar hämmert, hobelt oder malert. Laut stimmte ich an: Felicità è un bicchere di vino con un panino, la felicità – Glück ist ein Glas Wein mit einem Stück Brot, das ist das Glück; Felicità è un raggio di sole più caldo che va, felicità – Glück ist ein Sonnenstrahl, wärmer als man ertragen kann, das ist Glück...

Am Straßenrand in Gallo fuhr ich an drei Jugendlichen vorbei. Sie stritten und prügelten sich. Ich schaute weg. Da waren sie wieder, die bösen Erinnerungen. Ich fuhr langsamer. In irgendeiner Ecke meines Gehirns hatten sie gelauert, die Bilder, bereit, bei dem geringsten Anlass wieder aufzutauchen.

Als ich damals lesend am Mühlbach den Tag vergessen hatte, meine Verpflichtungen in der Mühle und auf den Feldern, war es mir übel ergangen.

In der Dämmerung erwarteten mich meine Brüder unten vor der Mühle. Die Angst, die mich schon lange nicht mehr frei ließ, war mir wieder in die Glieder gefahren. Gewaltsam hatte ich versucht, mich zur Ruhe zu zwingen. Doch schon war Alberto über mir gewesen, mit seinem schweren Körper auf meiner Kinderbrust. Weinge-schwängerter Atem über meinem Gesicht. Dann war die Faust gekommen. Nur undeutliches Geschrei „*Porco! Tarlo dei libri miserabile*! - Du Schwein! Du elender

Bücherwurm!" Das war alles, woran ich mich erinnerte, bevor ich in der Dunkelheit versank.

Im Keller der Mühle war ich wieder zu mir gekommen mit stechenden Schmerzen in der rechten Brust und dröhnendem Kopf. Dann hörte ich den Schlüssel in der Kellertür. Die Angst ging in Panik über. Sie kamen zurück! Aber es war die Mutter gewesen, gefolgt vom Vater und Giuliana. Die Brüder waren nicht näher gekommen, waren an der Tür stehengeblieben. Meine Nase hatte geblutet. Die klaffende Platzwunde über der rechten Augenbraue hatte ich zuerst gar nicht wahrgenommen.

Die Mutter hatte die unverletzte Seite meines Kopfes gestreichelt. Der Vater hatte Alberto am Kragen gepackt und zuschlagen wollen, aber Giuseppe war dazwischen gegangen. Bruno aschfahl, war vor dem Vater zurück gewichen, hatte sich aber trotzig neben die älteren Brüder gestellt.

Sie haben mich ins Haus getragen. Die Mutter hat meine Wunden am Kopf gereinigt. Ich erinnerte mich, als sei es gestern gewesen.

Am nächsten Morgen die Fahrt nach Urbino, eine Tortur. Hineingequetscht in den wackligen, verdreckten Cinquecento des Vaters waren die Schmerzen unerträglich gewesen.

Doch die Assistentin von Dottore Francesco de Carlo hatte mich sofort in ein leeres Behandlungszimmer gebracht und die Eltern auf der Bank davor warten lassen.

Ich war vorher erst einmal in einem der Behandlungszimmer des Dottore gewesen, hatte immer eine robuste Gesundheit gehabt. Schon beim ersten Mal hatte ich über die vielen Bücher in den Regalen gestaunt. Auf dem Schreibtisch sah ich ein aufgeschlagenes Buch liegen. Ich war allein im Behandlungszimmer. Also wagte ich es, setzte mich hinter den Schreibtisch in den Sessel des Dottore und las neugierig. Meine Schmerzen nahm ich kaum noch wahr. Es war ein Nachschlagewerk über Hautkrankheiten mit seltsamen Abbildungen. So vertieft war ich in die Betrachtung versunken, dass ich nicht bemerkte, dass sich hinter mir eine zweite Tür geöffnet hatte.

Im Grunde, dachte ich jetzt voller Genugtuung, während ich durch den kleinen Ort Trasanni fuhr, muss ich meinen Brüdern dankbar sein, denn dieser Tag hat die Wende in meinem Leben gebracht. Und weshalb heute noch Angst? Zu fürchten brauchte ich mich nicht mehr. Es war Abscheu, was ich empfand, keine Angst, denn inzwischen wusste ich: alle Grausamkeit und wilde Rohheit hat ihren Ursprung nur in der Schwäche.

Als ich kurz hinter Trasanni über die „Straße des Herzogs" die Serpentinen nach Urbino hinauffuhr, die letzten ansteigenden Kurven der Straße bewältigt hatte und den Campanile der Kirche San Francesco sah, spürte ich ein Glücksgefühl, das mich mit Wucht überflutete. Damit hatte ich nicht gerechnet, aber ich kostete es aus.

Die Via della Stazione wand sich am Berg empor bis zum Borgo Mercatale, von wo aus sich der Palazzo Ducale auf der Bergspitze erhob, in eindrucksvoller Pracht und Harmonie, mit der eleganten schlanken Linie seiner berühmten Türmchen und der Fassade mit den sich übereinander erhebenden Balkongewölben. Mein Urbino, das mitten im Herzen Italiens atmete und das intakt erhalten geblieben war seit der Zeit der großen Maler. Hier schien die Zeit angehalten worden zu sein.

Ich hielt am Borgo Mercatale und ließ die Stadt auf mich wirken, diese Dimension der italienischen Kultur, die außergewöhnliche Schönheit der Landschaft, die bezaubernde Lage. Vielleicht war ich damals zu jung gewesen, um Gefühle mit meiner Heimatstadt verbinden zu können. Oder vielleicht galten auch hier wieder Senecas Worte: *Im Vorüberströmen sieht man nichts genau und erkennt nichts.* Oder hatte die Schönheit in meiner Erinnerung keinen Platz, weil das Hässliche in meiner Familie alles Schöne verblassen ließ?

Der Palazzo Ducale vor mir mit seinen beiden Türmen strahlte eine Harmonie und ein Gleichgewicht aus, die in der ganzen Stadt wiederzufinden waren in einer eigentümlichen Ruhe und Gelassenheit. Urbino ist auf bezaubernde Art altmodisch. Auf den ersten Blick wirkt es abweisend und kühl, selbst wenn der Frühling wie jetzt seine lauen Lüfte über die umliegenden Hügel schickt. Ich hatte die Sonne im Rücken. Sie warf ein goldenes Licht auf die Stadt und ließ Millionen leuchtender Staubteilchen in der Luft funkeln. Palazzo und Häuser wirkten in dieser Beleuchtung unwirklich, unirdisch. Hier schien die Zeit fast spurlos vorübergegangen zu sein. Vielleicht liebten gerade deswegen die jungen Leute diese Stadt mit ihrem abendlichen Trubel. Von überall aus Italien kamen die Studenten nach Urbino. Urbino - das Oxford Italiens? Wenn sich die Jugend auf der Piazza versammelte, waren auch immer die alten Einwohner der Stadt dabei. Zwischen Alt und Jung schien es hier kein Kommunikationsproblem zu geben. Ich hatte das Gefühl, nun ein Fremder zu sein in meiner Stadt und war gleichzeitig erfüllt von einer wachen Erinnerung. Was hatte ich hier alles erlebt. Einen Augenblick hing ich Erinnerungen nach an diesem späten Nachmittag, an dem Urbino in Goldlicht getaucht war und alle Dinge bizarre Schatten warfen.

Ich sah hinüber zum Caffè del Duca. Für mich war es ein Ort des Zu-Hause-Seins gewesen, als ich schon bei Francesco de Carlo wohnte. Hier trafen sich Schüler, Studenten und Professoren, standen an der Theke, in der Hand ein *panino* oder ein *cornetto,* und plauderten. Man spürte das Flair der Renaissance-Stadt, den Kunstsinn für Malerei und Literatur. Die berühmte Bibliothek Federicos von Montefeltro war immer wieder Thema.

Ich startete den Motor wieder und bog vom Borgo Mercatale nach rechts in die Via Francesco di Giorgio Martini ein. Bis zu der kleinen „Bar degli amici" am Ortsausgang war es nicht weit. Hier stellte ich das Auto ab. Das letzte Stück bis zur Villa Francesco de Carlos in der *Strada Rossa* ging ich zu Fuß. Von der Straße führte links ein leicht abschüssiger Schotterweg in sanften Windungen zwischen Weinbergen und Zypressen auf Francescos Villa zu. Etwas oberhalb der Villa blieb ich stehen. Hinter dem Gebäude zog sich in einiger Entfernung ein kleiner Wald den Hang hinauf, an der Südwestseite breitete sich links und rechts ein parkähnlicher, gepflegter Garten aus. Das Murmeln und Plätschern des Springbrunnens konnte man bis hierher hören, und als in diesem Moment ein Luftzug aufkam, glaubte ich, die kühle Feuchtigkeit des Wassers spüren zu können. Östlich der Villa der grandiose Blick auf den Palazzo Ducale. Und diese unbeschreibliche Aussicht über das Tal mit seinen Feldern und den hier und da bewaldeten Hängen bis hin zu den Bergen des Apennin, deren schneebedeckte Hänge im Winter bei klarem Wetter zum Greifen nah schienen. Im August waberte die Hitze milchig über den Hügeln, vertrieb die Kühle aus den Straßen Urbinos, krallte sich in den Asphalt, bis er weich wurde. Dieses Hügelland, so reich an Schönheit und so bezwingend in seiner Einzigartigkeit. Dieses Land lebte, es wohnte ihm eine Präsenz inne, die sich mir - und das wurde mir mit einem Mal bewusst - schon als Jugendlicher unauslöschlich in meinem Bewusstsein eingeprägt hatte.

Ich atmete tief den Duft dieser Landschaft. Der Geruch von Erde und Abendwind hinterließ zusammen mit dem Duft von Rosen und Weinreben ein einzigartiges Aroma. Es gab auch andere Düfte, die eher aus Gefühlen und Erinnerungen bestanden und das Land zu umschmeicheln schienen. Der sanfte Atem alter Gemälde im Palazzo Ducale oder im Geburtshaus von Raffaelo Sanzio in der Via Raffaelo, überzogen vom Firnis der Jahrhunderte. Die zart modrige Ausströmung einer verfallenen Renaissancevilla am Rande von Urbino. Alles war wieder da. Ich rief die guten Erinnerungen wach. Hier stand ich und wusste plötzlich, dass mich dieses Gefühl des Heimatlichen ergriffen hatte und nie verlassen würde. Seltsam, Gold, Edelsteine, Marmor, ja das menschliche Leben selbst – alles nur Rohstoffe ohne Gemüt. Erst wenn der Mensch sie nach seinem Willen formte und ihnen seine Seele einhauchte, wurde das Material zum Kunstwerk und die Existenz zum erfüllten Dasein. Ich fühlte mich plötzlich wie ein Pilger, der nach langer Wanderung seinen Wallfahrtsort wiedergefunden hat.

Kapitel 4

Gleich würde ich meinem väterlichen Freund Francesco de Carlo gegenübertreten. Als ich damals nach Deutschland ging, war er eine elegante Erscheinung gewesen, umgeben mit einer Aura von Autorität und Respekt. Der schmale Kopf und die leicht gebogene Nase unterstrichen die Noblesse seiner Person. Er war der erstgeborene Sohn einer angesehenen Arztfamilie, nach Familientradition dazu bestimmt, ebenfalls Arzt zu werden. Seine Schwester Maria wurde Lehrerin und der jüngere Bruder Luciano Rechtsanwalt. Herkunft und humanistische Bildung hatten den Geschwistern die selbstverständliche sichere Ausstrahlung der gehobenen Mittelschicht gegeben.

Ich ging auf die Villa zu. Erbaut um 1900, wirkte das Haus eher unauffällig, ein zweigeschossiges Sandsteingebäude mit einem schlichten, von schlanken Zypressen flankierten Portal. Im Innern offenbarte sich indessen das klassische Stilempfinden des alten italienischen Adels. Die Räume waren mit antiken, gepflegten Möbeln ausgestattet, jedes einzelne Stück von makelloser Schönheit. Der Salon war ein Gesamtkunstwerk aus Louis-Seize-Stücken, kostbaren venezianischen Spiegeln und Murano-Leuchtern sowie einer beachtlichen Sammlung alter Gemälde. Francescos Frau Tiziana hatte in Geschmacksfragen als unfehlbar gegolten. Dennoch vermittelte die Villa nie den Eindruck großer Förmlichkeit oder gar Steifheit. Francescos Arbeitszimmer war praktisch eingerichtet, den Bedürfnissen eines viel beschäftigten Arztes angepasst.

Doch war auch hier alles perfekt aufeinander abgestimmt, angefangen bei den schweren Sesseln vor dem Kamin, über den wuchtigen Schreibtisch bis hin zu den bleiverglasten Bücherschränken. Gewohnt an die spartanische Einrichtung meines Elternhauses hatte ich als Junge immer eine gewisse Scheu empfunden, wenn ich die Villa betrat. Meist hatte ich kaum gewagt aufzutreten, aus Sorge, auf dem Marmor, dem Parkett oder den kostbaren Teppichen Abdrücke meiner klobigen Schuhe zu hinterlassen.

Den stärksten Eindruck hatte mir das Speisezimmer mit seinen Jugendstilmöbeln aus einem rötlichen Holz gemacht, mit seinem gewaltigen Kamin und der bodentiefen breiten Verandatür, ganz aus Glas, die in den Garten führte. Dieses Zimmer, trotz der großen Glastüren so intim und geborgen, das war es wohl, was meinem ganzen damaligen Wesen entgegenkam – Geborgenheit und dennoch Licht und Weite. Mir erschien das Haus schon damals als etwas Kostbares und Wunderbares, wie sich alle Dinge verwandeln, die zu einer unsterblichen Erinnerung werden.

Der schwere Türklopfer drang mit dumpfem Klang durch das Haus. Auf der Schwelle erschien ein Mann von etwa siebzig Jahren, groß und vierschrötig, mit kurzgeschnittenem grauen Haar, das in der durch die Tür flutenden Abendsonne metallisch blinkte. Es war der alte Sanchioni, kein anderer - Gärtner, Chauffeur und zuständig für alle handwerklichen Arbeiten im Hause. Im großen und ganzen unverändert seit den Zeiten, als er, vor meinem

Elternhaus im Auto sitzend, gleichmütig darauf gewartet hatte, dass das düstere Haus den ihm anvertrauten Schützling Dottore de Carlos endlich wieder freigab. Seine kleinen grauen Augen funkelten in Schläue, lachten gutmütig unter den immer noch dichten, fast schwarzen Brauen

„Valerio Gemelli", rief er und zeigte seine Zähne. Er lachte genau wie früher. Aber worüber heute? Darüber, dass ich wegen Francescos Krankheit endlich nach so vielen Jahren nach Hause zurückgekehrt war? Die Begrüßung war herzlich. Signor Sanchioni gab den Weg ins Haus frei und schlug die Tür sofort mit einem heftigen Stoß hinter sich zu. Lautes Gebell empfing mich. Ein großer weißer Hund erhob sich von seinem Platz in der Ecke der Diele und kam auf mich zugelaufen.

„Oh, der sieht etwas bedrohlich aus," sagte ich ein wenig ängstlich.

„Sei unbesorgt", antwortete Sanchioni. „Was soll der denn, der alte Berillo mit seinen drei Zähnen, die ihm noch geblieben sind, beißen können? Gerade noch seine Polenta..."

Und während der altersschwache Maremmano mitten in der Diele in einer Pose wie aus Stein gehauen stehen blieb und mich mit seinen alten ausdruckslosen Augen fixierte, kam mir Francescos Bruder Luciano de Carlo entgegen. Die vergangenen einundzwanzig Jahre hatten auch in seinem Gesicht Spuren hinterlassen, aber seine Kleidung war wie früher von unaufdringlicher Eleganz. Doch außer der Eleganz hatte Luciano wenig mit Francesco gemeinsam. Er war etwa so groß wie ich selbst und von athletischer Figur, nicht größer und auch nicht breiter oder sonst körperlich irgendwie außergewöhnlich, nur dass er eine kaum fassbare *Präsenz* besaß. Sein Gesicht war schmaler und kantiger als ich es in Erinnerung hatte. Er sah mich aus seinen grauen Augen durchdringend an, schlug mir auf die Schulter, umarmte mich kurz und sagte etwas unterkühlt: „Ich bin sehr froh, dass du gekommen bist. Es wird Francesco glücklich machen."

Ich hatte immer eine gewisse respektvolle Distanz zu Francescos Bruder empfunden, mich aber gleichzeitig auf eine merkwürdige Art zu ihm hingezogen gefühlt. Wenn er mich nicht mit dieser ungeduldigen Gleichgültigkeit behandelt hätte, wäre ich glücklich gewesen. Ich bewunderte ihn, aber gleichzeitig ängstigte mich seine Arroganz. Mit seinem außerordentlichen Verstand beherrschte er jede Debatte und wusste mit Argumenten zu überzeugen. Er hielt niemanden für einen schnelleren und schärferen Denker als sich selbst.

Mit lässiger Geste trat Luciano einen Schritt zur Seite. In der Eingangshalle herrschte milde Dämmerung, durchbrochen von hellen Flecken, wo ein hohes schmales Fenster am Fuße der Treppe das schwächer werdende Sonnenlicht filterte. Im Hintergrund lief mit gedämpfter Lautstärke eine Klaviersonate von Mozart.

„Komm nur." Luciano ging voraus. Seine Schritte hallten auf dem gesprenkelten, weißen Marmor. Ich folgte ihm.

Im Haus hatte sich nicht viel verändert. Ich warf einen Blick in den rechts von der Eingangstür liegenden großen Praxisraum zur Behandlung der Patienten. Hinter dem Schreibtisch stand die Tür offen zu einem breiten

Durchgang in ein weiteres Zimmer, in dem zwei Krankenbetten standen. Daneben gab es eine Kammer mit Schränken und Regalen, gefüllt mit Medikamenten und Verbandsmaterial.

Luciano ging durch die breite, offenstehende Flügeltür in den Salon. Francesco war nicht dort. „Er wird wieder oben sein", sagte Luciano ärgerlich.

Er stieg die im großen Bogen ins Obergeschoss führende Treppe hinauf und bedeutete mir, ihm zu folgen. Die Tür zum Schlafzimmer Tizianas, Francescos verstorbener Frau, stand offen. Ich stockte mitten im Schritt. Francesco de Carlo hatte die Schränke geöffnet und strich über Tizianas Kleider. Die Schritte hinter ihm rissen ihn aus seinem Tun. Er wandte sich um und schaute mir entgegen. Es lag kein Erkennen in seinem Blick.

„Chi è? – wer ist da?", fragte er.

Ich blieb starr in der Tür stehen. Die Stimme war unverwechselbar: Francesco.

Er trat in das matte Licht, das durch das Fenster fiel. Er war es wirklich. Aber wie hatte er sich verändert. Bestürzt sah ich mich nach Luciano um. Sein etwas hilfloses Lächeln schien zu sagen: Ich weiß, aber was kann ich machen?

Sprachlos versuchte ich mein Entsetzen über den Zustand meines väterlichen Freundes zu verbergen. Mein Herzschlag geriet aus dem Tritt. Ich trat einen Schritt auf Francesco zu, zwang mich zu einem herzlichen Lachen und streckte beide Arme aus.

„*Zio* Francesco, jetzt bin ich den weiten Weg aus Hamburg gekommen und du willst mich nicht einmal umarmen?"

Während ich ihn in den Armen hielt, versuchte ich, meine Beherrschung wiederzufinden. Wie betäubt drehte ich mich noch einmal zu Luciano um.

Francesco räusperte sich und sah mich mit dem leutseligen Gesicht an, das er normalerweise für Fremde reserviert hatte. Doch dann, plötzlich, überzog ein warmes Lächeln des Erkennens sein Gesicht. Dieses unkomplizierte Lächeln hob mich unvermittelt zurück in den Teil meiner guten Vergangenheit. Er machte erfreut einen Schritt rückwärts.

„Valerio? Ist das Valerio?" Er strahlte. Alles schien jetzt unverändert. Wir standen vor dem Biedermeier-Schrank, einzelne Sonnenstrahlen fielen auf die Verzierungen an den Türschlössern, nickelglänzend. Ein Schrank, vor dem ich als Junge oft bewundernd gestanden hatte. Wie oft hatte ich neben Francesco dort auf dem Sofa am Fenster gesessen, wenn er mich vor einer Klausur am Vorabend noch einmal abgefragt hatte.

Gott sei Dank, Francesco hatte mich erkannt. Er trat an mich heran und nahm meine Hände.

„Ich habe schon nicht mehr daran geglaubt, dich wiederzusehen. Du siehst, ich habe dich nicht einmal mehr erkannt."

Er zog geräuschvoll die Luft in seine Lungen und betrachtete mich mit einem liebevollen Lächeln. „Du bist für mich nach Hause zurückgekehrt."

Er verstummte, zog mich an seine Brust und hielt mich lange fest.

„Es tut mir leid, *zio*."

„Nicht doch. Sicher hattest du schrecklich viel zu tun. Komm!"

Er nahm wieder meine Hände. „Ich freue mich, dass du endlich hier bist!"

„Komm!", sagte Francesco noch einmal und lotste mich an seinem Bruder vorbei in die Bibliothek, wo ein Feuer im Kamin brannte. Er redete unentwegt und ziemlich aufgekratzt. Auf dem Tisch vor dem Kamin standen eine Flasche *Sangiovese* und ein Rotweinglas. Leichtfüßig, fast geschmeidig ging er zur Vitrine und holte ein zweites Glas. Die Freude über meinen Besuch machte ihn beschwingt. Er schenkte mir den dunkelroten Wein der Region ein und sank mit seinem noch halbvollen Glas in einen der ausladenden Ledersessel beim Feuer. Mit einem strahlenden Lächeln und einer Bewegung des Glases gab er mir zu verstehen, mich ebenfalls zu setzen. Seine Gesichtszüge entspannten sich.

Mit rotem Stiernacken erschien Sanchioni, angespannt infolge der Anstrengung, die es ihm bereitete, ein großes silbernes Tablett in seinen groben Händen zu tragen.

Es war ein übervolles Tablett, beladen mit *crostini*, die belegt waren mit geräuchertem Lachs, mit einer Paste aus Gänseleber mit Kapern bestrichen und mit kleinen Pasteten, gefüllt mit Hühnerragout in Béchamelsoße. Damit nicht genug, musste der alte Sanchioni auch noch alles, was auf seinem Tablett stand, auf dem Tisch vor Valerio aufbauen.

„Donatella hat heute ihren freien Tag", sagte Francesco entschuldigend. „Aber im Gegensatz zu mir hat sie dich nicht vergessen. Si, si, Luciano hat uns gestern eröffnet, dass du zurückkommen würdest. Und trotzdem habe ich alter Trottel es vergessen, dich nicht einmal sofort erkannt." Er lächelte entschuldigend. „Donatella, die treue Seele hat alles für dich vorbereitet, vor Freude ganz aus dem Häuschen. Die ganze Speisekammer hat sie geräubert, um dir ein Festessen zu servieren", setzte er vergnügt hinzu.

Ich schüttelte den Kopf. „Eigentlich bin ich gar nicht hungrig. Aber eine so liebevoll zubereitete *cena* kann ich natürlich nicht zurückweisen."

Ich konnte nicht umhin, mich wie früher für Donatellas Kochkünste zu begeistern. Es gab Käse, Oliven, Tomaten, saftig geschmortes Zucchinigemüse, ofenfrisches Brot, Scheiben von zartrosa gebratenem Lammfleisch und pikant gewürzte Hähnchenkeulen. Ich hatte seit langem nicht so gut gegessen, doch Donatella würde wieder steif und fest behaupten, es handele sich nur um ein erbärmliches Essen. Nie hatte sie Komplimente über ihre Kochkunst hingenommen, ohne zu widersprechen.

Francesco erzählte, dass Donatella ihrem Groll über meine so kurzfristig angekündigte Ankunft Luft gemacht habe. Keine Entschuldigung habe sie gelten lassen.

Ich biss in ein Schinken-*crostini* und sagte kauend: „Donatella ist immer noch bei dir. Sie muss doch jetzt schon beinahe achtzig sein."

„Ja, sie ist auch nach Tizianas Tod geblieben. Ohne sie wüsste ich nicht, wie es mir ergangen wäre."

Luciano steckte den Kopf zur Tür herein. „Ich mache mich jetzt auf den Weg nach Hause. Meine Telefonnummer hast du, Valerio. Morgen werden wir uns eingehender unterhalten können."

Damit zog er die Tür hinter sich zu, um sie gleich darauf noch einmal zu öffnen.

„Donatella hat im Gästezimmer das Bett für dich vorbereitet. Sie wird dir morgen ganz sicher dein Frühstück ans Bett bringen." Er lächelte spöttisch.

Donatella hatte für mich schon als Junge eine Schwäche gehabt. Ich freute mich, dass sich daran offenbar nichts geändert hatte.

Francesco hob sein Glas. „Salute! Willkommen zu Hause! Bist du froh, wieder hier zu sein?"

Francesco schien begierig, meine Zustimmung zu hören – mit der ich selbstverständlich auch nicht zurückhielt. Ich erzählte ihm von meinen Gefühlen, die mich beim Anblick Urbinos so unvermutet überwältigt hatten.

Francesco ließ mich sprechen und schien zufrieden, dass ich so empfand.

„Ja, ja unser Urbino", sagte er, „wo gibt es mehr Möglichkeiten, sich über Kunst, Lehre und Landschaft zu erfreuen als in unserer Heimatstadt?"

Dann senkte er den Blick und schwieg. Das Feuer im Kamin loderte auf, als ich einen trockenen Holzscheit nachlegte.

„Wie ist es dir ergangen, *zio* Francesco?" fragte ich nebenbei. „Am Telefon bist du immer ausgewichen, wenn ich dich gefragt habe. Du wolltest nur über mich und Christina sprechen."

„Das will ich auch jetzt. Von dir will ich hören. Dein Leben ist interessant, meines nicht mehr. Es gibt so viele, die interessant sein möchten und die man doch übersieht. Ich frage mich oft, was wahre Autorität ausmacht. Die winzige kleine Zutat, die einem Menschen Ausstrahlung gibt."

„Rede doch nicht so, *zio* Francesco. Dein Leben ist immer erfüllt gewesen, schon allein dadurch, dass du so vielen deiner Patienten helfen konntest. Und wer hätte mehr Autorität und Ausstrahlung gehabt als du?"

„Mag sein, Valerio, mag sein", erwiderte er und blickte eine Zeitlang versonnen vor sich hin. Auch ich schwieg.

„Heute muss ich oft an meinen Vater denken", fuhr er fort. „Er war sehr gut darin, uns Kindern Weisheiten zu vermitteln, die in allen Kulturen und Lebenssituationen anwendbar sind. Er sagte manchmal: Man soll sein Leben wie eine Seerose leben – auf dem Wasser schwimmen, aber nicht nass werden. Mit seinen Philosophien bin ich aufgewachsen und habe die meisten meiner Lebensansichten von meinen Eltern übernommen. Sie haben mir Demut und Respekt vor dem Leben beigebracht und Pflichtbewusstsein gegenüber den Aufgaben des Lebens - aber auch den Schutz der eigenen Seele. Nicht immer ist es mir gelungen. In vielen Situationen war ich eben doch Fremdbestimmung ausgesetzt. Es wäre wichtig gewesen, meine innere Autonomie aufrechtzuerhalten. So hätte es mein Vater wohl gesehen."

Er nickte und seine alten Augen funkelten jetzt sogar ein wenig.

„Durch ihn lernte ich später auch die großen Philosophen wie Sokrates kennen."

43

„Ich weiß, *zio,* und du hast so vieles davon an mich weitergegeben.

Wieder nickte er, doch sein Blick trübte sich.

„Sokrates hätte jetzt gesagt: *Nunmehr ist es Zeit, dass ich gehe, ich, um zu sterben, du, um zu leben. Wen von uns das bessere Los erwartet, das weiß niemand außer Gott allein.*"

Ja, ja Sokrates. Noch war es ja nicht soweit. Noch blieb Zeit zum Abschiednehmen.

Francesco nippte an seinem Glas und seine Stimme wurde wieder lebhafter: „Erinnerst du dich Valerio – damals... als dich deine Eltern verletzt in meine Praxis brachten?"

„Hm, auf dem Weg hierher habe ich auch daran gedacht. Aber sag, *zio* Francesco, ist nicht alles, was daraus erwachsen ist, glücklich zu nennen?"

Francesco lächelte. „Das stimmt wohl. Wie oft denke ich amüsiert an diesen Tag, als ich hinter dir mein Sprechzimmer betrat. Diese Frechheit hatte bisher noch kein Patient gehabt. Da sitzt ein Junge in meinem Sessel und liest in einem meiner Fachbücher! Ich warf schnell einen Blick auf die Karteikarte: Valerio Gemelli, der Sohn des Müllers aus Canavaccio. *Si, si, si*", schmunzelte er, „*il contadino* – der Bauer. Du warst zuvor erst einmal bei mir in der Praxis gewesen. Schon bei diesem ersten Mal bist du mir aufgefallen. Nicht unangenehm – *no, no, no*, so war es nicht. Ich hatte schon gemerkt, dass du ein kluges Bauernbürschchen warst - und nicht nur das."

„Und ich", fuhr ich dazwischen, „du kannst dir den Schock vorstellen, als du mir die Hand auf die Schulter legtest und fragtest: ‚Na Valerio, was interessiert dich denn an dem Buch?'"

„Das weißt du noch?"

„*Certo*, ich war nämlich so erschrocken, dass ich aufspringen wollte. Doch der Schmerz fuhr mir so gewaltig in die Brust, dass ich gar nicht hoch kam."

„*Santo cielo,* gütiger Himmel, da habe ich erst gesehen, wie du zugerichtet warst. Und du wolltest mir nicht einmal sagen, wer dir das angetan hatte. Ich war beeindruckt."

Francesco hob sein Glas.

„Ich weiß noch, dass ich sagte: Ist nicht so schlimm, Dottore. Nur meine rechte Brust tut furchtbar weh."

„Das war die gebrochene Rippe, die Wunden am Kopf sahen ärger aus als sie waren. Aber du hattest eine Gehirnerschütterung. Doch aus heutiger Sicht: was Besseres konnte uns beiden damals nicht passieren."

Er schlug sich lebhaft auf die Schenkel – fast wieder der humorvolle Francesco von früher.

„Ich konnte mich für eine Weile im Hospital in Ruhe um dich kümmern. Und von da an wusste ich, dass ich für dich Verantwortung übernehmen musste."

Ich grinste. „Ich weiß noch, dass ich trotz der Schmerzen am liebsten gesungen hätte. Du hast mich damals trotz deiner knappen Zeit mindestens zweimal am Tag in meinem Krankenzimmer besucht und mir aus deiner Bibliothek einige Bücher mitgebracht. Vierzehn war ich und an allem interessiert, was auch nur im Entferntesten mit Medizin zu tun hatte. Manchmal hast du dir ein Viertelstündchen oder auch mehr Zeit genommen und mit mir geredet wie mit einem Erwachsenen. Ich fühlte mich zum ersten Mal im Leben wichtig."

Damals im Krankenhaus hatte ich den Mut, mit Francesco über meine Familie zu sprechen, über meine gewalttätigen Brüder, meine gleichgültigen Eltern - aber nie über Giuliana. War es Scham? Ich wusste es nicht. Francesco kannte das Leben auf dem Lande. Kinder aus Bauernfamilien hatten kaum jemals eine Chance, aus diesem Leben auszubrechen, selbst wenn sie es gewollt hätten. Doch das Geheimnis meiner Familie kannte er nicht, und ich wusste, dass ich es niemals preisgeben würde.

Nach meiner Entlassung aus dem Hospital hatte er meine Eltern überzeugen können. Ich durfte von da an am *Liceo Classico* zur Schule gehen, und Francesco versprach, mit mir zu arbeiten und mich zu fördern. Ein neues, ein wunderbares Leben hatte für mich begonnen. Francesco de Carlo spornte meinen Geist an, brachte mir Seneca noch näher und gewann mich für Aristoteles. Als ich vor Begeisterung glühte, widerlegte er sämtliche Thesen des Aristoteles und eröffnete mir die Welt Platos. Er hatte eine Art pädagogischen Plan, der mir die alten Philosophen bekannt machen und mich gleichzeitig ermutigen sollte, ihre Thesen zu hinterfragen.

„Ach Valerio", seufzte Francesco, „längst vergangen, die Zeiten der Freude. Nachdem du nach Deutschland gegangen warst, wurde es mit Tiziana schlimmer. In letzter Zeit fehlt sie mir besonders. Ich denke fast nur noch an sie.

Lass uns auch auf sie trinken", sagte er und hob erneut sein Glas.

Ja, dachte ich, lass uns auf die Frau trinken, die dich zu ihren Lebzeiten in jedem Sommer am Strand von Pesaro mit einem anderen Jüngling betrogen hat.

„Salute", sagte ich, betrachtete den roten Wein in meinem Glas und nahm einen kräftigen Schluck.

Kapitel 5

Es war das erste Mal gewesen, dass ich in Francescos Villa kommen durfte. Davor hatte ich Francesco nur in seiner Praxis im Krankenhaus getroffen.

Auf dem Weg zur Villa kamen mir beide entgegen - Francesco de Carlo mit seiner Frau Tiziana. Es machte den Eindruck, als kämen sie zurück von einem langen Spaziergang. Sie gingen Arm in Arm. Er, kleiner als seine Frau, trug einen seiner üblichen leichten Anzüge aus beigem Leinen und einen Panamahut mit schwarzem Band, dessen Rand bis über die Gläser seiner Brille reichte. Sie, in einem burgunderroten taillierten Kleid und passenden Schuhen, trug im Arm einen großen Strauß bunter Wiesenblumen, den sie offenbar im Verlauf des Spaziergangs auf irgendeiner Wiese am Wegesrand gepflückt hatte. Sie hielt die Blumen mit einer besitzergreifenden Gebärde quer über die Brust an sich gepresst. In ihrer aufrechten Haltung überragte sie ihren Mann fast um Haupteslänge. Ihre dunkelbraunen Haare umrahmten madonnenhaft ihr schönes Gesicht und ihre tiefschwarzen Augen unter der etwas vorspringenden Stirn glänzten in einer leidenschaftlichen, schmerzlichen Glut. Diesen Glanz in den Augen hatte ich damals als Junge nur bewundernd als besonderes Merkmal ihrer Schönheit wahrgenommen. Die Ursache dieses Glanzes habe ich erst viel später verstanden.

Francesco de Carlo stellte mich vor. Er nahm sich die Zeit, seiner Frau die Erläuterungen über mich zu geben, die sie seiner Meinung nach interessieren müssten, über meine Begabungen als Schüler, meine Herkunft und die Absicht, mich durch seine Unterstützung zu fördern.

Tiziana sprach mit mir in interessiertem, aber neutralem Ton. Ich sei ein tüchtiger Bursche, so jung und schon mit einer Leidenschaft für die Medizin, die mich bewegte, mein Elternhaus immer öfter zu verlassen, um die Nachmittage und Abende mit ihrem Manne zu verbringen und sich in den „elenden Büchern" zu vergraben.

Vielleicht besorgt, dass die ironische Bemerkung mich ängstigen könnte, beeilte sich Francesco, selbst zu Wort zu kommen.

„Es ist uns eine große Freude. Du bist bei uns herzlich willkommen."

Tiziana warf mir ein wohlwollendes Lächeln zu und ging voraus ins Haus, nicht ohne mir mit einer einladenden Geste verstehen zu geben, ihr zu folgen.

Heute sah Francesco immer noch elegant aus in seiner dunkelblauen Hose, dem weißen Hemd und dem blau-rot gemusterten Seidentuch um den Hals. Sonst erinnerte aber nicht mehr viel an den Francesco von vor einundzwanzig Jahren. Damals war er stets fröhlich, immer zu einem Scherz aufgelegt. Nun sah er müde, ernst und abwesend aus. Er war vorzeitig gealtert und von Krankheit gezeichnet. Der flackernde Widerschein der Flammen zeichnete ein Wechselspiel aus Licht und Schatten auf seine Hände, die er im Schoß um das Weinglas verschränkt hatte. Als er es auf das Beistelltischchen stellte, schwappte etwas von dem Wein über und tropfte auf die Einlegearbeit der Tischplatte. Doch Francesco achtete nicht darauf. Er sprach nicht.

Ich stand auf, ging zur gegenüberliegenden Wand hinüber und blieb vor den dicht gefüllten Bücherschränken stehen. Es war, als könnte ich hier Trost finden bei den Büchern meines Freundes und für einen Moment vergessen, dass ich ihm bei diesem Besuch wohl das letzte Mal gegenübersitzen würde, vielleicht das letzte Mal, dass ich mit ihm trinken würde, vielleicht das letzte Mal, dass ich mit ihm sprechen würde. Mit Francescos Tod, der wohl unausweichlich war, würde die letzte Bindung zum schönen Teil meiner Kindheit und Jugend für immer dahin sein. Was blieb, war Erinnerung. Ich legte für ein paar Sekunden die Stirn an das kühle Glas der Schranktür. Francescos Bücherschränke hatten schon immer eine magische Anziehungskraft auf mich ausgeübt, seit ich als Junge in die Villa kommen durfte. Hier standen sie alle in der Reihe: sämtliche Werke der alten Philosophen, die mir als Vierzehnjährigem eine andere Welt eröffnet hatten und die in Hamburg auch meinen Bücherschrank füllten. Von je her hatten mich auch die medizinischen Fachbücher Francescos in den Bann geschlagen. Wie hatte ich mich dafür begeistern können, in den dickleibigen Enzyklopädien zu schmökern, die Erscheinungsformen unterschiedlicher Krankheiten in Wort und Bild zu studieren, um anschließend Francesco mit unzähligen Fragen zu bestürmen. Die Bibliothek Francesco de Carlos war einer der wesentlichen Gründe dafür, dass ich als Junge mehr Zeit in diesem Raum verbracht hatte als in dem Zimmer, das ich in der Villa bewohnen durfte. Es war kein Abend vergangen, an dem ich nicht, in ein Buch versunken, drüben am Kamin gesessen hatte, die Wärme des Feuers und die Stille des Hauses wie eine schützende Decke um mich herum. Ich öffnete den Schrank vor mir, nahm wahllos einen der Bände heraus und blätterte darin. Es war ein Nachschlagewerk über rheumatische Erkrankungen. Wie viele der anderen Bücher in den Schränken hatte ich es bereits studiert. Ich klappte es wieder zu, stellte es an seinen Platz und schloss die Tür. Neben der Bücherwand hing ein Bild Giorgio Morandis. Diese Bilder, in ihrer feinen sensiblen Art, hatten mich schon immer beeindruckt. Die berühmten Stillleben, Bilder von Flaschen und Blümchen. Hier war alles fein, klar und zurechtgerückt, ohne Bedrohung und Unruhe wie in meinem Elternhaus.

Francescos Stimme riss mich aus der Versunkenheit.

„Sie war eine schöne Frau, meine Tiziana, üppig gebaut, mit runden Brüsten und langen Beinen. Ihre Haut war hell, und das dunkelbraune Haar fiel ihr in glänzenden Locken über den Rücken."

Ich wandte mich um. Ja, die *bellezza,* sie stand neben der *bella figura* im Vordergrund. Das war Italien. Schein und Wirklichkeit klafften in der italienischen Welt gewaltig auseinander. In der deutschen Gesellschaft sah man einer Frau die Zugehörigkeit zu einer sozialen Gruppe kaum an. Auch die Kinder waren nicht so „herausgeputzt".

Fast geräuschlos setzte ich mich wieder. Ich wagte nicht, Francesco anzusehen, wie einer, der im Wald bewegungslos verharrt, um den auf einen Ast geflogen seltenen Vogel nicht zu verscheuchen. Ich fühlte, dass

Francesco im Begriff war, mir sein Herz auszuschütten. Gleichzeitig fürchtete ich, dass er vor einem einzigen neugierigen Wort zurückschrecken würde. Ich griff nach meinem Glas, trank einen Schluck und wartete.

Francesco sprach langsam. Er betonte jedes Wort, so, als hätte ich Tiziana nie gesehen und müsste nun ein genaues Bild von dieser Frau und ihrer Erscheinung bekommen.

„Ja, sie war schön, meine Tiziana. Auf der Straße drehten sich die Leute nach ihr um. Ich war stolz. Sie war meine Frau. Noch bis vor ein paar Jahren war sie...", Francesco verstummte. Er war ganz bei sich selbst, schien einer zarten Erinnerung nachzuhängen. Er schüttelte den Kopf und winkte ab. Seine Bewegungen wurden sparsamer. Ich glaubte schon, dass für heute die Zeit des Redens vorbei war. Doch Francesco hob das Gesicht, die Augen wieder klar. Die Lachfältchen um seine grauen Augen vertieften sich.

„Weißt du Valerio, es hat keinen Sinn, das Leben auf Umwegen über Deutungen und Beschreibungen aus Büchern meistern zu wollen. Es ist nur bei voller Teilnahme zu bewältigen. Mittelwege gibt es wohl nicht. Es ist angefüllt mit Dingen, die man lieber vergessen möchte, mit Vergeblichkeiten, die man bedauern mag, sie aber dadurch gegenwärtiger macht. Wozu die Utopie einer Perfektion leben, wenn sowieso alles vergänglich ist? Die Knoten sollen sich lösen, einer nach dem anderen. Aber die glücklichen Momente im Leben sollten festgehalten werden. Es gibt derer viele und sie sind es wert."

Mit einem Schluck trank er sein Glas leer.

Ich sagte nichts. Im Grunde war es doch das, was die italienische Lebensweise ausmachte.

„Sie war nicht besonders klug, meine Tiziana, nur willensstark und heftig wie bei einem Erdbeben die Erde selbst. Und dann hat sie durch mich gelitten. Nie hätte ich es geglaubt."

Er zögerte einen Moment. „Vielleicht weißt du es ja schon lange, oder warst du zu jung, um genau hinzusehen? Weißt du noch, dass ich dir immer wieder gepredigt habe: Wer sich keine Zeit zum Hinsehen nimmt, wird niemals etwas sehen?"

Und ob ich etwas gesehen habe, dachte ich, zuckte aber mit den Schultern und konzentrierte meinen Blick auf das Feuer.

Francesco blickte mich forschend an. Dann lächelte er wehmütig.

„Ich rede nur", sagte er. „Es ist nicht so schlimm, wenn ich rede. Es ist einfacher. Aber ich möchte dich natürlich nicht belästigen."

„Du belästigst mich nicht", sagte ich, „das weißt du. Sprich nur! Wenn nicht ich, wer sonst wollte dir lieber zuhören."

„Sich jemandem anvertrauen, heißt, sich zu einem Sklaven zu machen! So steht es dort in einem meiner Bücher", sagte Francesco mit einem kleinen Lächeln.

„Bitte rede doch nicht so, *zio.*"

„Nun gut, das Fabelhafte an Geständnissen ist, dass man einen Teil der Bürde, die man bisher alleine getragen hat, auf den Zuhörer abwälzt und dadurch merkt, dass es weniger schwer wird, weniger weh tut."

Ich sah ihn an und biss mir auf die Lippen. Genau das hätte ich auch tun sollen - die Last des Wissens um Giuliana mit jemandem teilen. Hätte ich damals mit Francesco über Giulianas Martyrium gesprochen, hätte Francesco vielleicht helfen können.

- *Du musst für den anderen leben, wenn du für dich selbst leben willst.* - Dieser Gedanke durchzuckte mich und war alles, woran ich in diesem Moment denken konnte. Ich hörte Francescos Stimme wie durch einen Filter.

„Wenn ich das alles jetzt überdenke, fühle ich nichts weiter als eine große Mattigkeit und Zorn. Ich habe mein Haus auf Sand gebaut, und seine Mauern stürzen. Wie oft überfielen mich nach Tizianas Begräbnis Gedanken an den Tod – sie packten mich wider Willen. Die Vorstellung, einmal in ein dunkles Nichts zu stürzen, lastete wie ein unerbittlicher Albdruck auf mir." Er unterbrach sich und füllte sein leeres Glas auf. Ich blieb stumm.

„Werde ich wie in Hoffmannsthals „Jedermann" in den Himmel kommen, wenn ich in der allerletzten Minute vor dem Tod bereue, mein Leben lang ein Lump, aber ein gottesfürchtiger gewesen zu sein? Gewiss, vieles habe ich im Laufe der Jahre einfach abgestreift, einiges ist mir abhanden gekommen, mancher Bindung habe ich mich entledigt. Aber bleibt die Summe der Rechnung nicht gleich? In manchen düsteren Momenten habe ich schon daran gedacht, dem Leben zu entfliehen. Monate lang litt ich entsetzliche Qualen. Todessehnsucht packte mich mit Grauen. Wenn mein Gehirn nachts übererregt und fieberhaft arbeitete, schrie es in meiner inneren Einsamkeit: Nein! Ich wollte leben. Also habe ich das

Leben gewählt. Es hielt mich, das Leben, wenn ich auch nicht zu sagen gewusst hätte, welche positive Kraft es war, die mich hielt. Ich wollte leben, noch lange leben, ewig! Das Leben war doch trotz allem voller Schönheit. Und ich habe erkannt: Niemand liebt das Leben so wie einer, der alt wird." Er nickte und schwieg einen Moment. Ich unterbrach sein Schweigen nicht. Dann fuhr er fort: „Ja, es erfüllt mich bereits mit einer zärtlichen Freude, nur einen Blick aus dem Fenster auf die Türme der geliebten Heimatstadt zu tun. Und ich dachte in den trüben Augenblicken an meinen kleinen Sohn, den ich zärtlich liebe. Ich taugte damals nicht zum Märtyrer. Ich zählte jeden Tag als ein Leben für sich. Ich versuchte, mir selbst ein Freund zu sein. Damit war schon viel gewonnen, denn ich konnte niemals mehr einsam sein und, was das allerwichtigste war: so konnte ich allen Menschen ein rechter Freund sein. Doch heute ist es anders. Ich bin krank und weiß, mich zu fügen. Was auch immer für ein Ende mir das Schicksal bestimmt hat, ich werde es ertragen. Der Schauder vor dem Tod ist vergangen, wo doch mein Ende nah ist. Ich betrachte alles Irdische wie ein Gastgeschenk, dem ich entsagen und meine Wanderung fortsetzen muss. *Morgen, morgen und dann wieder morgen, kriecht so mit kleinem Schritt die Zeit von Tag zu Tag* – Shakespeare."

Er schaute mich mit einem kleinen Lächeln an und ich begriff, dass Francesco meinte, was er sagte. Seine Worte wurmten und verblüfften mich.

„*Zio* Francesco, das größte aller Übel ist, aus dem Leben zu scheiden, bevor man stirbt. "

„*Per carità*, bist du in Deutschland zum Prediger geworden?" fuhr er zornig auf. „Das Alter ist eine unheilbare Krankheit. Es ist doch mein Beruf zu wissen, wann es zu Ende geht – und deiner auch. Viele sterben Tag für Tag. Ich fürchte den Tod nicht mehr."

Er saß eine Weile still und ließ den Wein in seinem Glas kreisen.

„Ich sehe heute den Tod als Befreiung und das Ende von allen Übeln", fuhr er fort, „über ihn gehen unsere Leiden nicht hinaus. Er versetzt uns in jene Ruhe zurück, in der wir lagen, ehe wir geboren wurden."

Ich antwortete nicht. Im Kamin knackten die brennenden Holzscheite.

„Ich sehe, du wunderst dich über mich. Deshalb will ich dir ein wenig mehr erzählen, als du vielleicht schon weißt."

Ich wartete einen Moment, um mich zu vergewissern, dass er bereit war, bevor ich nickte: „Ich höre dir zu, *zio.*"

„Über meine schwierige Ehe wusste jeder Bescheid. Ganz Urbino wusste es. Tiziana war nicht besonders treu. Sie war ja auch eine schöne Frau. Und sie hatte viele Talente. Sie hatte das Talent einer fantastischen Geliebten. Mit einer Frau wie Tiziana beobachten dich die Leute, sie nehmen auch den Mann an ihrer Seite wahr. Aber immer ist auch ein Verehrer zur Stelle. Es bieten sich ihr viele Möglichkeiten. Häufig war sie verschwunden, nahm keine Rücksicht auf das übrige Leben – mich, die Familie, die Freunde. Sie war wie ein Rausch. Aber eines Tages wird sie dich für immer verlassen, und du wirst sie am Arm eines jüngeren Mannes sehen, habe ich gedacht."

Er nippte an seinem Rotwein, und ich schloss die Augen für einen Moment, bevor ich ihn wieder ansah. Sein Gesicht war gerötet.

„Aber es kam anders", sagte er. „Manchmal glaubte ich, es nicht mehr ertragen zu können. Es gibt einen Zustand jenseits aller Erniedrigung, jenseits aller Erschöpfung, an dem die Zeit stillzustehen scheint und die Qualen der Seele fast nichts mehr mit dir zu tun haben. Als ich in einem solchen Zustand war, traf ich nach einem Vortrag an der Universität meine Jugendliebe Loretta Morelli wieder. Sie war meine Versuchung und vielleicht auch mein Trost an diesem Abend. Ich konnte einfach nicht anders. Und wir fingen an, uns regelmäßig zu treffen. Die Beziehung mit ihr..." Er schüttelte den Kopf. „Loretta kannte keinerlei Scheu. Sie war von einer herrlichen Unbefangenheit. Das Zusammensein mit ihr war Geborgenheit. Sie ließ mich nicht mehr los. Bei ihr konnte ich Tiziana vergessen."

Er seufzte. „Doch ich kam mir vor wie ein Mann, der seine Frau tadelt, weil draußen vor dem Fenster eine andere vorübergeht, die vielleicht nicht besser ist als sie, aber eben ganz anders, sodass er mehr spürt als denkt, wie wenig von der Vielfalt aller Möglichkeiten ihm zugestanden wird und wie kurz sein Leben ist. Ich fragte mich immer öfter: Habe ich bisher überhaupt gelebt trotz meiner ausgefüllten Tage? Was ist das Leben? Was gibt es, das mich aus der Fassung bringt? Tiziana mit ihrer Untreue? Was macht mich glücklich? Loretta, die mich laut lachen lässt? Ich glaube, das größte Hindernis des Lebens ist die Erwartung, die vom Morgen abhängt. Was für ein seltsames Geschöpf ist doch der Mensch, dass er nicht einmal von sich selber weiß, was in ihm wohnt. Sich selbst erkennen – was ist schwerer als das? Es mag leichter sein, das ganze Universum zu ergründen als sich selbst..."

Seine Überlegungen endeten damit, dass er mir sagte: „Valerio, lass dir von mir raten: Nutze das Leben, probiere es aus, lass es nicht in festgefahrenen Bahnen aus Bequemlichkeit weiterlaufen wie bisher, wage etwas – auch wenn dir ein anderer Weg unmöglich erscheint. Es gibt immer eine Alternative."

Ich fragte mich, wenn in so einem erfüllten Leben wie dem von Francesco vieles vergebliche Hoffnung und vergebliche Sehnsucht war, musste dann nicht alles, was man tat und unternahm, sinnlos und zwecklos und lächerlich sein? Nein, so sah ich das nicht. Aber es hatte wohl keinen Sinn, jetzt mit ihm darüber zu diskutieren.

Eine Zeitlang sprach keiner von uns beiden. Francesco hielt den Kopf gesenkt und knetete seine Hände. Dann sagte er: „Aber diese Zeit war schön und furchtbar zugleich. Es konnte für Loretta und mich keine gemeinsame Zukunft geben. Das wusste ich. Und doch handelte ich gegen alle Vernunft, gegen alle Konventionen, gegen das Gesetz. Als Loretta schwanger wurde, konnte ich es nicht länger vor Tiziana verbergen. Giorgio, mein einziger Sohn, wurde geboren. Nie aber hätte ich Tiziana verlassen. Loretta wusste das. Sie war zufrieden, wie es war, mit dem Kind. Und ich? Von Selbsthass zerfressen!"

„Das tut mir leid", sagte ich lahm. Du lieber Himmel, was sagt man bei solchen Gelegenheiten schon? Ich betrachtete den kranken Mann im Sessel gegenüber. Noch nicht alt genug zum Sterben, doch resigniert. Damals, als ich Italien verlassen hatte, war Francesco ein attraktiver Mann mit einer untreuen kapriziösen Frau. Hätte Tiziana ihrerseits Treue erwarten können? Niemand - auch Tiziana nicht - konnte ethisch verantwortungsvoll leben, der nur an sich dachte und alles seinem persönlichen Vorteil unterstellte. Hätte sie bei ihrer eigenen Lebensweise verantwortungsvolles Handeln von Francesco fordern können? Ich konnte mir diese Frage nicht eindeutig beantworten. Ehebruch war in italienischen Familien ein Thema, über das nicht geredet wurde, getreu dem alten Volksspruch *si fa, ma non si dice* – man tut es, verschweigt es aber. Es ist eben so, wie es schon immer gewesen ist. Die Familie ist noch immer die Hochburg der italienischen Gesellschaft, trotz häufiger Liebschaften der Männer und infolge der Emanzipation auch mancher Frauen. Obwohl der Frau in den seltensten Fällen dieselbe Freiheit gewährt wurde wie dem Mann. Die meisten italienischen Männer waren eben eitel, immer darauf bedacht, nach außen *bella figura* zu machen. Ein Seitensprung der Frau griff auch immer die männliche Machtstellung in der Gesellschaft an. Ich fragte mich plötzlich, ob ich diese chauvinistische Denkweise auch verinnerlicht hatte. Legte ich manchmal vielleicht auch ein machohaftes Verhalten an den Tag? Ich wusste es nicht.

An Francesco gewandt sagte ich: „Viele Familien steckten doch bis vor einigen Jahren in einer ähnlichen Krise wie ihr. Wenn die kirchliche Trauung bei uns automatisch auch zivilrechtliche Gültigkeit hatte, wie konnte man sich da scheiden lassen - selbst wenn man es gewollt hätte. Die Zukunft, das Wohl und Wehe hing doch bis zur

Einführung des neuen Scheidungsgesetzes von der Kirche ab."

„Nun ja", antwortete Francesco, „ich hätte mich schon scheiden lassen können. Das neue Scheidungsgesetz galt ja schon seit 1970. Aber was wäre aus Tiziana geworden. Sie hatte nie gearbeitet. Im Gegensatz dazu haben heute viele Frauen die Chance, Karriere zu machen, ein vom Geld des Ehemannes unabhängiges Leben zu führen. Und dann eine zweite Ehe? Von der Kirche zwar toleriert, aber nicht anerkannt. Selbst das Abendmahl wäre ihr als Geschiedener verweigert worden."

Francesco zeigte auf seinen Schreibtisch. „Der „Corriere Adriatico" hat gerade gestern wieder einen Artikel über die „Sacra Rota" gebracht. Schau ihn dir an. Das sagt alles über die Zustände in Italien."

Ich überflog die ersten Absätze und blieb bei den Ausführungen zur Sacra Rota hängen, die auf die Annullierung der Ehe durch ein kirchliches Tribunal eingingen. Ich wusste, dass eine kirchliche Wiederverheiratung auch durch dieses Tribunal kaum erreicht werden konnte – auch heute noch nicht. Was für eine Farce, denn auch die Sacra Rota konnte eine „normale" Ehe nicht annullieren. Das war nur möglich, wenn nachgewiesen wurde, dass die Einwilligung zur Eheschließung von einem Partner mit Gewalt erzwungen worden war oder wenn nachweislich Impotenz vorlag, bei Blutsverwandtschaft oder wenn ein Partner an das „Keuschheitsgelübde" gebunden war.

Aber passte nicht das alles in das Bild der „geheiligten" Familie? Keine Scheidung – keine Neuverheiratung – alles *bene.* Die Familie wurde als Inbegriff irdischer Stabilität im Einklang mit göttlichem Verständnis betrachtet. So blieb die „Mamma" der *bella famiglia* erhalten. Sie hatte ja auch ihren Bereich, war schon immer die unumstrittene Königin der Familie gewesen. Sie war nicht etwa nur die Mutter, beileibe nicht. Die „Mamma" war die Wärme und das Beschützende, sie war die Säule, auf der sich das psychische und materielle Leben aufbaute. Was für eine schizophrene Situation, dachte ich und legte die Zeitung beiseite.

Francesco sah mich fragend an: „Na, was meinst du? Eigentlich hätten die Klügeren unter unseren Landsleuten die Entwicklung in den Familien voraussehen können, als 1946 die erste republikanische Verfassung ausgearbeitet wurde. Unbesonnen hatten die Christdemokraten damals die von Mussolini unterzeichneten Lateranverträge mit dem Vatikan in die neue Verfassung eingefügt."

Ich stand auf, nahm mein noch halbvolles Glas und wanderte vor dem Kamin auf und ab. Ich schüttelte erregt den Kopf: „Wie borniert! Diese Verträge garantierten dem Vatikan weiterhin die Souveränität in internationalen Beziehungen, mit dem Papst als Staatsoberhaupt des Kirchenstaates. Die katholische Religion war als Staatsreligion bestätigt worden. Die kirchliche Trauung hatte automatisch auch zivile Gültigkeit. Eine Scheidung war tabu. Es war doch verrückt; nicht einmal zivilrechtlich getraute Paare konnten sich scheiden lassen."

Draußen im Garten war es schon dunkel, doch hier drinnen war die Luft stickig. Ich lehnte mich mit dem Rücken an die Terrassentür, spürte das kühle Glas. Francesco saß in seinem Sessel und schaute ins Feuer. Dann stand er auf, kam auf mich zu, legte seine Hand auf meine Schulter und sagte: „Komm, wir gehen ein wenig nach draußen."

Ob es wohl ratsam war, ohne Jacke, vom Wein erhitzt die Terrasse zu betreten? dachte ich und holte die leichte Wolldecke, mit der Francesco sich die Knie bedeckt hatte. Der Mond war schon aufgegangen. Es würde eine helle Nacht werden. Wir schauten auf die beleuchtete Stadt. Noch nie hatte ich Urbino so schön gefunden wie jetzt in Gesellschaft dieses verehrten, aber von Alter und Resignation gezeichneten Mannes. Uns gegenüber lag das Herz dieser altehrwürdigen Stadt, der Palazzo Federicos. Fünfhundert Jahre Geschichte bargen sich in diesem Rundblick, der die blauen, silbernen und schwarzen Farben der Mondscheinnacht in aller Pracht vor unseren Augen offenbarte. Der weiße und klar leuchtende Mond zeichnete sichere und reine Konturen.

„Vielleicht hat vor fast fünfhundert Jahren Federico da Montefeltro von den Türmen seines Palastes herabgeschaut und wie wir jetzt seine Stadt bewundert."

„Es ist überliefert: Wenn der Duca seiner Bücher müde war, trat er mit wenigen Schritten hinaus auf die Loggia zwischen den beiden Rundtürmen, die einen atemberaubenden Blick auf Urbinos Landschaft gewährte. Sieh nur, diese Landschaft, Valerio, inszeniert wie ein Park, in dessen Hügeln natursteinerne Gehöfte hier und da Akzente setzten. Kein architektonischer Missklang stört hier das Panorama. Zum Glück blieben das historische Zentrum und auch die Umgebung verschont von modernen Bausünden. Dabei ist die Stadt nicht nur durch die

Vergangenheit geprägt. Die Universität ist ein Garant für Vitalität und prägt die Atmosphäre."

„Es ist überliefert", ergänzte ich und sah meinen alten Freund und Lehrer von der Seite an, „dass Federico sehr früh zu Bett ging und mit der Sonne aufstand. Sobald es zu dämmern begann, unternahm er seinen täglichen Ausritt oder übte sich in der Kampfkunst. Er war ja ein Draufgänger, ein guter Kämpfer und auch ein sehr guter Reiter. Es muss schön gewesen sein, so früh am taufrischen Morgen beim Gesang der Vögel zu reiten."

„Aber Federico liebte nicht nur den Gesang der Vögel. Er hat sie auch gegessen." Francesco schmunzelte. Er wusste ja, dass die Deutschen nicht verstehen konnten, dass man in Italien Singvögel tötete, um sie zu essen.

Er sagte verschmitzt: „Auch ich musste früher in eine Trattoria gehen, wenn ich eine gute Amsel oder einen Star essen wollte. Tiziana hasste es, Singvögel zu essen. Solche Gerichte gab es in unserer Küche nicht."

Francesco verstummte. Das Lachen schwand aus seinem Gesicht. Er drehte sich um und ging wieder hinein.

„Tut mir leid, Valerio. Ich bauche nur an sie zu denken und schon kommt die Traurigkeit wieder über mich."

Ich blieb noch ein wenig und genoss den Anblick der Stadt. Meine Gedanken aber waren bei Tiziana und Francesco.

Durch die kirchliche Macht über die Gesetze waren viele Ehen und Familien in Italien in einer ähnlichen Situation wie Francesco und Tiziana damals, ging es mir durch den Kopf. Die Gesellschaft gab sich den Anschein, als halte sie sich an die Prinzipien der Kirche, während sich das Leben hinter verschlossenen Türen nach persönlichem Bedürfnis abspielte. Viele brachen aus Ehen aus, die nicht mehr glücklich waren, und lebten getrennt, außerhalb der Gesetze und setzten „illegal" Kinder in die Welt. In der Presse war immer wieder von bekannten, prominenten und vermögenden Persönlichkeiten berichtet worden, die eine Annullierung erreicht hatten. Mit Geld war eben alles zu regeln. Den anderen blieb der Ausweg, sich im Ausland scheiden zu lassen und wieder zu heiraten. Ich hatte Schwierigkeiten zu verstehen, dass selbst nach Einführung der neuen Scheidungsgesetze es viele Männer und auch Frauen gab, die offensichtlich mehr oder weniger stillschweigend den fortgesetzten Ehebruch einer Scheidung vorzogen. Vielleicht auch, weil Geschiedene bis heute vom Abendmahl in der katholischen Kirche ausgeschlossen sind. Und doch hatte das neue Familiengesetz zu einer neuen Lebensweise geführt - vor allem für die Frauen, wie Tizianas Beispiel gezeigt hatte. Ihr Verhalten zum anderen Geschlecht hatte sich verändert durch die neuen Sitten und die großzügigere Auslegung von Moral. Es hatte sich jedenfalls nach dem Abtreibungsgesetz von 1978 vieles verändert. Das musste ich zugestehen. Das Gesetz war eines der liberalsten in Westeuropa. Die Frauen heirateten seither weniger, und eine missratene Ehe wurde nicht mehr ohne weiteres hingenommen.

Francesco forderte mich auf, mich wieder zu ihm zu setzen, blieb aber stumm. Auf dem Kaminsims standen ein paar Bücher, ziemlich willkürlich zusammengestellt, eine Art Handbibliothek, Anweisungen, Lebens- und

Überlebenshilfen, manches vielleicht nicht völlig unnütz. Daneben einige lange und kurze Flaschen mit Silberdeckeln, Flacons und Silberdosen. Es gab Dinge, die ich mir nie anschaffen würde. Ich hätte nicht gewusst, was ich da hineintun sollte. Tiziana hatte sie gesammelt, diese Behälter, denn genau das waren sie: Behälter.

Tiziana, die Ehefrau, Tiziana die Sammlerin, Tiziana die Ehebrecherin.

Ich betrachtete Francesco, wie er zusammengesunken in seinem Sessel saß.

Ich fragte: „Die neue Rolle der Frau, hat sie die Männer erschreckt? Nach den neuen Ehegesetzen hätten sie ihre Ehefrauen doch legal verlassen dürfen. Sie scheinen sich aber wie nie zuvor an ihre Ehefrauen gebunden zu fühlen. Ist es, weil die Ehefrau für sie immer noch das Ideal der Mutter verkörpert?"

Francesco winkte ab: „Scheidung? Eine Scheidung ist doch so absurd und unsinnig, wie sich von der eigenen Mutter scheiden zu lassen. Die Frau ist eben der Kern der Familie. Was hat denn heute sonst noch Bestand in der auseinanderfallenden Gesellschaft?"

Ich blies abschätzig die Backen auf. „Aber sie darf ruhig hin und wieder einmal betrogen werden oder selbst betrügen. Dies aber mit viel Phantasie, damit der Ehepartner es nicht erfährt. Das vereinfacht das Leben. *Si fa ma non si dice* – man tut es, spricht aber nicht darüber. Das vereinfacht den Glauben an die therapeutische Wirkung der *bella famiglia.*"

Mit einem traurigen Lächeln sagte Francesco: „Tiziana hat sich die Freiheit genommen, es aber nicht verheimlicht, und ich habe gelitten. Das Leiden – ich frage mich oft, hängt nicht alles von der Einbildung ab? Jeder fühlt sich so elend, wie er es zu sein glaubt. Aber Scheidung? Vielleicht hätte unser Schicksal einen anderen Verlauf genommen, wer weiß. Für viele Frauen ist die Scheidung doch noch immer eine persönliche und - viel schlimmer – eine gesellschaftliche Niederlage. Bei einer Scheidung hätte Tiziana viel zu verlieren gehabt, vor allem wirtschaftlich, weil sie nicht berufstätig war."

Mit einer Scheidung wäre auch die so wichtige Familie zerstört worden, dachte ich bei mir. Warum sollten sich Frauen nicht auch wie ihre Männer hin und wieder einen Seitensprung leisten, während sie zu Hause die gute, traditionelle Gattin und Mutter sind, die ungekrönte Königin und Herrscherin der Familie? Die *bella famiglia italiana* ist für meine Landsleute immer noch ein wichtiges Signal nach außen.

In meinen Augen war Francesco aber ein Mann, der dem atavistischen Grundübel von Familie als Klan und seiner Frau als Idol der Mutter nicht anhing. Gerade ihm war aber nun durch Tiziana bewiesen worden, dass Verzeihen und Verzicht oft schwierig oder gar unmöglich waren.

Francesco hob die Augenbrauen. Seine Stimme war rau, als er sagte: „Ich sehe sie immer noch vor mir: ihr schlaffer Körper, auf dem Bett, die leeren Tablettenröhrchen neben ihr auf dem Nachttisch, die leere Weinflasche auf dem Boden. Die Botschaft war klar, auch bevor ich ihren Abschiedsbrief gelesen hatte."

Ich beugte mich vor und legte meine Hand begütigend auf Francescos Knie.

„Sie lebte noch. Ich hatte sogar den Eindruck, dass sie mich erkannte und anlächelte – wohl nur Einbildung. Wir wussten beide, dass sie sterben würde. Nachdem ich sie untersucht hatte, war mir klar, dass die Hirnschäden irreparabel waren. Ihr Blick würde für immer leer bleiben, ihr Körper gelähmt. Nicht einmal die einfachsten Dinge hätte sie jemals wieder ausführen können. Zeitlebens wäre sie ein lebender und doch toter Körper geblieben, aus dessen Mund Speichelfäden rannen, mit Händen, starr und unbeweglich. Ich wusste, dass hinter diesen letzten Lebenszeichen unausweichlich der Tod lauerte."

Francesco verstummte und schaute mit halbgeschlossenen Augenlidern ins Feuer. Bevor er weiter sprach, nippte er an seinem Wein.

„Sie lebte noch einige Wochen. Aber ihr Zustand verschlechterte sich zusehends. Jeden Tag rechnete ich mit dem Ende. Als der Tod schließlich kam, war er eine Erlösung."

Ich bewegte mich unruhig in meinem Sessel. Es gab kein Entrinnen. Es schien mir, als gewannen die Ereignisse von vor sieben Jahren in diesen trüben Abendstunden ihre glasklare Deutlichkeit zurück.

„Es ist das erste Mal, dass ich darüber spreche. Es ist mir bisher immer gelungen, kurz vor einem Geständnis abzubrechen und meine innere Versteinerung zu wahren."

Bewegt fasste ich nach Francescos Hand und rückte meinen Sessel näher heran.

„Du hast immer deine Pflicht erfüllt, all die Jahre auch gegenüber Tiziana. Durftest du nicht einmal auch an dich denken?"

Die Frage traf Francesco unerwartet. Er lächelte müde und sagte: „Ach, was weißt du denn, ob ich meiner Verpflichtung je gerecht geworden bin. Selbst wenn du Recht haben solltest, so einfach lässt sich eine Absolution nicht erteilen. Ich bin schuldig, denn ich allein habe das Unglück heraufbeschworen."

Er gab mir einen Briefumschlag: „Hier, bitte lies!"

Ich entfaltete den Brief. Es war die Handschrift Tizianas, ein Abschiedsbrief.

Mein liebster Francesco,
ich schreibe in Eile...
Ich war unstet und grausam. Ich bedaure das sehr. Auch wenn ich dich oft betrogen habe – ich habe nur dich geliebt. Die jungen Männer haben mir nichts bedeutet. Ich gehe nun diesen Weg, damit du frei bist. Vielleicht wäre für uns alles anders gekommen, wenn wir beide Kinder gehabt hätten. Ich bin eine dumme, unnütze, unglückliche Frau und habe Unglück über dich gebracht. Ich begreife, es gibt nur einen Weg.
Ich hoffe, du kannst mir eines Tages vergeben.
Deine Tiziana

Ich legte den Brief beiseite. Tiziana - ich sah sie vor mir. Damals eine vor Leben sprühende Frau, die gern und häufig lachte, die ungeniert in der Öffentlichkeit gesungen hatte, wenn ihr danach zumute war. Ich wusste, wie sehr Francesco seine Frau geliebt hatte und wohl auch jene Frau, mit der er sie betrogen hatte. Zu fern das alles!

Francesco zog nun Bilanz. War es der nahende Tod, der nach Nachsicht und Verzeihung verlangte? Hatte die Reue, das ungeliebteste aller Gefühle, ihn zu lange gequält?

Ich spürte eine Wachheit, die es mir erlaubte, das Gespräch bis in seine kleinsten Einzelheiten aufzunehmen. Mehr sogar: Vergangenes in neuem Licht zu betrachten. Nur konnte ich den Blickwinkel noch nicht deuten.

Francesco hüstelte. Er schien verlegen und griff in seine Hosentasche.

„Hier habe ich ein Geschenk für dich, Valerio. Ich habe es schon seit langem verpackt und trage es seitdem immer bei mir. Denn ich habe gehofft, dass du eines Tages zurückkommen wirst."

Er gab mir ein kleines, in feines Seidenpapier eingeschlagenes Kästchen. Als ich es öffnete, stiegen mir die Tränen in die Augen. Es war das persönlichste und liebevollste Geschenk, das er mir machen konnte: der eigene Siegelring mit seinen Initialen. Ein Geschenk eigentlich für den leiblichen Sohn und nicht für einen Sohn, dessen er sich aus Güte angenommen hatte. Als ich mir den Ring über den Finger zog, wusste ich, dies war kein Geschenk, sondern ein Erbe.

Die Uhr schlug Mitternacht. Francesco war nach seinem dritten Glas Sangiovese eingeschlafen. Tiziana seit langem unter der Erde. Für sie war keine letzte Verfügung mehr zu treffen, keine letzte Geschichte mehr zu erzählen. Tiziana an ihrem stillen Ort würde nicht mehr gesehen werden, weder lebend noch tot.

Und Francesco? Er bewegte sich, war im Prozess des Erwachens, um den ich ihn nicht beneidete. Die Irritation und die schwere Unruhe würden ihn im wachen Zustand wieder einholen. Alles hing von der Sicht auf sich selbst ab. Jeder ist so elend, wie er es zu sein glaubt, hatte er einmal gesagt. Galt das auch für mich?

NON MI IMPORTA NIENTE!

Bei mir hatte sich alles gelegt - glaubte ich. Ich war ruhig, ich forschte nicht – glaubte ich. Es war, als hätte ich genug, und die Dinge des Lebens berührten mich - müde wie ich war - nicht mehr. Ich war zum Beichtvater geworden, wollte aber das Sündenregister vergessen, noch während es mir aufgezählt wurde. Nur konnte ich mein Wissen nicht mehr löschen. Wohl oder übel musste ich es in meinem Kopf bewahren. Konnte es sein, dass für mich Heimat auch und vor allem die Geborgenheit und die Zuwendung dieses kranken Mannes bedeutete, dessen Leben schon fast verronnen war? Erschütterte mich die Erkenntnis, dass alles, was vom Lebensalter eines Menschen hinter ihm liegt, der Tod schon in den Händen hält? Das Leben des Poeten meiner hier verlebten glücklichen Jugend. *Amante della Vita.* Ein guter Tod, sagt man, sei ein Indiz für ein gut geführtes Leben. Aber was hatte ein früher Tod zu bedeuten? Ein zu früher? Francesco wird gehen, ohne etwas festzuhalten oder gar mitzunehmen aus seinem Leben. In seiner Villa wartete er auf den Tod, geistig hellwach und der Folter seiner Krankheit und seines Gewissens ausgeliefert.

Ich brachte ihn auf sein Zimmer und half ihm beim Ausziehen. Er lächelte, bevor er einschlief.

Am nächsten Morgen brachte Donatella mir das Frühstück ans Bett. Ihr Gesicht war von Runzeln durchzogen, doch ihre Augen hatten das fröhliche Blitzen nicht verloren.

„Eccola"!, sagte sie und stellte das Tablett auf den Tisch.

„Donatella!" rief ich und sprang aus dem Bett.

„Du hast dich überhaupt nicht verändert". Ich nahm sie in die Arme.

„Valerio, *mio figlio*, du Charmeur. Schmeichelst einer alten Frau, *eh si*", schimpfte sie lachend und entwand sich meinen Armen.

„Per fortuna, du bist zurückgekommen! Es ist nicht leicht in der letzten Zeit. Lange wird es nicht mehr gehen."

Sie bekreuzigte sich und hob die Augen zum Himmel.

„Dio mio. Hoffentlich bleibst du lange genug!"

„In zwei Wochen muss ich zurück in Deutschland sein. Mein Urlaub ist zu Ende und meine Frau Christina wartet."

„Hättest sie mitbringen sollen. Wäre für alle besser gewesen – kennt sie ja noch keiner", murmelte sie und zog mich schnell noch einmal in ihre Arme, um die Tränen zu verbergen. Dann drehte sie sich abrupt um und schlug die Tür mit einem kräftigen Stoß hinter sich zu.

Kapitel 6

Ich fuhr die kurvenreiche Landstraße von Urbino nach Canavaccio hinunter, an steilen Hängen mit frisch gepflügten Feldern vorbei. Vor dem lichten Mischwald hoben sich die Felder hellbeige ab, im gleißenden Sonnenlicht fast weiß. Über allem ein Frühlingshimmel, jauchzend blau wie auf dem Jesusbild über dem Familientisch in meinem verlorenen Elternhaus: Der Sohn Gottes mit seinen Jüngern an der Meeresküste zwischen Menschen, die seiner Predigt lauschten... Nie in meinen Hamburger Jahren hatte ich an dieses Bild gedacht. Nun war es plötzlich wieder da.

In Canavaccio bog ich von der Hauptstraße auf die Schotterstraße, *la strada bianca,* Richtung Süden ein, erkannte die Landschaft an Geräusch und Tempo: schnell auf gerader Strecke, wo die größten Löcher mit dem weißlich-grauen Schotter aufgefüllt worden waren, und langsam, mit Rücksicht auf den Mietwagen, wo tiefe Furchen den Weg durchzogen, weil der letzte Regenguss den Schotter weggespült hatte. Jetzt gabelte sich die Straße. Ich hätte rechts fahren müssen, fuhr aber links und stellte den Motor aus. Ich konnte nicht weiter, es bebte wieder in mir. Die bösen Bilder kamen und bedrängten mich. Ich kämpfte mit mir, saß im Auto, wollte Kraft schöpfen in der vertrauten Landschaft, die schlechten Bilder verdrängen, die Schönheit sehen. Es funktionierte nicht. Giuliana, Giuliana, Giuliana. Ich konnte nichts anderes mehr denken.

Manchmal, wenn der Sommer auf seinem Höhepunkt war, wenn die Nächte mild waren und Giuliana in Ruhe gelassen wurde, schlichen wir uns heimlich aus dem Haus. Uns war, als hätten wir eine Verabredung mit den *lucciole,* den Glühwürmchen. Wenn wir uns in der Dunkelheit umblickten, waren sie schon da, unsere *lucciole.* Nie hatten wir warten müssen. Wir waren verzückt von dem Zauber der ohne Hast tanzenden und auf und ab schwebenden Leuchtkäfer, von dem süßen Duft des Jasmins und der Stille, die nur von dem nimmermüden Zirpen der Zikaden unterbrochen wurde, bis dann auch diese Stille von dem Ruf einer unserer Brüder nach Giuliana zerrissen wurde.

Das Licht hatte sich verändert. Bewusst nahm ich jetzt wieder alles um mich herum wahr. Dieses Licht der Marken – euphorisierend, morgens hell und klar mit fast durchsichtigem Blau, mittags gleißend weiß mit fast lilafarbenem Himmel und abends den Horizont von rosa, blutrot bis orange färbend.

Mir kam mein alter Lehrer Perugini in den Sinn. Der Alte hatte uns Schülern in der Grundschulzeit immer wieder eingehämmert: Nicht umsonst klingt der Name der mittelitalienischen Region „Marken" ganz deutsch. Die Marken bildeten im Mittelalter das, was der Name bedeutet, das Grenzland des Heiligen Römischen Reiches Deutscher Nation. Ich konnte es heute noch hersagen wie als kleiner Schuljunge: die Marken sind in vier Provinzen aufgeteilt, Ancona, Ascoli Piceno, Macerata und Pesaro-Urbino. Der alte Perugini hatte vor seinem Pult gestanden, seine Brille zurechtgerückt und im Rhythmus genickt, wenn wir Schüler aufstanden und die geografische Lage der Marken mit ihren wichtigsten Städten herunterleierten.

Ich atmete tief die vertrauten Gerüche, die durch die heruntergekurbelten Fenster eindrangen. Die Sonne senkte sich zwischen die Hügel, ließ Schatten entstehen. Die Gegend erschien jetzt, von Schluchten durchzogen, dunkelviolett. Alles war still, nur die Vögel waren zu hören. Ich hielt eine Hand aus dem Fenster. Nur ein leiser Windhauch strich über meine Haut - ein Wind, der in einer leichten Brise in den Bergen eigentlich immer wehte.

Die *guten* Erinnerungen machten mich sehend für den Zauber des Landes, in dem ich aufgewachsen war. Ich war überrascht von der Erkenntnis, dass der erfolgreiche Arzt aus Hamburg in seinen Empfindungen immer noch der Bauernjunge aus Canavaccio geblieben war.

Der Wind der Berge, der Tramontana. Auch diese Erinnerung war wieder da. Wie dieser Wind in manchen Nächten um mein Elternhaus pfiff, sich bei einem Gewitter zu einem Sturm steigerte und Blitz und Donner krachen ließ. Ein Schauspiel, großartig und gewaltig, wie kein Regisseur es in einem Film besser inszenieren könnte. Und die Wiesen um das Haus: Im Frühjahr waren sie übersät mit blassblauem Ehrenpreis, der unvermittelt dem Löwenzahn wich, dann blühte der Klatschmohn und später die blaue und lila Skabiose. Eine Farbe folgte der nächsten. Hatte die Natur den Spaß an dem einen Ton verloren, erfreute sie sich am nächsten. Mitte Mai waren die Felder und Hänge voller blauer und weißer wilder Schwertlilien, im Juni wogte ein Meer von rotem Klatschmohn und im

Juli lugten wilde Orchideen zwischen den Rispengräsern hervor. Doch dann im August verschluckte die Hitze die Farben. Alles, was davor prächtig und bunt erstrahlte, musste der Hitze weichen. Überall ein gelbliches Braun, nur von den kleinen Wäldchen im Hintergrund mit ihrem trotzigen Grün unterbrochen.

Der Ferragosto, der 15. August, kam mir in den Sinn - Feiertag in ganz Italien, Stillstand im Land. In dieser Zeit der größten Hitze blieben Geschäfte, Restaurants, Büros und selbst viele Bars geschlossen. An vielen Türen stand auf angehefteten Zetteln zu lesen: *„Chiuso per Ferragosto"*. Wie auf Kommando begannen die Ferien. Autoschlangen wälzten sich über Straßen und Autobahnen. An den Raststätten standen Menschen in langen Schlangen vor den Toiletten oder warteten an der Bar auf ihren geliebten *caffè*. Auf dem Land aber war es noch immer so, dass nur wenige ihr Dorf verließen. Einige junge Leute und Familien fuhren ans Meer bei Pesaro oder Fano, andere badeten oder angelten im Metauro. Der Fluss hatte auch auf mich als Junge eine große Anziehungskraft ausgeübt. Manchmal hatte ich mich davongeschlichen und unten im Fluss gebadet. Die kleine Abkühlung hatte ich mir aber nur kurz gegönnt, sonst hätte es Ärger mit den Brüdern gegeben.

Damals war kaum jemand in den Ferien ins Ausland gefahren. Diejenigen, die es sich leisten konnten und es versucht hatten, kamen mit Horrorgeschichten über das Essen zurück. Bloß keine Überraschung, angenehm oder unangenehm. Zu Hause bei Pasta und Pizza blieb alles, wie es war. Mit etwas anderem gab man sich nicht ab. Eine seltsame Heimat, dieses Dorf, diese in den Hügeln verstreuten Bauernhäuser, dem Wind ausgesetzt und nicht nur dem Wind. Hier blieben Wünsche offen und herrschten Vorstellungen, die nicht befriedigt werden konnten. Diese Enge hatte sich mir als Kind oft auf die Brust gelegt. In mir schwelte die Auflehnung, flackerte jeden Tag auf und brach manchmal aus. Damals bedeuteten für mich Urbino und Francesco de Carlos Villa Freiheit und Großzügigkeit – Flucht aus der Enge.

Ich war wieder ruhiger, startete den Motor und fuhr die schmale, von Buschwerk und Mischwald gesäumte Schotterstraße entlang. Serpentinen in einer Länge von drei Kilometern bis zur halben Höhe des Berges. Dort oben hatte ich den freien Blick auf den Monte Pietralata, auf vereinzelte Olivenbäume, umgeben von der *pineta*, dem Pinienwald. Vom Gipfel des Pietralata eröffnete sich ein atemberaubender Blick auf das ausgefurchte Hügelland, ein Eindruck von Weite durch die Enge der Furlo-Schlucht begrenzt. Das Land strahlte eine herbe, stille Schönheit aus, der es jedoch in der Furlo-Schlucht vollständig am Reiz lieblicher Gefälligkeit mangelte. Schroffe Felsen erhoben sich beidseits der Schlucht, vom Wasser des Metauro über Jahrtausende geschliffen. Im Winter zu einem türkisfarbenen Strom angeschwollen, verkümmerte der Fluss im Sommer zu einem schmalen flachen Gewässer. Mühsam bahnte er sich dann seinen Weg durch die gigantische Felslandschaft parallel zur Via Flaminia. Durch diese Schlucht, über diese Straße haben sich vor Jahrhunderten die römischen Truppen Richtung Norden bewegt, ist Napoleon mit seinem Heer Richtung Süden marschiert und hat in dem einzigen, noch heute existierenden Gasthaus des Ortes Furlo übernachtet.

Geschichte war hier etwas, das unter jedem Stein, jedem Felsbrocken steckte. Die Bauern gruben diese Geschichte beim Pflügen ihrer Felder aus. Manchmal war es eine viele hundert Jahre alte römische Münze, manchmal ein kunstvoll verziertes Glasfläschchen, das wohl als Parfum- oder Medizinfläschchen gedient haben mochte. An sonnigen Sonntagen gingen junge Leute mit Metalldetektoren über die frisch gepflügten Felder. Sie forschten nach historischen Überbleibseln vergangener glorreicher Zeiten. Kirchen, Palazzi, Villen und selbst die Bauernhäuser bezeugten die beeindruckende Geschichte, Kultur und Kunst der italienischen Vergangenheit.

Ja, Vergangenheit, dachte ich und konnte ein Lächeln nicht unterdrücken. Canavaccio war eine Gegend, in der sich nie etwas änderte, aus Prinzip. Eine Veränderung wurde als Vorbote einer Katastrophe gesehen, die niemand riskieren wollte. Sicherheit existierte nur innerhalb der Grenzen der bekannten Welt. Für manche Menschen aus der Gegend bedeuteten schon die vierzig Kilometer bis ans Meer nach Fano einen Schritt über den Rand der Welt.

Eingebettet in diese einsame, weitgehend ungezähmte Landschaft, vereinzelt aufgelockert durch bearbeitete Felder, lagen die Mühle und Ca'Mulino, mein Elternhaus, ein paar Kilometer von Canavaccio entfernt.

Mühle und Haus stammten aus dem sechzehnten Jahrhundert. Es war nicht das, was man sich unter einem einfachen Bauernhaus vorstellen mochte. In der Familie

Gemelli hatte es über die Jahrhunderte in jeder Generation einen Priester gegeben, einen Herrscher über die nahegelegene Kirche San Ambrosio. Es waren immer Kirchengelder geflossen. So war die aufwendige Architektur nicht nur der Kirche, sondern auch meines Elternhauses zu erklären. Ca'Mulino war dennoch ein zweckmäßig gestalteter, langgestreckter Bau, mit mehreren im Laufe der Jahrhunderte dazugekommenen versetzten Anbauten und schönen Rundbögen aus behauenem Stein in den Eingangsbereichen. Im Sommer erstrahlte das Haus in voller Blumenpracht. Meine Mutter zog die Sommerblumen im Frühjahr aus Samen in Blumenkästen vor. Im späten Herbst und Winter aber sickerte eine lähmende Düsternis durch die vergitterten Fenster der Wirtschaftsräume und Stallungen im Erdgeschoss. Die Wohnräume im oberen Stockwerk waren nicht vergittert, doch mit meist geschlossenen Fensterläden versehen, um im Sommer die Hitze und im Winter die feuchte Kälte draußen zu halten. Bei Nacht legte sich, wenn der Sommer vorbei war, auf Dachpfannen, Treppen und Wege eine grüne Moderschicht, auf Kieswegen bildeten sich wabbelige, skurril geformte Algen. In der großen *sala* des Hauses waren die Wände rauchgeschwärzt. Dort versammelte sich die Familie in den kalten Monaten vor dem gewaltigen Kamin, groß genug, um ein ganzes Schwein darin zu grillen.

Mein Elternhaus war nicht an einer beliebigen Stelle errichtet worden. Der Bach war die Voraussetzung für die Mühle gewesen, aber auch die Lage für die Bauernhäuser wurde früher sorgfältig sondiert. Die Bauern prüften, wo die Sonne das Jahr über stand, woher die Winde wehten und wo sich Quellen befanden, wo es möglich war, einen Brunnen zu bauen. Das Baumaterial waren die Natursteine der Gegend, häufig gemischt mit Tuffstein, den vor Zeiten Vulkanausbrüche hinterlassen hatten. Die Dächer wurden mit gut gebrannten, robusten Halbrundziegeln, den *coppi,* gedeckt. Leider wurden viele dieser archaisch anmutenden Häuser in den 50-er und 60-er Jahren des letzten Jahrhunderts im Zeichen der Landflucht aufgegeben, denn die Landwirtschaft rentierte sich immer weniger. Schon als ich noch zu Hause wohnte, drohte die uralte historische Substanz zu verfallen. Und heute waren überall in der italienischen Landschaft marode Natursteinhäuser ohne Türen zu sehen. Aus den Dächern wuchsen mit den Jahren Bäume. In den verlassenen Räumen und Ställen rosteten unnütz gewordene landwirtschaftliche Geräte vor sich hin.

Die Mühle war nun schon seit Jahren nicht mehr in Betrieb. Inzwischen hatte die Natur den Lehm zwischen den rosa-weißen Kalksteinen bröselig werden lassen, sodass sich Efeu und wilde Clematis in ihre Fugen setzten und an den Wänden emporranken konnten, um Jahr für Jahr mehr von ihr Besitz zu ergreifen.

Mein Elternhaus dagegen war erhalten und bewohnt geblieben. Es begrüßte mich, den Zurückgekehrten, mit einer Vertrautheit, die mich sentimental stimmte und gleichzeitig versöhnlicher. Dieses Haus strahlte eine morbide Würde aus. Nie hatte ich es früher so gesehen, im Lichte des sicherlich schon damals sichtbaren Verfalls. Es war, als leihe mir ein Fremder seine Augen, zeigte mir die schönen, die glücklichen Bilder aus der Vergangenheit, dass ich dem Leben damals dennoch so viel Glück habe abtrotzen können. Inzwischen wusste ich, dass im Leben um jegliches Glück gerungen werden muss, mit vollem Einsatz. Ich lächelte und hoffte, dass ich imstande wäre, die Angst vor der Begegnung mit meiner Familie zu überwinden.

Neben einer Baumgruppe parkte ich das Auto. Ich war heimgekehrt, würde wie früher über triefende Wiesen laufen, über den Mühlbach springen und die nassen Strümpfe am Kaminfeuer trocknen, über dem im großen kupfernen Kessel die Brühe für die *cappelletti* brodelte. Vielleicht würde ich eine Weile bleiben und am Ende wieder gehen, ohne Giuliana – NON MI IMPORTA NIENTE.

Das Haus dämmerte in der späten Nachmittagswärme. Von den nahen hohen Pappeln trug der Wind die wolligen Samen leicht wie Schneeflocken durch die Luft über mich hinweg. Über dem Tal kreisten zwei Bussarde. Sie stießen kurze, schrille Schreie aus. Sonst war nichts zu hören. Meine Brüder waren wohl auf den Feldern. Auch Mutter und Vater schienen nicht im Haus zu sein. Ich erinnerte mich daran, wie früher alle wie die Ratten aus ihren Löchern gekommen waren, wenn ein Auto vorbeifuhr oder anhielt. Doch heute schien alles wie ausgestorben. Die Tür zur Küche stand offen. Der Fernseher lief. Irgendeine Show mit langbeinigen Mädchen und lauter Musik. In den meisten Familien, die ich kannte, musste der Fernseher immer nebenher laufen als beliebte zusätzliche Geräuschkulisse, egal, was über die Mattscheibe flimmerte. Auch das schien sich nicht geändert zu haben. Vielleicht hat dieses Medium in Italien deshalb weniger das Familienleben zerstört, weil es zu einem Bestandteil der Familie geworden ist. Es war, als würde bei Gesprächen immer einer mehr mitreden. Kommunikationsfreudig, so könnte man das nennen.

Drinnen war es warm, Helle blendete von außen herein. Ich musste alles aufnehmen. Es war wenig und doch so viel. Stillstand – eine Zukunft hatte hier nicht stattgefunden, kein Glück. Nichts hatte sich in der Küche verändert. Es herrschte eine Ruhe des Endlichen, die sich eingepflanzt hatte, lange bevor ich damals das Haus verlassen hatte. In mir wurde wieder der Wunsch übermächtig, nicht hier zu sein. Schmuddelige Kissen auf der roh gezimmerten Bank und wie früher unzählige Katzen. Neben der Bank und dem langen Familien-Esstisch standen Vasen, Krüge, Becher und verschiedene Behälter herum. Die Katzen, ich zählte im Stillen – es waren vierzehn, auch junge dabei. Alle schwarz-weiß gefleckt, keine dreifarbige Glückskatze dabei. Manche liefen ohne bestimmtes Ziel in der Küche herum, andere schliefen, eingerollt oder den Kopf auf die ausgestreckten Pfoten gelegt. Der Kater, groß und plump, mit verklebtem Fell, die Ohren eingerissen von nächtlichen Kämpfen, beobachtete mich träge mit zu Schlitzen zusammengekniffenen Augen. War es noch derselbe aus meiner Kindheit, Herrscher über seinen Katzenharem? Wohl kaum. Was mochte wohl in seinem Kopf vorgehen? Ich wusste nicht warum, aber ich hatte den Eindruck, dass sich das Leben in dieser Küche in einem frühen Stadium des Erlöschens bewegte.

Was wird passieren? Ich war in meinem Elternhaus ein unerwarteter Gast. Was in meinem eigenen Kopf vorgegangen war, damals, holte der Anblick dieser Küche zurück. Dass sich manchmal beunruhigende Gedanken eingeschlichen hatten, wenn ich mich gefragt hatte, warum ich meinen Geschwistern nicht ähnelte. Warum mich der Schweiß meiner Brüder ekelte, wenn sie vom Feld laut „*ciao, ciao*" johlend in die Küche gepoltert kamen, wenn sie ohne sich zu waschen, halb über dem Teller hängend, sofort angefangen hatten zu schlingen. Warum hatte es mich gestört, wenn die Mutter das Brot und den Käse ohne Teller, in Papier gewickelt auf den Tisch legte? Mein Vater, ein Mann, der wenig sprach. Meine Mutter, eine Frau, die sich im täglichen Einerlei eingerichtet hatte. Wie hätte ich in diesen beiden Herzen lesen, wo den Zugang zu ihnen finden können.

Meine Gedanken wurden unterbrochen. Hinter mir hatte jemand die Küche betreten. Ich drehte mich um. Meine Mutter...

Ich spürte meinen Pulsschlag, doch mein Atem blieb ruhig und trocken. War die Mutter damals, als ich ging, eine nicht mehr jugendlich wirkende Frau von dreiundvierzig Jahren, aber mit immer noch weichen Gesichtszügen gewesen, so war ihr heute jede Anmut abhanden gekommen. Ihre Hände, von der Arbeit im Haus und Gemüsegarten rau und grob, strichen sich ungläubig die graumelierten Haarsträhnen aus dem Gesicht. Eine Hand fuhr zum Mund.

„Valerio!"

Es war nur ein Flüstern. Sie trat einen Schritt auf mich zu, nahm mein Gesicht in beide Hände: „Valerio!" sagte sie nochmals, sonst nichts.

Es war ihr Lächeln, das mir Mut machte, sie zu umarmen... – kein Grund zur Unruhe. Sie roch wie früher. Es war der Geruch meiner Mutter, nach dem ich mich als Kind gesehnt hatte und der mir jetzt die Scheu nahm. Die Zeichen der Ermüdung unter ihren Augen rührten wohl eher von der Mühsal ihres Lebens als vom Alter. Nein, fand ich, sie war auf ihre eigene Art immer noch schön. Vielleicht war sie noch nie so anziehend gewesen wie jetzt, in diesem Augenblick des Wiedersehens. Ich spürte, wie eine Ruhe von außen in mich floss.

Die Mutter hielt unversehens inne.

„Ja, warum hältst du mich die ganze Zeit umklammert?" entrüstete sie sich. „*Madonna*, du bist wirklich das Kind von damals geblieben! Setzen wir uns lieber!"

Nicht ich war es, der prüfte, auswertete und einordnete, sondern sie, meine Mutter.

Ich lachte und gab sie frei, beeilte mich zu gehorchen und suchte mir den nächsten Hocker als Sitzplatz. Jetzt betrachtete ich ihr Gesicht genauer. Sicher hatte sie bessere Jahre gehabt, war vielleicht nicht zur Bäuerin geboren. Jedenfalls hatte sie sich an diesem Weg angesiedelt, war hier heimisch geworden und konnte ohne all das nicht mehr leben.

„Wo sind die anderen?" fragte ich. Aber wer waren diese anderen, die hier noch wohnten und nur augenblicklich abwesend sind?

„Leben Silvano und Rosanna mit ihren Kindern noch bei euch?"

Die Mutter schüttelt den Kopf. Die Frage war ihr sichtlich unangenehm, aber ich konnte sie nun nicht mehr rückgängig machen. Ich bestand nicht auf einer Antwort.

Die Mutter setzte sich neben mich und nahm meine Hand – hielt sie so fest, als wolle sie mich nie mehr loslassen.

„Ach, deine Brüder sind auf dem Feld und Vater ist in der Mühle. Und Silvano und Rosanna - sie sind nicht mehr hier, sind weggezogen. Wir wissen nicht wohin. Sie haben uns betrogen – deshalb... Aber, erzähle! Ich will wissen, wie es dir in den vielen Jahren ergangen ist. Du bist verheiratet, habe ich vom Dottore gehört. Warum bist du nie zurückgekommen? Warum hast du deine Frau nicht mitgebracht?"

Nun konnte sie die Tränen der Rührung nicht mehr unterdrücken.

Fragen über Fragen. Ich merkte, wie die Mutter mich mit feuchten Augen beobachtete. Sie wartete auf Antworten.

Ich hatte mir bisher keine Vorstellung davon gemacht, wie es sein würde, meiner Mutter gegenüber zu sitzen – noch dazu allein. Ich war kein Held. Was meine Familie betraf, war ich ein unzufriedener, bestürzter, ein flüchtiger Gast in einem Haus, wo sich manch unerträglicher Ballast in den Jahren angehäuft hatte - Objekte der Erinnerung. Sollte ich mich auf die Wirkung der Wahrheit verlassen? Aber was sollte es? Es gab Aussagen, die dadurch nicht will-kommener waren, weil sie wahr waren – im Gegenteil. Doch für mich war es das Greifbare in der Vergangenheit und seine Folgen, was mich über all die Zeit beschäftigt hatte, und das sollte die Mutter wissen. Sie sollte wissen, warum ich gegangen war, und ich wollte ihre Version der Wahrheit hören. Die Mutter schien meinen Gedanken zu folgen, doch sie sagte nichts, auch ihren Blick konnte ich nicht deuten.

Also dann!

„Wie sollte ich zurückkommen in dieses Haus? Wie sollte ich Christina hierher bringen?"

Ich schaute aus dem Fenster. Aus den Augenwinkeln sah ich, dass Mutter den Kopf senkte und auf die Tischplatte herunterstarrte. Keiner sprach. Ach, vielleicht sollte ich es gut sein lassen, nicht die Vergangenheit heraufbeschwören. Ich zögerte. Doch dann gab ich mir einen Ruck.

„Wie geht es Giuliana? Von Francesco weiß ich, dass sie Franco aus Canavaccio geheiratet hat. Ist sie glücklich mit ihm?"

Die Mutter hob die Schultern: „*Boh?!*"

Vielleicht wusste sie es nicht – vielleicht wollte sie nicht über Giuliana sprechen.

Sie selbst hatte mit 16 Jahren geheiratet und innerhalb der nächsten sechs Jahre drei Söhne geboren. Dann war nach einer Todgeburt Giuliana zur Welt gekommen. Es war damals eine schwere Zeit. Da war nur Armut. Der Vater war als Gastarbeiter nach Deutschland gegangen, um seine fünfköpfige Familie besser ernähren zu können. Meine Mutter war sicherlich schon nach der Geburt von Giuliana mit vier Kindern überfordert gewesen – und dann kam auch ich noch als fünftes Kind dazu. Vater schickte zwar Geld nach Hause, war aber sonst keinerlei Hilfe für sie. Ohne Vater wuchsen meine drei älteren Brüder Giuseppe,

Alberto und Bruno ziemlich wild auf. Vielleicht war das eine Erklärung für ihre Brutalität.

Sollte ich nur nach Vater fragen und das heikle Thema Geschwister vermeiden? Ausweichen konnte ich ihnen so oder so nicht, das war mir klar. Bald würden sie vor mir stehen. Ohne weiteres Zögern fragte ich nach ihnen.

Mutter schluckte, zog ihre Hand zurück und legte sie in den Schoß. Dann blickte sie mich unsicher an und fuhr sich mit einer fahrigen Handbewegung durch die Haare.

Sehr leise sagte sie: „Giuliana und die Jungen sehen sich kaum noch, seit sie mit Franco verheiratet ist."

Abrupt stand sie auf und holte zwei Gläser mit frischem Quellwasser. Sie wollte nicht mehr darüber reden.

„Das hole ich jetzt jeden Morgen von der Quelle, seit Giuliana nicht mehr hier ist", sagte sie und setzte sich wieder.

Es war furchtbar still in der Küche, als ob die Stille, die es in dieser Familie nie gegeben hatte, sich in diesem Augenblick anschickte, den Raum zu füllen. Draußen gackerten die Hühner. Ich stand auf und trat ans Fenster. Mutter hielt den Kopf wieder gesenkt, als stünde ihr nächster Satz auf der Tischplatte geschrieben. Sie hob erst den Kopf und streckte die Hände wie um Verzeihung bittend in die Höhe. „*Piove sempre sul bagnato* – es regnet immer auf den, der schon nass ist", sagte sie, als sei das eine Entschuldigung und Erklärung für das Unaussprechliche. Es war, als habe sie lange darauf gewartet, als sei sie tief in ihrem Innern fündig geworden, von wo nun Worte und Sätze nach oben drängten.

„Weißt du, Valerio, *mio figlio,* die Armut auf dem Land war nach dem Krieg noch unerträglicher. Alles war morsch. Es schien nie eine Veränderung zu geben und keine Zukunft. Viele Männer gingen damals ins Ausland und verdienten dort etwas Geld. Wie dein Vater kamen sie nur für ein paar Wochen Urlaub zurück. Sie brachten Geld, aber was uns blieb, war Einsamkeit und Strenge. Dein Onkel Don Giancarlo ist eben mit Leib und Seele Priester und lebte nur für seine Kirche. Er hielt mir zwar fromme Predigten, wie ich euch zu erziehen hätte, wollte selbst aber nichts mit euch zu tun haben. Und dein Onkel Silvano hatte genug Ärger mit seiner Frau Rosanna. Das reichte ihm. Er wollte sich nicht noch mit meinen Söhnen herumärgern. Ohne euren Vater hatte ich aber nicht genug Kraft. Guiseppe und Alberto begannen, es immer wilder zu treiben und zogen Bruno mit sich. Sie achteten nicht mehr auf meine Ermahnungen.“

Sie lachte ein bitteres Lachen.

Ich erinnerte mich an meinen Vater, wie ich ihn damals wahrgenommen habe – schweigsam und hager, von mittelgroßer Statur und dunkler Gesichtsfarbe unter dichten, geraden Brauen. Über dem breiten Mund mit der kräftigen Unterlippe fiel die gerade Nase nicht sonderlich auf. Nur die blaugrünen Augen, Augen wie das Meer, beherrschten das Gesicht. Hätte man mich heute nach dem Aussehen meines Vaters gefragt, so hätte ich ihn als gutaussehend beschrieben. Doch einundzwanzig Jahre waren sicherlich auch an ihm bei dem harten Leben auf dem Land nicht spurlos vorübergegangen. Ernesto Gemelli war neben den Kindern stets der Mittelpunkt dieser kleinen

Welt gewesen. Er war weithin als erfahrener Landwirt und Müller bekannt, geschickt auch in handwerklichen Tätigkeiten. Sein Wein lag ihm am Herzen. Jeden Morgen stand er im Morgengrauen auf und lief mit einem alten Strohhut auf dem Kopf in den Weingarten. Einen kleinen Weidenkorb mit den Geräten um die Hüften gebunden, ging er durch die Reihen der sorgfältig an Drähten hochgebundenen Rebstöcke. Ich habe als Junge geglaubt, die Rebstöcke seien für meinen Vater persönliche Freunde mit menschlichen Eigenschaften. Manche schienen auf seine guten Worte zu hören, bereitwillig und folgsam. Es gab aber auch solche, die sich störrisch und feindselig verhielten und die er vergeblich behutsam hochband. Sie schienen unverbesserlich, hingen ihren eigenen Launen nach und schlugen alle Ermahnungen des Vaters in den Wind. Dann gab es vor Gesundheit strotzende Rebstöcke, schelmische, lustige Triebe, die von der Kraft der Sonne wuchsen und die der Vater laut lobte. Den kränklichen und schmächtigen widmete er seine besondere Pflege und erkundigte sich täglich nach ihrem Wohlbefinden. Auch für mich war es ein wunderbarer Zeitvertreib, das Werden der Trauben zu beobachten, wenn sich die kleinen grünen Beeren bildeten. Wenn dann diese Kügelchen allmählich anschwollen und eine Traube bildeten, noch herb und ungenießbar. Nach und nach gewannen die anschwellenden Kügelchen immer mehr Farbe, bis man die Beeren schon kosten konnte. Und eines Tages lagen auf dem großen Tisch in der Küche die ersten Trauben des Jahres. Es folgte die Aufregung der Traubenernte, die viele Arbeit mit den Bottichen und dem Most. Der bittersüße, herbstliche Duft der Hefe durchzog dann das ganze Haus.

Die zweite Leidenschaft des Vaters war der Olivenanbau. Für ihn war es jedes Mal ein Ritual: das Ausbreiten der Netze unter den Bäumen, das Abstreifen der schwarzen reifen Früchte, die darauffolgenden Pressungen. Stolz und Freude standen ihm im Gesicht, wenn er das frisch gepresste Öl gegen das Licht hielt und die grünlich-gelbe, schwere Flüssigkeit bewunderte. Er pflegte zu sagen: Was für die Franzosen der Champagner, ist für mich das Olivenöl.

Ernestos Liebe galt der Natur. Seine Bedürfnisse waren schlicht. Doch die Mühle und die Landwirtschaft brachten immer weniger ein. Es herrschte Armut, aber kein Hunger, nicht anders als früher, als die *mezzadria,* das Halb-pachtsystem, üblich war. Der Gutsbesitzer stellte damals Land und Saatgut, die Bauern arbeiteten, und der Ertrag wurde zur Hälfte, meist aber 60:40 zugunsten des Grundbesitzers geteilt. Mehr blieb für die Bauern nicht übrig. Man musste sehen, wie man durchkam und nutzte das, was die Natur in Wald und Feld zu bieten hatte, auch für kleine Freuden des Lebens. Bei diesen Gedanken verspürte ich unvermittelt Lust, den selbstgemachten *nocino,* den Nusslikör meiner Mutter zu probieren, den sie Jahr für Jahr aus den noch grünen, unreifen Walnüssen ansetzte. Als ich sie danach fragte, holte sie eifrig zwei Gläser, froh über die Atempause, die ich ihr gewährte.

„*Certo, certo,* natürlich setze ich den Nusslikör immer noch an. Von diesem Jahr muss er noch reifen, aber ich habe noch eine Flasche vom vergangenen Jahr versteckt, für besondere Gelegenheiten. Deine Brüder wissen nichts davon." Sie öffnete den Deckel der alten Backkommode, in der früher der Brotteig geknetet wurde und ruhen musste. Sie benutzte sie schon lange nicht mehr - seit Vater eine Küchenmaschine angeschafft hatte. Die Kommode fungierte offenbar als Geheimversteck meiner Mutter. Es kam wohl niemand in der Familie auf die Idee, dass meine Mutter unter dem Deckel mit der bestickten Decke darauf, Köstlichkeiten verwahren konnte.

Triumphierend zeigte sie mir die Flasche mit dem braunen Nusslikör. Die cremige Flüssigkeit floss träge in die Gläser. Wir prosteten uns zu: „*Cin, cin*" und tranken wie zwei müde Arbeiter, die sich bereits alles gesagt hatten. Nichts war gesagt worden – nichts!

Wie schwer musste es Vater gefallen sein, das Angebot des Anwerbers aus Deutschland anzunehmen. Als ich klein war, hatte mein Vater uns manchmal nach dem Abendessen von den fünf Jahren erzählt, die er in Hamburg in den Docks von Blohm & Voss gearbeitet hatte. Wie er es durch seine handwerkliche Geschicklichkeit schnell zum Vorarbeiter einer Instandhaltungskolonne gebracht hatte. Er hatte sich mit zwei anderen Landsleuten eine kleine Wohnung in Wilhelmsburg geteilt. Die Miete war nicht hoch. Den größten Teil des Geldes hatte er monatlich an die Banca BCC del Metauro auf das Familienkonto überwiesen. Einmal im Jahr war er für einen dreiwöchigen Urlaub nach Hause gekommen. Ernestos jüngerer Bruder, mein Onkel Silvano, hatte während seiner Abwesenheit die Arbeiten in der Mühle und der Landwirtschaft übernommen. Wie ich von

Francesco gehört hatte, schien er vieles für sich beiseite geschafft zu haben. Das war wohl der Grund, dass er mit seiner Familie nicht mehr im Haus wohnte. Die näheren Umstände würde ich sicher bald erfahren. Mein Bild von Silvano war veraltet – vielleicht hatte sich in der Familie einiges mehr angehäuft, wovon ich nichts wusste. Als Kind habe ich meinen Onkel eher als einen Schatten wahrgenommen, geleitet von seiner Frau Rosanna, einer Gestalt, die man als „Schicksal" bezeichnen könnte. Nur wenn sie einmal nicht im Hause war, schlug Onkel Silvano über die Stränge – meist mit mehreren Gläschen *nocino* und mit Wein nachgespült. Wenn Rosanna zurückkam, brachte er sich vor ihr in der Mühle in Sicherheit. Erst am nächsten Morgen wagte er sich wieder zurück ins Haus.

Der Grund für Ernestos Rückkehr aus Deutschland sei jedoch nicht Silvanos Unfähigkeit, sondern meine Geburt gewesen. Die Familie hatte in meiner Gegenwart immer nur in Andeutungen gesprochen.

Ich leckte mit der Zunge die Reste des Likörs aus dem Glas.

„Köstlich." Die Mutter lachte zum ersten Mal laut auf: „Ja, aber nur wenn man nicht mehr als ein Gläschen davon trinkt."

„Ich weiß, Mamma, ich weiß." Ich lächelte. Aber mein Lächeln war nicht echt. Wo war meine sonst so selbstverständliche Sicherheit geblieben? Woher kam das Gefühl, dass in dieser Küche so manches Gestalt annehmen konnte? War es, weil ich ahnte, dass sich die Nacht, in der ich aus dem Haus und vor der Familie geflüchtet war, in das Gedächtnis meiner Mutter eingebrannt hatte? Ich stellte mir vor, wie sie Nacht für Nacht, Stunde um Stunde wachgelegen und die Szene in der Küche wieder und wieder vor sich gesehen hatte. Nichts hatte sie rückgängig machen können. Ich war nicht wiedergekommen. Hatte sie gebetet, wie ich sie in vielen Nächten vor diesem Ereignis immer dann hatte beten hören, wenn sie am Abend bei einem Blick in unser Zimmer Giuliana nicht in ihrem Bett vorgefunden hatte? Hatte sie um Vergebung gefleht, verzweifelt und immer wieder aufs Neue. Doch sie wusste, es gab keine Hoffnung mehr für sie. Was geschehen war, war geschehen. Wen konnte sie mit ihrer Reue noch beeindrucken? Sie hatte nie den Mut aufgebracht, ihre Tochter zu schützen. Warum? Weil sie ahnte, dass ihre Söhne nie eine Frau finden würden? Hatte sie deshalb still geduldet? Oder war es einfach die Annahme, dass es auf den einsamen Gehöften in den Bergen in vielen Familien schon immer so gewesen war? Hatte sie nie mit dem Vater darüber geredet? Alles war doch so offensichtlich, dass auch er Bescheid gewusst haben musste. Warum war auch er nicht eingeschritten? Wie schrecklich falsch war das alles.

Aber der Finger zeigte auch auf mich, auf meine Mitschuld. Auch ich hatte gewusst, auch ich hatte geschwiegen. Zugegeben: Ich war geflüchtet, geflüchtet zuerst zu Francesco und dann nach Hamburg. Alle waren stumm geblieben, hatten nur ihre Pflicht im Haus und bei der Arbeit erfüllt. Selbstgerechtigkeit, Feigheit und Gewalttätigkeit waren eine unheilige Allianz eingegangen. Die Familie war im Innern durch Gewalt und die unkontrollierte Triebhaftigkeit der Brüder zerstört worden.

Giuliana war Opfer unserer Feigheit und Gleichgültigkeit. Nichts ließ sich gutmachen.

Die alte Wut stieg wieder in mir auf, holte meine Sicherheit zurück. Alle im Haus hatten gewusst, was geschah, auch Don Giancarlo, der Mann der Kirche.

Mein Onkel Don Giancarlo, ein Priester, ein Mann mit vielen Facetten. Hochgewachsen, mager und kahlköpfig, mit bleichem, von starkem Haarwuchs dunklem Gesicht. Er machte keinen Hehl daraus, dass es sein Herz zu Gott zog. Er war mit dem Bischof eng befreundet, und so ein Bischof wusste, wann er einen Mann Gottes, einen Diener Gottes vor sich hatte. Die Kirche brauchte kraftvolle Naturen wie ihn... Don Giancarlo legte in seine Andacht stets einen fanatischen Eifer und eine Intensität, zu denen der Rest der Familie nie fähig gewesen wäre. Dennoch, mein Vater war seinen beiden Brüdern, Silvano und Don Giancarlo, zutiefst verbunden, trotz aller Verschiedenheit. Don Giancarlo hatte Ernesto und Silvano oft ihre Armseligkeit vorgehalten, weil sie sich mit den profanen Dingen des äußeren Lebens abgaben. Anstatt sich mit der Seele und Gott zu befassen, gingen sie nur ihrer stupiden Arbeit nach. Und Frauen waren für ihn Verführerinnen. Die Frauen seiner Brüder jedoch, seine Schwägerinnen, waren die *Mammas*, von denen er Liebe und Aufopferung erwartete. Alles Geschlechtliche hielt er für etwas Schmutziges. Jedoch - was Männer taten, konnte mit einem Augenzwinkern abgetan werden.

Kapitel 7

Die Brüder standen in der Küchentür. Ich hatte sie über zwanzig Jahre nicht gesehen. Überrascht pfiff Alberto durch die Zähne. Mir wurde zum ersten Mal bewusst, wie sehr die drei einander ähnelten, trotz ihrer physischen Unterschiede.

Guiseppe, der Älteste, groß und dünn mit leicht hervorstehenden Augen. Die dunklen Locken wirkten lustig im Gegensatz zu seinem mürrischen Blick. Die sanft geschwungenen Lippen hätten etwas Sensibilität vermuten lassen. Wenn er ging, schob er den Kopf nach vorn. Mit der rechten Hand betastete er in regelmäßigen Abständen seine Genitalien, als wolle er sich vergewissern, dass sie noch da waren. Von seiner linken Hand baumelte ein bluttriefendes, frisch geschlachtetes Huhn. Mit fast schüchternem Grinsen kam er auf mich zu. Er nahm seine rechte Hand von der Hose und streckte sie mir entgegen.

„*Ciao*, kleiner Bruder! Traust dich her zu deinen armen Verwandten?!"

Alberto, zwei Jahre jünger, mit vogelartigem Kopf und einem schwammigen Oberkörper, der in einem sich über den Hosenbund ergießenden Bauch endete, grinste ähnlich dümmlich wie sein älterer Bruder. In seinen Augen schien aber die gleiche misstrauische Wachsamkeit zu lauern wie früher.

„*Ciao, ciao! Buondì, Dottore*!" Er hob grüßend die Hand, lächelte ironisch und wandte sich gleichzeitig mit geübter Bewegung zum Regal. Ohne Umstände schüttete er Wein aus einer Flasche die Kehle hinunter und gesellte sich dann wieder zu seinen Brüdern.

Schräg hinter Guiseppe war Bruno stehengeblieben. Er war wohl der Intelligenteste der drei. Seine äußere Erscheinung glich der Albertos. Nicht nur sein Kopf war lang. Das Gesicht war so schmal und spitz, dass die Züge darin kaum Platz hatten.

„*Eh, Dio Bono, che sorpresa*" knurrte er, „Valerio ist zurück!"

Da standen sie, alle drei, sahen mich an, als wüssten sie nicht, ob sie bleiben oder wieder gehen sollten. Plötzlich gab Giuseppe Alberto einen Stoß mit dem Ellenbogen. Alberto sagte nichts, sah an Giuseppe vorbei, als sei sein wahres Interesse an einem bestimmten Punkt weit hinten verankert und ich eine Nebenerscheinung, der man nur kurz begegnete. Der andere, Bruno, streckt nun auch seine Hand nach mir aus. Eine kurze sich steigernde Spannung. Es folgte ein kleiner Tumult in der Küche, als Bruno auf mich zustürzte, mich umarmte und nach alter Sitte auf beide Wangen küsste. Die beiden anderen drängelten Bruno zur Seite und umarmten mich in ihren schmutzigen, von der Arbeit verschwitzten Hemden. Ich begriff, dass sich in den Jahren auch meine Brüder nicht verändert hatten. Nur hatten sie jetzt wohl keinen Zugriff mehr auf Giuliana. Mutter hatte mir erzählt, dass sie seit 15 Jahren mit Franco im Haus der Schwiegereltern wohnte und gerade vor einem halben Jahr – man hatte nicht mehr an eine Mutterschaft geglaubt – als Spätgebärende ein Mädchen zur Welt gebracht hatte.

Eine neue Gedankenwelle: Ob Giuliana noch trank? Mittelwege gab es hier nicht. Ein Entzug war nur zu bewältigen, wenn sie dazu vorbehaltlos bereit war.

Und da waren sie wieder, die Dinge in meinem Kopf, die Vergeblichkeiten, die ich nicht vergessen konnte, trotz meines Mantras: NON MI IMPORTA NIENTE!

Kamin und Küche waren schwarz vom Rauch. Guiseppe setzte sich an den Tisch und forderte die anderen auf, sich zu ihm zu setzen. Die Brüder betrachteten mich und kicherten.

„Erzähl schon, Dottore", begann Alberto, „wie lebt es sich in Germania. Musst wohl keinem Huhn mehr den Hals umdrehen, eh?" Ein wieherndes Lachen folgte.

„Eh, si", grinste Guiseppe mit dem Daumen nach oben, „eh, si!"

Statt einer Antwort schob ich der Mutter ein paar Fotos von mir und Christina über den Tisch und dazu einen Bildband von Hamburg. Die Mutter sah sich die Fotos an, und der Bildband wurde zur allgemeinen Begutachtung freigegeben. Es herrschte Einigkeit unter den Brüdern:

Mai visto – so etwas hatten sie noch nie gesehen. Sie bewunderten die Aufnahmen vom Hafen und von der Stadt. Dann fanden die Fotos von der blonden Christina ihre volle Aufmerksamkeit.

„*Una bella ragazza*", war die einhellige Meinung, „*una bionda*".

Ich lächelte. Blond war immer noch das Schönheitsideal eines jeden Italieners. Auch daran hatte sich nichts geändert.

Die Brüder begannen, über die Vergangenheit zu reden, als sei sie mit den Händen zu fassen. Sie schätzten sie, wie sie die Zukunft fürchteten, denn da wusste man nicht, was kam. Sie hatten ihre Erinnerungen gehortet, immer wieder begutachtet und wieder weggeschlossen. Es waren gemeinsame Erinnerungen, in der *cantina* des Hauses mit den Weinfässern gelagert. Und immer war es der Wein, der die Erinnerungen hervorholte.

Bruno sagte: „In deinem Germania geht es allen gut - was man so hört. Manche haben sogar mehrere Autos. Ihr lebt dort wie die Amerikaner. Si, si," brummte er mit verkniffenem Mund, „der Teufel scheißt immer auf den größten Haufen. Sollten die, die viel haben, nicht auch viel abgeben?"

Ich hob die Schultern – was sollte das nun wieder?

Alberto mischte sich ein.

„Hier haben die Alten einen krummen Rücken von der Arbeit. Der Wolf scheint zwar weit entfernt, aber in Wirklichkeit lauert er schon im Garten irgendwo zwischen Tomaten und Kopfsalat."

Das brauchte er mir nicht zu sagen. Ich kannte die krummen Rücken der Alten, die knotigen, vernarbten Hände der alten Frauen von ihrer Arbeit in den Gemüsegärten, vom Stapeln des Feuerholzes für Herd und Kamin. Im Morgengrauen habe ich sie in meiner Kindheit oft genug in den Wald humpeln sehen, wo sie wilden Spargel und Kräuter sammelten. Auch wenn sie heute nicht mehr so bettelarm waren wie damals, war das bisschen Wohlstand zu spät gekommen. Ihr Leben würde sich nicht mehr verändern. Mit ihren Kindern und Enkeln lebten sie immer noch im selben Haus, umgeben vom Komfort und moderner Technik, aber sie hielten an den alten Gebräuchen fest und arbeiteten hart auf ihren Feldern und in den Weinbergen. Sie könnten sich nun ein bequemeres Leben leisten – sie taten es nicht. Aber ihre Enkel wollten nicht mehr so hart arbeiten. Sie braussten auf schicken Vespas, Cross-Motorrädern und in neuen Fiats im Land umher.

Die alten Männer machten sich wie schon seit Generationen am Sonntagnachmittag fein, um auf langen, angelegten Sandbahnen mit ihren schweren Holzkugeln Boccia zu spielen, immer begleitet von einem Pulk laut streitender Schiedsrichter. Die Stimmung war immer *bello*. Canavaccio *è bello*, einen solchen Ort gab es eben nicht noch einmal.

Ich war ein Kind dieser Gegend. Ich kannte das alles.

Die Mutter bereitete das geschlachtete Huhn zu. Über dem Feuer im Kamin hing an einer Kette ein Topf mit brodelndem Wasser. Sie setzte sich wieder zu uns an den Tisch, formte mit geübten Händen die *ravioli* und füllte sie mit *ricotta und spinaci*.

Vor der Küche waren Schritte zu hören. Alle Köpfe wandten sich zur Tür. Es war Ernesto. Verblüfft blieb er in der Tür stehen. Er erkannte mich nicht sofort.

„*Babbo*!" Ich sprang auf und lief ihm entgegen.

Ernestos Gesicht war in jeder Beziehung immer noch beindruckend. Seine Züge waren schroff, wie von harter Hand gemeißelt. Die Jahre der schweren Arbeit hatten die Stirn faltig werden lassen und tiefe Linien um die Augen gekerbt. Seine Haut hatte um die Nase und die Wangen herum geplatzte Äderchen und den violetten Ton eines Mannes mit einer freudigen Zuneigung zum eigenen Wein. Nach fünfzig Jahren Schinderei in der Mühle und Landwirtschaft hatte er sich zur Ruhe gesetzt, was seiner Energie und seinem Tatendrang keinen Abbruch tat. Er war nur etwas langsamer geworden. Die eigentliche Arbeit aber hatte er längst seinen drei Söhnen übergeben.

Jetzt lag auf seinen Lippen ein halb entschuldigendes Lächeln. Er hatte den verlegenen Gesichtsausdruck eines Jungen, der bei einer Unart erwischt worden war.

„*Mio figlio,* mein Junge", sagte er herzlich. Er zog mich in die Arme. „Lass dich anschauen. *Madonna,* hast du dich verändert." Er musterte mich mit seinen immer noch strahlenden meergrünen Augen - mit diesem ihm eigenen ratlosen Blick. „Ein richtiger Arzt bis du geworden. Und zurückgekommen bist du endlich. Welche Ehre für uns!"

Er wusste genau – sein Blick sagte es – dass mir solche Rede lästig war.

Aber, großer Gott, dachte ich milde gestimmt, er war mein Vater. Durfte er nicht stolz sein? Aber wie er gealtert war.

„Ich bleibe nur für zwei Tage, *babbo,* dann muss ich nach Urbino. Francesco de Carlo ist ernsthaft erkrankt."

Ernesto nickte, er wusste es offenbar schon. Francesco hatte mir erzählt, dass sich Ernesto immer wieder nach mir erkundigte und Neuigkeiten an die Familie weitergab. So wussten auch alle längst, dass ich mit einer deutschen Frau verheiratet war.

Mutter deckte den Tisch. Sie holte sogar eine Tischdecke und Porzellanteller hervor. Es roch wunderbar. Es würde ein Festessen werden. Ich nahm ein Stück vom hausgemachten Käse, dazu die von der Mutter eingelegten eigenen Oliven. Der Käse schmeckte mild und würzig zugleich. Das Brot war köstlich, über Holzkohlen geröstet, mit Knoblauch eingerieben und Olivenöl beträufelt.

Während die Männer erzählten, briet die Mutter die *Ravioli* in Butter mit frischen Salbeiblättern – köstlich auch diese. Dann servierte sie das Hühnerfleisch. Es war rosig und saftig, mit einer zarten Haut, die nach Rosmarin und Thymian schmeckte.

„Es ist nichts besonderes", sagte die Mutter verlegen. Sie füllte mein Glas mit frischem Quellwasser.

„Es ist das Beste, was ich seit langem gegessen habe."

Ich kaute genussvoll - und ich sagte die Wahrheit. Unzählige hastig heruntergeschlungene Mahlzeiten in der Kantine des Krankenhauses hatten meine Geschmacksnerven abstumpfen lassen. Ich hatte kaum noch darauf geachtet, was ich aß.

„Ach", sagte die Mutter, „bei uns ist es nicht schwer, ein gutes Essen zuzubereiten. Eine Scheibe geröstete *bruschetta* mit Knoblauch eingerieben, mit gutem Olivenöl begossen, dazu ein Glas Bianchello de Metauro oder Sangiovese – gibt es etwas Besseres? Und für die Nudelsoße frische Tomaten, Basilikum, Olivenöl oder den Risotto..."

„*Basta,* Mamma, wir kennen deine Küche", unterbrach Bruno sie, „und auch alle einheimischen Rezepte. Sogar unser *fratello nobile,* unser vornehmer Bruder, wird sich noch daran erinnern", grinste er mich an.

Ja, ich hatte nicht vergessen, dass es in der Gegend um Urbino einen gemeinsamen Schatz aus Rezepten und Zutaten der regionalen Küche gab. Die Menschen der Gegend misstrauten allem, was sie nicht selbst angebaut und gepflegt hatten. Dreimal in der Woche wurde in fast allen Küchen ein Holzbrett von einem Meter Breite und mindestens ein Meter zwanzig Länge über den Küchentisch gelegt. Ein dünnes Nudelholz und Teigkratzer wurden hervorgeholt und ein Berg Mehl auf das Brett geschüttet. Bevorzugt verwendeten die Frauen früher nur Mehl, das in unserer Mühle auf traditionelle Weise steingemahlen war. Ob das heute noch zutraf, wusste ich nicht, denn unsere Mühle wurde von meinen Brüdern nicht weiter betrieben. Sicherlich gab es irgendwo in der Gegend noch eine alte Mühle.

In die Mitte des Mehlberges schlugen die Frauen in eine Vertiefung frische Eier, gaben etwas Salz dazu und kneteten den Pastateig dann mit den Händen. Nudelmaschinen wurden verachtet. Aus dem Teig wurden dann je nach Laune *tagliatelle, pappardelle, ravioli* oder zu Weihnachten und Neujahr *cappelletti* geformt, die dann in einer klaren Brühe serviert wurden. Man konnte natürlich auch frische Pasta im Nudelgeschäft kaufen. Die handgemachte Pasta war fast doppelt so teuer wie die mit der Nudelmaschine gepresste. Die Frauen behaupteten, maschinengemachte Nudeln nähmen die Soße anders auf. Vor ihrer Hochzeit sollte eine Frau schnellstens lernen, Pasta zu machen, wenn sie es nicht schon konnte. Für die Menschen hier zählte keine Küche der Welt. Keine konnte in ihren Augen mit der italienischen mithalten. Das Essen woanders war eben nicht wie in Italien. Ohne Pasta war das Leben eine traurige Angelegenheit. Und das war die einhellige Meinung, wer etwas anderes dachte oder gar sagte, lag falsch.

Das galt auch für meine Familie, die jetzt in aller Geschlossenheit um den Tisch herum saß. Die Mutter brachte nach dem Essen wieder ihren selbstgemachten *nocino* auf den Tisch. Ich erinnerte mich noch sehr gut an das Rezept. Viele Male hatte ich beim Ansetzen des Walnusslikörs geholfen. Sogar die Mengenangaben hatte ich noch im Kopf:

Um eine 2-l-Flasche zu füllen brauchte man folgende Zutaten:

0,5 Liter reinen Alkohol; 0,4 kg Zucker; 2-3 Zitronen; 2-3 Gewürznelken; 1 Sternanis; 1 Zimtstange; 1 Vanilleschote; 2 g Kardamom; 1 Liter Wasser und das fein gehackte Fruchtfleisch von 20-25 grünen Walnüssen, geerntet vor Johanni.

Wenn alle Zutaten vorbereitet waren, wurde die Mischung in eine 2-Liter-Flasche gefüllt, die dann fest verschlossen morgens und abends jeweils 10 Minuten geschwenkt werden musste. Nach zwei Monaten wurde der Alkoholansatz gefiltert, das Wasser mit dem Zucker aufgekocht und nach dem Abkühlen zum Ansatz gegeben. Danach musste er ungefähr 3 Monate reifen.

Im Verlauf der Vorbereitung waren meine Hände manchmal gelb bis zu den Gelenken geworden, wenn ich keine Gummihandschuhe beim Hacken der Nüsse getragen hatte.

Auch die Tomatenschwemme Ende August war mir noch gut im Gedächtnis. In jedem Haushalt in Canavaccio und Umgebung wurde Tomatensoße eingekocht und in Flaschen gefüllt, wenn die Tomaten in den Gärten überreif wurden. Ein riesiger Topf wurde dann auf ein offenes Feuer gesetzt und die Tomaten mit Knoblauch, Basilikumblättern und frischen Stängeln von wildem Fenchel, der überall verstreut in den Gärten wuchs, eingekocht. Dieser Vorrat an *polpa,* wie die Tomatensoße hieß, wurde dann dicht gedrängt in den Regalen einer jeden *cantina* aufbewahrt, neben Gläsern mit Paprikaschoten in Olivenöl, mit Auberginenscheiben in Chiliöl und Knoblauch und den köstlichen kleinen weißen Zwiebeln in Weißwein und Öl. Meine Mutter kochte mindestens einhundert, meist eher zwei- bis dreihundert Gläser ein. Ein Winter ohne die *polpa* für die Pasta und die anderen Produkte des Gartens war unvorstellbar, sie waren fast ebenso wichtig wie Schinken und Salami. In manchen Familien wurden wilde Erdbeeren in Maraschino eingelegt oder Feigen in Wodka. Aus Brombeeren und Quitten wurde Gelee gekocht. Die *cantina* in meinem Elternhaus war für den Winter immer gut gefüllt gewesen.

Auch Giuliana hatte stets mitgeholfen. Sie war die einzige, die heute fehlte. Alle anderen saßen um den Familientisch herum, redeten, tranken und nickten, bis das Gackern der Hühner und der Vogelgesang rundum aufhörten und ein Grillenchor die Abendmusik übernahm.

„Letztes Jahr hatten wir eine lange Dürre", erzählte Giuseppe. „Die Weinberge waren trocken, die Felder verdorrt - kaum ein Ernteertrag."

Ich erinnerte mich gut daran, wenn nach einer Dürre dann mit Gewalt der Regen kam. Die Wetterphänomene in unserer Gegend hatten mir oft Angst gemacht. Die einzige Vorwarnung war ein Grollen im azurblauen Himmel und ein plötzlicher Windstoß. Dann wurde der Himmel fleckig grau bis schwarz und es fielen erbsengroße Regentropfen. Binnen Minuten konnte sich das Grollen zu Explosionen steigern, hintereinander in kurzen Abständen, deren Echos sich im Tal verdoppelten, gefolgt von Blitzen, die in die umliegenden Wälder krachten. Das ganze Schauspiel dauerte meist nicht länger als eine halbe Stunde, bis die Sonne wieder durch die Wolken lugte und bald alle Spuren des Gewitters getilgt hatte.

„Dieses Jahr werden wir auch *granturco* - Mais für den Markt - haben und außerdem Kartoffeln." Guiseppe beugte sich über den Tisch und schob sein Gesicht mit den vorstehenden Augen dichter an meines heran.
„Im letzten Monat sind die Wildschweine in unseren *fave,* den Saubohnen, gewesen. Alles machen sie kaputt. Sonnenblumen können wir auch nicht mehr anpflanzen, weil sie an die reifen Kerne wollen und alles runtertrampeln."
„*No, no, eh!*" kicherte Alberto höhnisch und schlug sich auf die Schenkel.
„Valerio weiß doch überhaupt nicht, was ein Wildschwein ist. Oder laufen in Germania in der Stadt welche rum?"
Der Vater winkte ab. „*Dai*, nun lass doch. *Ma certo*, na klar, als Valerio noch hier lebte, gab es noch nicht so viele Wildschweine, aber hört doch auf damit", sagte er

begütigend. Und an mich gewandt: „Du weißt doch, ich bin im Jägerverein. Im letzten Herbst habe ich bei einer Jagd eins geschossen. *Dio mio!* Das wog über achtzig Kilo. Wir haben es zerteilt und das Fleisch eingefroren. Den ganzen Winter haben wir davon gegessen. Es war wirklich gut, das kannst du mir glauben." Jedem Satz folgte ein Nicken.

„Weißt du, Valerio, was uns im letzten Jahr passiert ist?", fuhr er fort.

„*Madonna*, das wirst du nicht glauben! Ich habe den Boden unter dem Weinkeller ausheben lassen. Ich wollte einen Kellerraum für den Mais haben. Dabei sind wir auf ein Gewölbe gestoßen, in dem ein Dutzend Skelette übereinander lagen. Gefallene aus einer Schlacht aus dem vorletzten Jahrhundert, haben die Kriminalisten aus Pesaro gesagt. Die haben alles auf den Kopf gestellt. Und ein Historiker aus Urbino wusste von einer Schlacht, die sich just auf unserem Grund und Boden abgespielt haben sollte. *Ecco*, du siehst Valerio, hier bei uns auf dem Land ging es nicht immer friedlich zu."

Heute auch nicht – dachte ich.

Guiseppe, Alberto und Bruno standen auf, hakten sich unter, als wollten sie sich und ihre innere Weinladung stützen. Bruno stand in der Mitte. Er warf den Kopf zurück und sang weinselige Liebeslieder. Mittendrin hörte er plötzlich auf und starrte mich aus glasigen Augen an, als sei ich ein böser Geist aus der Vergangenheit. Hatten mein Anblick und der Alkohol für einen kurzen Moment einen winzigen Teil seines längst vergrabenen Gewissens hervorbrechen lassen?

„*Avanti*", ermunterten Guiseppe und Alberto.

Der Vater räusperte sich mit einem Seitenblick auf mich.

„*Avanti*", drängten die Brüder wieder.

„*Basta*", sagte die Mutter, „es reicht!" Energisch schob sie die drei Brüder aus der Küche.

Vater und Mutter blickten mich an. Der Raum veränderte plötzlich sein Gesicht. Beklemmendes Schweigen breitete sich aus. Ich fühlte mich allein in der Küche mit all ihren altbekannten Gegenständen und Küchenutensilien. Nichts wirkte auf einmal freundlich oder neutral. Um dem Schweigen zu entkommen, fragte ich: „Gibt es immer noch Streit mit den Brüdern Marini oder hat sich die alte Fehde zwischen unseren Familien beruhigt?"

„Umberto Marini ist Witwer - hat seine Frau vor zwei Jahren begraben. Der Verlust hat ihn sanfter gemacht. Und sein Bruder Massimo war ja eigentlich nie die treibende Kraft. Die beiden leben jetzt allein. Eine richtige Männerwirtschaft. Umberto ist in die Politik gegangen, ist eng befreundet mit dem Bürgermeister", antwortete der Vater.

„Das heißt, der alte Streit ist behoben? Umberto war doch früher viel draußen in den Wäldern. Man sah ihn niemals ohne seinen Lieblingshund, einen Maremmano. Testone hieß der, wenn ich mich recht erinnere."

Ernesto nickte. „Ja, Testone hieß der Hund. Aber der lebt längst nicht mehr."

„Ich sehe Umberto noch vor mir, wie er über die Felder, querfeldein über die Äcker gegangen ist, Testone immer vorneweg. Manchmal bewegten sich seine Lippen, wenn er stumm mit unsichtbaren Leuten zankte."

„Das ist vorbei. Umberto ist friedlich geworden, und er hat sich gut gehalten", sagte der Vater. „Ist nicht so leicht umzubringen, wie er von sich selbst sagt. Gewiss, er ist älter geworden, hat die Lust am Streiten verloren. Und einen neuen Hund hat er sich auch nicht angeschafft. Vor zwei Jahren hat er uns sogar geholfen, als die Straße nach einem verregneten Winter wieder kaum zu befahren war."

„Wie konnte er euch denn dabei helfen"? fragte ich.

„Nun, wir wussten ja, dass er mit dem Bürgermeister befreundet ist. Unsere Straße ist seit eh und je, wie du weißt, eine *strada vicinale*. Das heißt, dass alle Nachbarn die Straße in Ordnung halten müssten. Aber auch viele Jäger, Ausflügler mit ihren Autos und landwirtschaftliche Fahrzeuge benutzen die Straße. Ein Grund eigentlich, dass sich auch die Gemeinde von Urbino an der Unterhaltung beteiligen müsste." Erst schüttelte er den Kopf, lachte dann aber triumphierend. „Wir haben also mit Umberto gesprochen und ihm ganz schön Feuer unterm Hintern gemacht. Das war an einem Freitag. Du wirst es nicht glauben, am Montag waren die Bagger da, haben die Straße begradigt und die Löcher mit Kies aufgefüllt. Man muss eben wissen, bei wem man Druck machen muss und wer der *Capo* ist."

Die Kerzen waren heruntergebrannt und verloschen. Nur ein paar Glutnester leuchteten noch im Kamin. Es roch nach Rauch und nach Essen.

Die Mutter sagte: „Es ist spät. Du bist bestimmt auch müde. Ich habe dir Onkel Giancarlos Zimmer zurechtgemacht."

Meine Eltern erzählten, dass Don Giancarlo vor einer Woche in den Vatikan gerufen worden war. Man fand in Rom, er sei zu alt für sein Amt geworden. Er selbst fand das nicht. Nicht einmal sein Freund, der Bischof, konnte ihm da helfen. Der Vatikan wollte einen jüngeren Nachfolger für die kleine Kirche San Ambrosio. Don Giancarlo hatte, solange die meisten denken konnten, die Messe für seine Gemeinde gelesen. Er war ein gewaltiger Redner und hielt dieses Talent für ein Gottesgeschenk als Belohnung für seinen allumfassenden Glauben. Es war seine Gewohnheit, beim Abendessen in der Familie lange Monologe über die Bibel und den Glauben zu halten. Er sah in der Heiligen Schrift die Autorität und die Mittel, die Menschen von jenen Wahrheiten zu überzeugen, welche für das Seelenheil notwendig sind und die sich durch keine Wissenschaft, sondern allein durch die Offenbarung des Heiligen Geistes Glaubwürdigkeit verschaffen. Wie quälend hatte ich als Junge seine orgiastischen Ergüsse empfunden, wenn er in seinen Gebeten sein Innerstes nach außen kehrte, den Blick für alles Irdische eingeengt. Hätte er neben dem Reden wenigstens gehandelt, sich gegen den Terror in der eigenen Familie gewandt! Hatte er nicht einer krummen Saat von Unnatur und Vergehen erst den Weg geebnet? Oder hatte er die Ausschweifungen seiner Neffen als Jugendsünden abgetan? Bis zu welchem Alter darf man sündigen und auf wessen Kosten, um schließlich doch noch „Seiner Gnade" teilhaftig zu werden? Ich dachte daran, wie Francesco aus Hofmannsthals „Jedermann" zitiert hatte: *Der kommt in den Himmel, der in allerletzter*

Minute bereut. War es das, was mein Onkel dachte – Vergebung durch Reue in letzter Minute?

Ich war der Mutter dankbar, dass ich nicht in meinem alten Kinderzimmer schlafen sollte. Ich hätte dort keinen Schlaf gefunden, zu viel hätte mich an Giuliana erinnert.

In Don Giancarlos Zimmer hatte sich nichts verändert. Die Madonna aus weißem Marmor stand immer noch in der Ecknische, der gekreuzigte Jesus hing über dem Bett. Talar und Stola waren säuberlich über der großen Truhe ausgebreitet, bereit für die nächste Messe.

Ich zog meine Jacke aus und hängte sie über den mit den Jahren wackelig gewordenen Stuhl. Aus dem Fenster blickte ich auf die nur vom matten Mondlicht beleuchteten hohen Pappeln, deren Blätter im Wind zitterten und ihre helle Rückseite über der Schlucht wie Lametta blinken ließen. Und es war Mai, die Zeit, in der die ersten Glühwürmchen die Dunkelheit lebendig machten wie kleine leuchtende Geister. Es war eine grandiose, urtümliche Szenerie, wie ein Zauberland, von Menschenhand unberührt. Ich öffnete das Fenster und hielt mein Gesicht in den Nachtwind. Irgendwo in der Schlucht schrie ein Käuzchen. Grillen waren noch aktiv und Frösche quakten aus allen Himmelsrichtungen. Fledermäuse begannen vor dem Fenster ihre Sturzflüge und kreisten durch die nächtliche Brise. Der Himmel war übersät mit Sternen, mehr als ich im Norden je gesehen hatte.

Der kühle Wind brachte die Gerüche des Waldes herein, der letzte Schwarzdorn und der erste Weißdorn und Ginster, durchmischt mit Zypressenharz. Ein Windstoß ließ die Fensterläden klappern. Die Flamme der Kerze, die ich auf dem Nachttisch angezündet hatte, flackerte. Die Geräusche vervielfachten sich. Im Haus war alles ruhig. Alle schliefen wohl schon. Mich aber hielt die Erinnerung wach. Es waren nicht nur böse Erinnerungen, dort am offenen Fenster. Plötzlich hörten die Geräusche mit einem Schlag auf, und die Nacht war still und fremd. Was für ein seltsamer Tag, dachte ich. Wie ich mich bemüht hatte, meinem Vater zu gefallen. Ein wenig eitel und bestrebt, *bella figura* zu machen. Seltsam! Gerade weil ich meine Familie in ihrer ganzen Gewöhnlichkeit sah, ihre gekerbten Gesichter, in denen sich die Unfähigkeit spiegelte, der Tristesse ihres Lebens zu entrinnen, die sie gleichsam zu Statuen ihrer selbst machte. Schließlich betrachtete ich mich selbst, wie ich mich in der trüben Spiegelscheibe über dem Waschbecken in Don Giancarlos Zimmer sah, nicht anders als die anderen, auch ich schon ein wenig gealtert, vom Räderwerk des Lebens ergriffen. Aber noch strebend, noch widerstrebend, nicht der Resignation ergeben. Ich war noch höchst lebendig. Und doch, warum war ich hier, zusammen mit der Familie? Wie ertrug ich das? Warum entfloh ich nicht dieser grotesken Wiedersehensfreude? Ich musterte aufmerksam mein Spiegelbild, als wäre es nicht meines. Obwohl ich mein Gesicht schon ein paarmal in kaltes Wasser getaucht hatte, fühlte ich mich immer noch nicht frisch. Mit pedantischer Objektivität betrachtete ich mein von der kahlen Birne über dem Spiegel beleuchtetes Gesicht. Meine Aufmerksamkeit wurde angezogen vom Pochen der Schlagadern an den Schläfen, von dem dichten Netz der scharlachroten Äderchen, wenn ich die Augen aufriss, oder von den Bartstoppeln, die am Kinn und am Unterkiefer schon wieder zu sprießen begannen. Ich dachte an nichts – oder doch wieder und wieder: Warum war ich hier? Wie ertrug ich das? Wen oder was wollte ich ändern. Vor diesem alten, durch Feuchtigkeitsflecken nicht mehr klaren Spiegel drängte sich plötzlich wieder der Seneca meiner Jugend in meine Gedanken: *Wer an den Spiegel tritt, um sich zu ändern, der hat sich schon verändert.* War das so? Hatte mich schon allein das Heimkommen verändert. Wie würde ich morgen und in den folgenden Tagen handeln? Ich wusste es nicht.

Kapitel 8

Kurz nachdem ich endlich eingeschlafen war, wachte ich wieder auf. Ich hörte, dass sich ein starker Wind erhoben hatte, er sang - und jetzt war da auch etwas Fremdes. Es schwoll an, pfiff mehrstimmig ums Haus, grollte. Ich stand auf und ging ans Fenster. Mich überkam das Gefühl, fliehen zu müssen. Schon als Kind hatte ich bei Naturgefahren, bei heftigen Gewittern, bei leichten Erdbeben immer Ängste ausgestanden und hinterher immer gedacht: überstanden, nichts ist zerstört oder vernichtet worden, es war über mich hinweggezogen.
Der Wind hielt einige Zeit an, wurde schwächer, machte Pausen. Plötzlich schien das Haus in seinen Grundmauern zu wanken. Nur drei, vier heftige Stöße. Die Kerze fiel vom Tisch. Danach Stille. Das Beben war vorüber. Und doch war etwas geschehen, etwas Unabänderliches, etwas, das mich seit meiner Kindheit verfolgte und bei kleinen Erschütterungen im Auto oder im Flugzeug immer wieder in mein Elternhaus, in das Zimmer mit Giuliana zurückversetzte. Aber jetzt waren Schrecken und Gefahr vorüber. Alles war wie zuvor, das leichte Aufbegehren der Kräfte im Erdinneren vorbei. Ich kannte das ja. Oft ging den Ereignissen ein Luftzug voraus, der einen Luftschwall hinter sich in der Entladung enden ließ. Niemand im Haus hatte offenbar etwas gemerkt, so schnell war es wieder vorüber. Dieses Haus schien für die Ewigkeit gebaut. Seine dicken, mit Lehm gemauerten Natursteinwände hatten bisher immer widerstanden.

Ich setzte mich aufs Bett. Mein Körper entspannte sich allmählich. An Schlaf war nun aber nicht mehr zu denken. Wie sollte ich diese erste Nacht hier in den Griff bekommen? Ich hatte nie über meine Nächte so verfügen können wie andere. Schon früher war mir die Flucht in den Schlaf oft misslungen. Hin und wieder nahm ich Schlafmittel, um der Schwärze der Nacht zu entgehen. Das Wissen, dass diese Mittel persönlichkeitsverändernd waren, konnte mich nicht schrecken. Oftmals hatte ich gedacht: hoffentlich - und auf die Veränderung gewartet. Vielleicht war sie längst eingetreten, vielleicht war ich längst ein anderer, und all dies wäre nicht wahr, die Welt wäre eine andere. In einer anderen Welt hätte ich kein Bedürfnis gehabt, allem zu entfliehen.

Ich stützte den Kopf in die Hände. Ungewollt kamen jetzt auch die bösen Erinnerungen wieder. Der Tag, als ich mein Elternhaus für immer verlassen hatte - eingebrannt in mein Gedächtnis.

Ich sah mich am späten Nachmittag nach Giuliana suchen. Verzweifelt. Sie war seit dem Morgen verschwunden. Da war die Angst. Hatte sie sich etwas angetan?

Ich war losgelaufen, entlang der Schlucht. Es dämmerte schon, als mir oberhalb einer gemähten Wiese eine Herde schmuddeliger sardischer Schafe entgegenkam. Ihre Halsglocken klangen wie eine fremdartige Symphonie durch die Schlucht und vervielfachten sich im Echo. Wie ein einziges, elfenbeinfarbenes Wollknäuel rollte sich die Herde die Wiese herunter, gehütet von einem wild aussehenden Sarden und zwei ebenso wilden Maremmanos. Ich fragte den Schäfer, ob ihm Giuliana weiter oben an der Schlucht begegnet sei. Er hörte mir ein paar Sekunden lang mit gelangweiltem Blick zu.

„Boh?!", sagte er dann, hob die Schultern und humpelte hinter seiner Herde her, die beiden weißen Hütehunde voraus.

Dem Gefühl der Beklemmung folgte Panik. Wenn Giuliana etwas passiert war...

Ich machte kehrt und lief atemlos zurück zum Haus. Die Wut schien mich zu zerreißen. Im *magazzino*, dem Geräteraum, standen immer unverschlossen in einem wackeligen Schrank die Jagdgewehre meines Vaters. Ich nahm aus einer Schublade eine Hand voll Patronen, steckte eine in den Lauf und die anderen in die Tasche. Dann lief ich wieder die Schotterstraße empor auf die andere Seite des Hügels in den Wald. Dorthin waren Guiseppe und Alberto aufgebrochen, um für das Abendessen wilden Spargel und Kräuter zu sammeln.

Bei einer krumm gewachsenen Pinie blieb ich stehen, presste die Stirn gegen die rissige Borke des Stammes und zog in tiefen Zügen die Luft ein. Nach der unerträglichen Hitze des Tages war der Abend fast berauschend mild. Ein weiches Licht lag über den Hängen und ließ Hügelkämme unwirklich nahe erscheinen.

Ein plötzliches Rascheln hatte mich aufgeschreckt, ein leises Schaben, wie von einem Körper, der sich durch das Buschwerk drängte. Ein Stachelschwein! Ein entsetzlicher Quietschlaut – dann schnellte ein Stachel wie ein Pfeil in meine Richtung. Nur mit einem Satz ins Gebüsch konnte ich ausweichen. Irgendwo neben mir bohrte sich der

Stachel in den Waldboden. Das Stachelschwein war längst wieder im Unterholz verschwunden.

Dann hörte ich sie, ihre Stimmen. Hinter einem dicken Baumstamm versteckt konnte ich sie erkennen: Guiseppe und Alberto.

Giuseppe sagte mit gedämpfter Stimme. „Alberto, da ist jemand!"

Albertos Kopf fuhr herum. „Wer ist da?" rief er misstrauisch.

Blindlings machte ich kehrt, stolperte die ersten Schritte orientierungslos vorwärts, prallte mit Schultern und Armen schmerzhaft gegen Stämme und Äste, bis ich am Rande der *pineta* angekommen war, die freie Hand in die schmerzende Seite gepresst, die andere am Gewehr. Ich wusste noch, wie ich zögerte, das Gewehr anstarrte. Dann lief ich wieder zurück in den Pinienwald. Ich blieb stehen. Was wollte ich mit dem Gewehr? Wollte ich wirklich auf meine Brüder schießen? Wollte ich meine Brüder töten, vernichten, alle Beweise der Schande auslöschen? Ich schluchzte leise. Nach einer Weile, die Minuten oder Stunden dauerten – ich konnte es nicht einschätzen -, kamen mir Guiseppe und Alberto entgegen. Als sie mich mit dem Gewehr in der Hand erblickten, brachen sie in Gelächter aus. Alberto verspottete mich, nannte mich einen Hasenfuß, der doch gar nicht wusste, wie man mit einem Gewehr umging, noch nie eins in die Hand genommen hatte. Sie kamen näher. Da hob ich das Gewehr.

Guiseppe lachte wiehernd und fragte, ob ich mit ihnen auf die Jagd gehen wolle. Dann müsse ich aber erst einmal lernen, wie man abdrückt.

Ich fühlte das kalte Gewehr an meiner Wange, spürte den Finger am Abzug. Mit zusammengekniffenen Augen wollte ich mich zwingen, den Bügel zu drücken. Ich wollte es wirklich tun – endlich. Doch ich konnte nicht abdrücken.

Meine Arme sanken schlaff herab, der Lauf des Gewehrs berührte den Boden.

Alberto schrie mich grob an, riss mir das Gewehr aus der Hand und verpasste mir eine schallende Ohrfeige.

„Lass ihn, Alberto. Er ist ja noch ein Kind."

Ich wusste nicht mehr, wie ich damals zurück nach Haus gekommen war. In der Küche auf der Bank saß Giuliana mit von Lehm verschmutztem Kleid und leerem Blick. Sie hatte wohl irgendwo, auf irgendeinem Feld gelegen und darüber nachgedacht, ob sie weiter leben oder lieber sterben wollte. Aber sie war zurückgekommen. Die Mutter suchte im Radio nach ihrem Lieblingssender und beachtete uns beide nicht. Auf dem Holztisch in der Mitte der Küche lagen auf einem Backblech Brötchen zum Abkühlen. Ich nahm mir eins, biss hinein und setzte mich ohne ein Wort auf den Schemel beim Fenster. Meine Wange brannte. Irgendwann sah die Mutter mich an. Sie fragte ungewohnt sanft, was geschehen sei. Ich blieb stumm. Sie kam auf mich zu und wollte mich in die Arme nehmen. Aber ich wehrte sie ab und schrie so laut, dass ich glaubte, mir würde das Trommelfell bald platzen.

„Es ist genug! Ich gehe! Für immer! Ich gehe zu *Dottore* de Carlo."

Plötzlich spürte ich die kühle Hand meiner Mutter auf meiner brennenden Wange. Sie streichelte mein Gesicht.

Ich drehte mich um und stieß sie so heftig von mir, dass sie gegen die Wand prallte. Sie hielt sich mit einer Hand die Schulter, als wolle sie den Schmerz zum Verstummen bringen. Ihr Gesicht sah ich nicht. Ich zitterte und schwitzte und sank zu Boden. Meine Mutter setzte sich zu mir auf den harten kalten Küchenboden.

„Warum willst du mir das antun?" flüsterte sie.

Ich wollte an diesem Abend nichts mehr, als dass dieses Lügenkonstrukt, diese wortlose betrügerische Übereinkunft endlich einstürzen und sich selbst zerstören würde. War diese grausame Situation eine logische Schlussfolgerung des Charakters meiner Mutter, ihrer Rücksichtslosigkeit, ihrer egozentrischen Blindheit? Der Charakter eines Menschen war nicht Schicksal. Man konnte wählen. Das hatte mir Francesco klargemacht. Doch ich brauchte meine Mutter, wollte ihre Liebe, brauchte ihre Nähe wie die Luft zum Atmen. Verzweiflung überkam mich, das Gefühl, zu nichts bestimmt zu sein, schon gar nicht zum Kämpfer. Ich fühlte mich schäbig. Nie würde ich meinem Namen Ehre machen: Valerio, der Starke. In einer unüberwindbaren Schwäche brachte ich keinen guten Satz mehr zustande. Der Punkt musste gesetzt werden, der Schlussstrich gezogen, auch wenn Gleichgültigkeit und Ohnmacht blieben. Doch lieber ein Ende mit dem schmerzenden Pfahl im Fleisch, als dieses zweigeteilte Leben länger erdulden.

Mein Geschrei hatte Giuliana aus ihrer Starre gerissen. Sie richtete sich auf, ihre Augen weiteten sich vor Anstrengung. Sie schlug sich mit der Faust gegen die Stirn, wollte nicht aufhören damit. Gern wäre ich ihr Befreier gewesen, doch was hätte ich gegen meine Brüder

117

ausrichten können? Ich musste gehen. All die langen Jahre hatte auch die Mutter weggeschaut. Giulianas Schicksal besiegelte auch ihr Schicksal. Klebrig haftete die Schuld auch an ihr. Ich wusste, damals schon, dass die kommenden Monate Jahre voller Scherben sein würden, auf denen zu gehen ich lernen müsste. Narben würden entstehen durch mein Wissen und meine Flucht vor der Verantwortung.

An diesem Tag hatte dieses NON MI IMPORTA NIENTE, dieses „Was geht es mich an", dieses „Interessiert mich nicht" zum ersten Mal in meinem Kopf gedröhnt. Seither hallte es nach wie ein Echo bei jedem Gedanken an Giuliana.

Nicht erst heute, nach so vielen Jahren, nachdem das Beben abgeklungen war, die Natur sich beruhigt hatte, und ich allein in Onkel Don Giancarlos Zimmer saß, wusste ich, dass mein Nicht-Handeln auch mein Schicksal besiegelt hatte. Ich konnte und würde auch künftig nicht vor mir selbst fliehen können, denn ich hatte nichts zu meiner Rechtfertigung vorzubringen. Nichts würde mir jemals erlassen werden von den Folgen meines Schweigens. Es ist das Lied aller Feiglinge: „Bin ich denn meiner Schwester Hüter?"

Kapitel 9

Ein leichter Morgenwind wehte. Ich hörte ihn nicht. Ich sah nur den Schatten der Äste des Nussbaumes in wechselndem Rhythmus auf der verblichenen Tüllgardine immer neue Muster bilden. Es versprach ein schöner Tag zu werden. Ein leichter Duft von Akazien wurde an mein Bett getragen. Noch hatte die Sonne nicht genug Kraft, dem Morgen eine angenehme Wärme zu geben. Aber sie würde scheinen, die Sonne. Es war Mai und nicht Februar, wenn Berge und Felder eingenebelt waren, wenn man aus den Fenstern des Hauses nur weiß sah, nichts als weiße Leere.

Gegen Morgen war ich doch noch für ein paar Stunden eingeschlafen. Nun lag ich da in einer Leichtigkeit, die der Nacht das Grauen entzogen hatte – da waren nur Wind, Baum und Vorhang. Halbwach, im Hintergrund, hörte ich gedämpfte Geräusche aus der Küche. Die Mutter hantierte mit Töpfen. Was würde sie zum Frühstück vorbereiten am ersten Morgen nach meiner Rückkehr? Zum Feinschmecker, zum Anhänger des Erlesenen hatte ich in der Familie nicht werden können. Die Mutter verstand es aber immer, aus den frischen Rohmaterialien des Gemüsegartens, zur richtigen Zeit geerntet, mit den passenden Kräutern gewürzt, Mahlzeiten zuzubereiten, die Herkunft und Grundsubstanz nicht verdeckten. Wenn es Fleisch gab, dann wurde eines der Hühner geschlachtet, die ohne Eingrenzung zwischen dem Wohnhaus und der Mühle herumliefen, alles vollschissen, deren Fleisch aber so köstlich war, wie ich es in Hamburg nie geschmeckt hatte. Zweimal im Jahr wurde geschlachtet, im Frühjahr ein Lamm und im Herbst ein Schwein, dessen Schinken zum Trocknen von den Eichenbalken an der Decke des *magazzino,* des Vorratsraums, hingen. In die Wände des *magazzino* waren Kanthölzer eingemauert, an denen Salami-Würste hingen, die, von der Mutter sorgsam eingeteilt, in den Wintermonaten zum Abendessen auf den Tisch gebracht wurden. Ab und zu gab es auch Käse. Ermanno Latti, der Bauer vom Nachbarhof, hatte fünf Kühe und verkaufte unserer Familie Milch und Käse.

Der Morgen war aufgezogen. Morgenrot vermischt mit Morgenorange. Um nichts in der Welt hätte ich jetzt woanders sein wollen. Jeder Gedanke an die Nacht und an die Verzweiflung lag mir nun fern. So ein Morgen in den Hügeln, Ankündigung eines Tages, der in der Sonne zu leuchten versprach. Ein leichter Wind, ein sanftes Pfeifen, beinahe ein Flöten, und das Gezwitscher der frühen Vögel. Sonst nichts. Außer der Mutter war noch niemand auf. Die Brüder schliefen noch. Sie waren immer gute Schläfer gewesen. Ich öffnete das Fenster, stieß die Läden auf, witterte, atmete die entschwindende Nachtluft. Ein kurzer Gang vor dem Frühstück? Ich zog mir meine salopp geschnittene Freizeithose an und krempelte die Ärmel meines Hemdes hoch. Hinter den Zimmertüren herrschte Ruhe. Ich schlich mich an der Küchentür vorbei. In der kühlen *cantina* stand zwischen dem abgestellten Gerät und den Weinfässern auch eine Gießkanne für die Blumen. Der abgewetzte Strohhut an einem rostigen Nagel kam mir gerade recht. Ich öffnete die Tür. Auch draußen war es noch kühl. Unten zwischen den Weinstöcken pickten die großen Vögel. Der Weg vom Haus zur Mühle und weiter zur Schlucht führte an wild wachsenden Perückensträuchern vorbei, die im Herbst das Unterholz des Waldes rot leuchten ließen. Ich hörte das Rauschen des Mühlbaches, das im Sommer schwächer wurde und manchmal in besonders heißen Sommern ganz versiegte. Es zog mich zu diesem Wasser. Hinter der Mühle, auf der gegenüberliegenden Seite der Schlucht, verlief die Grenze zum Gebiet meiner Familie. Ich kannte die Hektarzahl des Hofes nicht. Jedenfalls war das Gelände groß genug für einen kurzen Morgenspaziergang.

Ich genoss den Wind. Unter den Winden, die hier ihr Spiel hatten, war mir, als wäre ich selbst im Spiel. Ich verspürte Leichtigkeit, endlich Leichtigkeit. Mein bis zur Brust geöffnetes Hemd blähte sich wie ein Ballon. Ab und zu musste ich mich zur Seite neigen, um den Ästen ausladender Büsche auszuweichen, doch meist war der Weg gut begehbar. Links unterhalb des Weges und weit voraus erstreckten sich bearbeitete Felder und weite Flächen, auf denen Luzerne angebaut wurde. Hier und da waren Gehöfte zu sehen, niedrige, zum Teil grob verputzte, an den Hang geschmiegte Bauernhäuser. Manche Bauern der Gegend bauten wie mein Vater auch Wein an, auf symmetrisch angeordneten Rebenfeldern nahe bei ihren Gehöften – den weißen Landwein oder den roten Sangiovese. Es hieß allgemein, der hiesige Wein könne nicht mit den Weinen der Toscana und den südlicheren Regionen konkurrieren. Doch das störte die Bauern wenig.

Es stimmte auch nicht. Man trank den Wein zu allen Gelegenheiten und verkaufte das, was übrig blieb, auf den Märkten in Urbino, Fermignano und Fossombrone.

Der Wind wurde schwächer, machte Pausen. Ein paar letzte Nachzügler, ein paar letzte Stöße, - und schon war er vorbei. Eine Nachhut von Dunst verflüchtigte sich und die Sicht ins Tal wurde freier. Auf halber Höhe zwischen Elternhaus und Tal blieb ich stehen. Zu den Hügeln in der Cesane auf der anderen Seite des Tales würde ich es ungestärkt ohnehin nicht schaffen. Ich beschloss, mich erst nach dem Frühstück an den Schluchten zu versuchen - doch erst einmal Frühstück zu Hause. Ein dicker grauer Hase kauerte in vorsichtiger Entfernung in einer Mulde und beobachtete mich unruhig. Er hatte die langen Ohren zurückgelegt, die Knopfaugen glänzten.

Noch einen Moment genoss ich die ineinanderfließenden Geräusche und den ungehinderten Ausblick über das Land. Das noch niedrige Korn wogte auf den Feldern. Eine inzwischen fast gänzlich verfallene niedrige Sandsteinmauer begrenzte den rückwärtigen Teil des Geländes meiner Familie zur Schlucht. Über die gewellte Hügellandschaft spannte sich nun in fast schmerzhaftem Blau ein Himmel, dessen Konturen sich in der Ferne verloren. Der Tag würde heiß werden. Es war doch erst Mai. Die heißeste Zeit würde noch kommen. Aber hier lebte man mit den Jahreszeiten, richtete sich darin ein. Sobald die Weizenernte im Juli eingebracht war, würden die üblichen Merkmale des Sommers verschwinden und fast über Nacht verdorrten Gräsern weichen, fallenden Blättern und vertrocknenden Blumen, die ihre

Blütenblätter abwarfen. In der Zeit der schlimmsten Augusthitze würde das Land um die Mühle herum trocken und grau wie Staub werden, und die Farbenvielfalt der Gärten würde einer Farbpalette aus Ocker-, Orange und Rottönen weichen. Die Sonne flimmerte dann über einer verdorrten Landschaft, bis hin und wieder ein gewaltiges Gewitter eine kurze Verschnaufpause brachte. Ich erinnerte mich an die Hitze. Überall nistete sie sich ein, im Wasser des Baches, in der Rinde der Bäume, in den Dachziegeln des Hauses und den Fensterläden, deren Farbschicht langsam abblätterte. Die Katzen trieb es in die Kühle der Schlucht.

Wenn es dann ab September wieder mehr regnen würde und Farbenvielfalt eine prächtige Herbstlandschaft zauberte, würde sich mit jedem Tag ein anderer Anblick darbieten. In den Weinbergen, an den Rebstöcken, wurden die Farben von den weißen und blauen Trauben ergänzt. Im Oktober machte sich die ganze Familie auf in die Weinberge. Die Trauben wurden geerntet und auf die „Ape" geladen. Ich war früher oft auf der Ladefläche dieses dreirädrigen Kleintransporters mitgefahren, zwischen Bottiche voll Trauben gequetscht, eingehüllt in Wolken stinkender Auspuffgase, die der Zweitakter in die Luft pustete.

Die anschließende Arbeit in der *cantina* habe ich geliebt. Die Trauben wurden dort gepresst und der gefilterte Saft über Schläuche in Eichenfässer gefüllt. Im Dezember wurde dann nach getaner Arbeit bei loderndem Kaminfeuer und bester Laune auf den ersten jungen Wein des Jahres angestoßen. Es folgte eine gemütliche Zeit, ohne Arbeit auf den Feldern. In der Küche hingen von den Deckenbalken gelbe Maiskolben zum Trocknen, und die im November geernteten schwarzen Oliven standen in einer großen Tonschüssel auf dem Tisch. Die Mutter hatte sie mit Knoblauch, wildem Fenchel und Orangenschalen eingelegt. Das waren friedliche Momente in der Küche. Draußen pfiff der eisige Nordwind, der Tramontana, über Berghänge, abgeerntete Felder und in das kahle Geäst der Bäume. Drinnen wurde getrunken. Jeder suchte beim anderen die Bestätigung der Behaglichkeit. Oft stellte sich Giuseppe, breitbeinig, die Hände in den Hüften, in der Pose des gutmütigen großen Bruders in die Mitte der Küche und stimmte Lieder an. Ein ganzer Kerl, aus einem Guss, und alle anderen stimmten ein.

Ich machte mich auf den Rückweg. Heute würde Giuliana aus Canavaccio hochkommen. Das Wiedersehen mit ihr würde nicht angenehm werden, trotzdem freute ich mich darauf. Ich habe mich in den vergangenen Jahren oft gefragt, wie dieser Moment der Begegnung aussehen würde, welche Worte ich benutzen sollte? Was war angemessen für diesen Augenblick, der aus einem antiken Schauspiel hätte stammen können, nur dass nicht die Götter über das Menschenschicksal richteten, sondern die diesseitige Ignoranz einer ganzen Familie.
Auf den letzten Metern zurück zur Mühle blieb ich erstaunt stehen. Ein Fiat Cinquecento parkte neben meinem Lancia. Viel zu früh für Besucher - vielleicht ein Nachbar. Vor der Küche hörte ich mehrere Stimmen. Die ganze Familie schien sich in der Küche versammelt zu haben. Und

dazwischen – mir stockte der Atem -, dazwischen Christinas Stimme. Ich blieb in der Küchentür stehen. Da saß sie, Christina, meine Frau. Sie war es wirklich. Sie war einfach da. Die Morgensonne ließ ihre langen blonden Haare glänzen. Etwas erschöpft sah sie aus, mitgenommen, müde, aber sie war da. Ihre großen blauen Augen waren konzentriert auf meine Mutter gerichtet. Sie saß inmitten meiner Familie, die ich immer hatte vor ihr verbergen wollen. Mein Blick prallte von ihr ab, flog über das Geschehen am Tisch. Eine fremde Fröhlichkeit, fremd in dieser Umgebung. Laut gestikulierend meine Familie. Ebenso laut lachend wie alle - Christina, als kannte man sich schon seit Jahren. Natürlich... - merkwürdig geheimnisvoll hatte sie sich bei meiner Abreise verhalten. Das also hatte sie geplant. Sie wollte meine Vergangenheit kennenlernen. Doch wozu? Glaubte sie, mir damit einen Gefallen zu tun? Natürlich glaubte sie das. In ihrer Warmherzigkeit und ihrer Liebe glaubte sie, mir meinen größten Wunsch zu erfüllen – sie inmitten meiner Familie. Es wurde still am Tisch. Alle sahen mich an. Ich fragte nichts. Mir fiel nicht viel ein. Die gute Stimmung sollte nicht durch mich verloren gehen. Das war der einzige Gedanke, den ich fassen konnte. Ich umarmte Christina mit klopfendem Herzen, holte tief Luft und schloss für einen Moment die Augen. Ich versuchte einen heiteren Ton, aber meine Stimme klang brüchig. „Nun, ich brauche dich ja wohl nicht mehr vorzustellen."

„Was willst du? Sollte ich deine Familie nie kennenlernen?" fragte Christina mit gespielter Empörung und gab mir einen übermütigen Kuss auf die Nase. „Ich bin gestern schon angekommen, habe in Bologna übernachtet. Zum Frühstück wollte ich hier sein. Ist mir die Überraschung gelungen?" Sie sah mich mit ihren großen Augen herausfordernd an.

Es fiel mir schwer, ruhig stehen zu bleiben. Ich bemühte mich nach Kräften, die Situation auszuhalten. Ich betrachtete ihr strahlendes Gesicht, sah ihr in die Augen, strich mit zitternden Fingern ungeschickt über ihre Schulter und fuhr ihr mit der Hand durch die Haare. Ich sagte kein Wort, zog sie nur wieder an mich. Immer hatte ich geglaubt, die Skala meiner Ängste zu kennen, - aber nein: hier kam eine neue dazu. Was würde Christina denken, wenn sie das ganze Ausmaß meines Versagens erfasste, wenn sie Giuliana kennenlernte? Ich war ein Narr, ein verdammter Narr, das war mir klar. Ich hätte nicht zurückkommen dürfen. Aber die Wahrheit - das wusste ich auch - die Wahrheit über meine Familie hätte ich Christina längst offenbaren müssen. Dann wäre ich jetzt nicht in dieser Situation. Ich hatte das Gefühl, davonrennen zu müssen, so schnell, so weit mich die Füße trugen.

Am Tisch wurde es wieder laut.

„Eh, Valerio, wolltest uns wohl deine *bella dottoressa* nicht vorstellen? *Fifone,* Feigling, hattest wohl Angst, wir könnten sie dir ausspannen?" Alberto krümmte sich vor Lachen und Bruno zwinkerte mir grinsend zu.

„*Basta!*" schimpfte die Mutter und drückte Christina mit einem entschuldigenden Lächeln wieder neben sich auf den Stuhl.

Ich zog mir einen Hocker heran und wünschte, dass mein Wohlbefinden nicht davon abhinge, wie sich die Situation in der Familie weiter entwickelte. Oder waren meine Vorbehalte nur Einbildung? Wer weiß. Vielleicht würde sich alles ganz gut fügen. Christina jedenfalls schien sich in der rustikalen Umgebung bei den groben Scherzen der Brüder ganz wohl zu fühlen. Bruno fragte sie gerade, was sie an den italienischen Männern mag. Christina antwortete in ihrer ganzen deutschen Offenheit in etwas holprigem Italienisch: „Sie haben Charme und immer überraschende Einfälle. Die italienischen Männer haben immer Zeit für die Frau, die sie interessiert, sie sind Meister der Phantasie im Erfinden von Komplimenten und Kosenamen und haben immer kleine Überraschungen für die angebetete Frau parat." Sie lächelte und wandte mir das Gesicht zu.

Die Brüder brachen in Gelächter aus und riefen: „*Brava, brava, si, è vero!*"

Mir war die Situation peinlich. Auch meine Eltern schauten betreten.

Nach einer gewissen Anlaufzeit, dachte ich, müsste es mir doch gelingen, den Ablauf unseres Besuches zu ordnen und zu bestimmen. Mein Leben lang hatte ich mir Raum schaffen, selbst bestimmen wollen. Doch in dem geschaffenen Raum klang das Echo der Vergangenheit nach – hohl und voll. Wenn Giuliana kam, musste ich sie in Empfang nehmen, bevor sie Christina oder meinen Brüdern begegnete.

Christina... Ich betrachtete sie von der Seite. Wie sollte ich ihr alles erklären?

Kapitel 10

An einem schönen Tag im April vor fünf Jahren schien die Sonne hell und schräg durch das Fenster ins Ärztezimmer meiner Station in der Hamburger Uni-Klinik. Mein Kollege Jörg stand auf, wollte sich um einen Patienten kümmern. In der Tür pfiff er leise durch die Zähne.

„Was ist los".

„Wirst gleich sehen", sagte Jörg. „Oh lala."

Im Türrahmen erschien Björn Fricke, der Oberarzt, mit einer jungen Frau. Sie trug über einem pinkfarbenen T-Shirt ein blaues Kostüm, blaue hochhackige Pumps und weißen Modeschmuck. Sie war mittelgroß und hatte schöne Beine. Ihr langes blondes Haar fiel ihr in weichen Wellen auf die Schultern. Ihre Wangenknochen saßen hoch und verliehen ihrem Gesicht etwas Slawisches. Als sie eintrat, lächelte sie mit ihrem vollen Mund. Um ihre Augen zeigten sich sympathische Lachfältchen.

Jörg, lang und schlaksig, trat ihr einen Schritt entgegen. Doch bevor er etwas sagen konnte, war ich aufgesprungen, um ihm zuvorzukommen.

„Wir haben Sie schon erwartet!"

Dr. Fricke lachte: „Langsam, langsam Kollegen. Soll ich nicht erst einmal bekannt machen? Das ist Christina Petersen, die neue Kollegin."

Die junge Frau im blauen Kostüm trat auf uns zu und gab uns die Hand. Der schlaksige Jörg glotzte bewundernd und fummelte an seinem Stethoskop.

„Ich heiße Valerio Gemelli und das ist mein Kollege Jörg Gruber. Wir haben Sie, wie gesagt, schon erwartet."

Jörg schüttelte ihr die Hand und ließ sich auf seinen Schreibtischstuhl fallen.

„Na dann", sagte Dr. Fricke, „kommen Sie erst einmal an. Die beiden Kollegen werden sich um Sie kümmern." Er ging.

Christina Petersen wandte sich an mich. Das Sonnenlicht ließ kleine goldene Punkte in ihren Augen aufblitzen. Ich hätte ewig so stehen und sie anblicken können. Von diesen Augen würde ich träumen... Ich hatte das verrückte Gefühl, mit ihr allein auf der Welt zu sein – die einzigen Menschen.

„Wo kann ich mich umziehen? Ich würde dann gern gleich die Station kennenlernen", sagte sie nüchtern und machte keine Anstalten, ein paar private Worte mit uns zu wechseln.

Ich war verstimmt – eine Frau der Tat, dachte ich.

„Wenn Sie nach nebenan gehen, können Sie sich ganz schnell umziehen, und dann kann's losgehen."

„In Ordnung", sagte sie und sah mich sonderbar an.

Ich war beeindruckt von ihrem Aussehen, aber ihr Wesen gefiel mir nicht. Ich überlegte, was es war, das mir nicht gefiel. Dann wusste ich es: spröde war sie. Das war es.

Sie ging mit schnellen Schritten aus dem Zimmer, ohne uns noch einmal anzusehen. Die Tür fiel hinter ihr zu.

Jörg sagte: „Ist sie nicht wundervoll? Sie ist doch wundervoll... oder nicht?

„Hm. Sie ist wundervoll. Aber warten wir's ab."

Ich hatte abgewartet, aber nicht zu lange. Ich begann, sie zu umwerben. Und spröde oder leidenschaftslos? Sie war sachlich und klar in beruflichen Dingen, aber nein, spröde und leidenschaftslos war sie nicht. Ich hatte sie erobert und gehörte ihr und wollte ihr gehören. Sie gehörte mir, denn sie wollte mir gehören. Ich konnte monatelang nicht glauben, dass so etwas möglich war, dass es so intensive Gefühle gab, dass man morgens nicht wusste, ob der Muskelkater vom Lachen oder von der Liebe kam. Sie erzählte mir alles, teilte alles mit mir. Ihre Eltern, ihren Bruder, die ganze Welt. Sie erzählte von ihrem Vater, der eine kleine Goldschmiede betrieb, von der verträumten Mutter, wie sie sich selbst das Klavierspielen beigebracht hatte, von ihrer Großmutter, die sie sehr geliebt hatte, von ihren Freundinnen als Kind, von ihrer Geheimsprache.

Es traf ein, was ich erwartet hatte, sie wollte ebenso alles von mir wissen. Und ich erzählte von Nachtigallen, von blühenden Wiesen, von Bergen und Wäldern mit Wildschweinen darin. Ich erzählte von dem harten Arbeitsalltag meiner Familie und Francesco, immer wieder von Francesco – sonst nichts.

Später, viel später, als ich längst mit ihr verheiratet war, wir umschlungen im Bett lagen und uns anblickten, sagte sie einmal: „Weißt du noch, damals auf der Station, als ich dich das erste Mal sah... ich hatte das Gefühl, wir sind allein auf der Welt... die letzten Menschen. Valerio ich bin glücklich."

Die Farben unseres Alltags waren hell, die Töne leicht und heiter. Es war, wie ich es mir gewünscht hatte, doch es war noch viel mehr, es war so komplex und unergründlich, was uns passierte. Oft lag ich neben ihr, wenn sie schlief, und fragte mich, ob sie wohl früher, als wir uns noch nicht kannten, schon genau so ein lebensfroher, beschwingter Mensch gewesen war. Hatte sie getanzt, hatte sie gesungen? Hatte sie in einem Bett gelegen wie gerade jetzt, neben einem anderen? In jedem Leben gab es ein Davor und ein Jetzt, besonders in meinem.

Jetzt, in dieser Küche voller Erinnerungen, war ich sicher, Christina würde begreifen. Sie würde verstehen, dass ich mich schämte für all das Verschwiegene, das ihr jetzt offenbar werden würde. Ich entspannte mich so gut es ging auf meinem Hocker, konnte dem Gespräch am Tisch aber kaum folgen, viel zu sehr damit beschäftigt, Giulianas Ankunft nicht zu verpassen. Ich entschuldigte mich in der Küche damit, dass ich dringend mit Francesco telefonieren müsse und ging hinaus.

Ich wartete vor dem Haus. Ich erinnerte mich an ihr Gesicht, sah sie wieder vor mir, meine Schwester. Sie war erst sechzehn - damals. Sie trank. Sie würde wohl bis an ihr Ende weiter trinken, davon war ich überzeugt. Mit aufgelöster Frisur saß sie abends auf ihrem Bett und wartete. Meist hingen ihr Haarsträhnen in die Stirn. Manchmal legte sie den Kopf auf ihre Arme, wenn die unter dem Bett versteckte Weinflasche schon halb leer war. Sie glaubte, es vor der Familie verbergen zu können. Ich wusste Bescheid. Die älteren Brüder sicher auch. Ihnen konnte es nur recht sein. Der Vater arbeitete in der Mühle oder auf dem Feld und verschloss die Augen. Die Mutter hatte schon lange aufgegeben. Sie hatte wohl einfach aufgehört zu denken. Vielleicht gab es Dinge, die für sie unvorstellbar waren und deshalb nicht wahr sein durften. Doch ich kannte die Wahrheit und wusste damals, dass ich Giuliana eines Tages hier herausholen müsste. Giuliana war klug. Sie war die einzig Kluge unter meinen Geschwistern - und doch konnte sie sich selbst nicht helfen.

Die Bilder waren wieder da, wie mir übel wurde, wenn einer der beiden älteren Brüder, Guiseppe oder Alberto in der Tür stand und grinsend, ohne ein Wort, mit dem Zeigefinger auf Giuliana wies. Wenn ich mir bei den Geräuschen, die aus dem Zimmer der Brüder drangen, die Ohren zuhielt, summte ich laut vor mich hin. Die Angst, sie könnten einmal auf mich zeigen, konnte ich so verdrängen. Wieder und wieder durchlebte ich diese Augenblicke, wenn meine Brüder die Tür öffneten. Wenn Giuliana sich schwerfällig erhob, als könne sie ihren Körper nicht mehr tragen oder ertragen, wenn sich ihr Gesicht zu einer starren Maske verzog, wenn einer der Brüder grinsend die Tür zum Nebenzimmer hinter sich und Giuliana zuzog. Nur der jüngere Bruno schien sich nicht an dem bösen Spiel zu beteiligen.

Noch heute erfüllte die Erinnerung mich mit dem verzweifelten Gefühl, ersticken zu müssen. Immer noch hörte ich in meinem Kopf ihr Grölen, nach Unmengen von Wein sternhagelvoll. Fühlte immer noch Albertos Griff an meiner Gurgel, Giuseppes wieherndes Lachen. Meine Brüder hatten es gern deftig. Sie soffen Wein und Grappa, immer abwechselnd. Das machte sie fröhlich, hielt sie gesund – die beste Medizin, wie sie sagten. Es dröhnte, dort wo sie lachten. In solchen Nächten lief ich in die Dunkelheit, die *strada bianca* hinab, an den Häusern unserer Nachbarn vorbei. Mauern, hinter denen die Bewohner tief und fest schliefen. Sie ahnten nicht, was in meinem Elternhaus geschah. Sie lagen da und atmeten in ihren Träumen. Kein Mensch außer mir, ein Flüchtender ohne Ziel, nur das Knirschen der Schotterstraße unter meinen Schuhen, sonst kein Geräusch. Und immer wusste ich: Irgendwo da oben lag meine Schwester bei meinen Brüdern oder wieder in unserem Zimmer und von ihnen nur durch eine Wand und eine Tür getrennt. Und mir liefen die Tränen über die Wangen.

Da kam Giuliana. Sie blieb vor mir stehen, sagte nichts. Ihren Geländewagen hatte sie unten am Bach geparkt und war den Rest des Weges zu Fuß gekommen. Sie war alleine. Ich konnte keinerlei Regung in ihrem Gesicht erkennen.

„*Ecco*, da bist du", begrüßte ich sie. Diese unsentimentale Begrüßung ließ das schmerzliche Wiedersehen einfacher und alltäglicher wirken. Dann zog ich sie doch an mich und hielt sie lange fest. Ein saurer Geruch entströmte ihrem Mund. Ich merkte ihren Widerstand, ihre Umarmung war ohne Herzlichkeit. Ich gab sie frei. Keine Tränen. Was hätten Tränen in diesem Augenblick gebracht? Erleichterung? Tränen sind nur Ersatz für Worte, die nicht ausgesprochen werden wollen. Ich aber wollte mit Giuliana sprechen.

Eine Szene, die nichts mit der Vertrautheit der Kindertage zu tun hatte, aber vor dem Elternhaus an alles Vergangene erinnerte.

Zuerst Schweigen. Zaghaftes Annähern.

„Lass dich ansehen nach so vielen Jahren... Meine Schwester Giuliana!", sagte ich und betrachtete sie. Ich wollte den Spuren der Zeit, die zwischen uns lag, nachgehen, die vergangenen 21 Jahre erkennen. Giuliana trug ein Kleid in der Farbe welken Laubs und dazu flache braune Schuhe. Sie hatte sich schön gemacht für das Wiedersehen mit mir. Widerwillig ertrug sie meinen Blick, - aber sie wahrte die Fassung und musterte mich mit einem merkwürdigen Ausdruck kühler Sympathie. Ein wenig lächelte sie und entblößte dabei ihre großen Schneidezähne, die für die Familie des Vaters charakteristisch waren – zu groß, zu kräftig für ihr längliches bleiches Gesicht. Selbst das Zahnfleisch erschien nicht weniger blutleer als das Gesicht. Ihre Stirn wirkt mit den zurückgekämmten Haaren unnatürlich hoch, sie schien die Klarheit eines Geistes widerzuspiegeln, der sich in das Ungeheuerliche gefügt hatte. Sie machte es mir leicht, das Wiedersehen so unbefangen wie möglich zu gestalten.

„Komm, wir gehen in unser altes Kinderzimmer. Ich möchte mit dir alleine reden."

Wir nahmen die Treppe hinter dem Haus, die direkt ins Obergeschoss führte. So würde uns niemand in der Küche bemerken. Giuliana schaute sich im Zimmer um wie in einer fremden Umgebung. Dann stellte sie sich ans Fenster. Sie brauchte wohl den Abstand. Ich begann, ihre Körpersprache zu erforschen, versuchte, aus diesen oberflächlichen Anzeichen auf ihre Stimmung zu schließen, als ob ich in die unsichtbaren, in ihren Körper eingeschlossenen Dramen eindringen könnte.

„Du siehst gut aus, *Dottore*", sagte Giuliana und drehte sich zu mir um, „passt gar nicht mehr in diese Umgebung hier. Wundert mich, dass du überhaupt nochmal gekommen bist. Hättest bleiben sollen! Wäre besser für dich gewesen."

„Mach dir um mich keine Gedanken. Lass uns lieber über dich reden nach so langer Zeit. Wie geht es dir? Bist du glücklich mit Franco und mit deiner kleinen Tochter? Schade, dass du sie nicht mitgebracht hast. Ich hätte mich gefreut."

„*Bene, bene!* Was willst du hören? Mir geht es gut." Sie drehte mir wieder den Rücken zu. „Was beruhigt dich? Soll ich dir sagen: *benissimo? Benissimo, benissimo* – das ist der Rhythmus, der mich am Leben hält," sagte sie. „Man muss sich an seine Lage gewöhnen und so wenig wie möglich darüber klagen. Ich habe genug geweint in diesem Haus, bis ich keine Kraft mehr hatte – nicht einmal dazu. Ich habe es Mamma damals erzählt, was sie mit mir machen. Sie hat nicht geholfen. Sie wusste es, doch sie liebte die Brüder mehr als mich."

Sie strich sich mit einer ungeduldigen Bewegung ein paar Haare aus dem Gesicht. „Ja, ja, ich habe ihr böse Dinge an den Kopf geknallt. Dass ich ihr gleichgültig bin, dass sie sich nie richtig um mich gekümmert hat, dass ihr egal ist, was mit mir passiert. Aber sie hat nicht reagiert... - und danach haben wir nie mehr darüber gesprochen. Lügen, alles unter den Teppich kehren, nichts als Lügen, damit der Schein der *bella famiglia* nach außen erhalten bleiben konnte." Ihr Mund verzog sich zu einem bitteren Lachen. „Ich durfte als junges Mädchen... - ich war doch noch ein Kind - keine Wünsche haben. Falls ich überhaupt je einen Wunsch hatte. Si, si, si, ich hatte den Wunsch, in Ruhe gelassen zu werden."

Wieder ein schneidendes Lachen. „Heute habe ich mir selbst meine tägliche Dosis an Melancholie verboten. Franco liebt mich. Er hat mich schon geliebt, als wir noch zur Schule gingen. Er weiß nichts von alledem. Und ich liebe und lebe für meine kleine Esther und versuche, eine gute Ehefrau zu sein. Nachdem ich mich in all den Jahren zuvor so verloren gefühlt habe, tut mir eiserne Disziplin gut. Es ist eine Art Reinigung. Ich verändere mich. Aber wie und wer ich danach sein werde, weiß ich nicht. Der Alkohol ist in bestimmten Situationen immer noch Herrscher über meinen Willen. Vielleicht werde ich eines Tages auch das ändern können."

Wir schwiegen beide eine Zeitlang. Was hätte ich auch sagen sollen?

„Irgendwann habe ich entschieden, nicht mehr zu denken, mein Gehirn abzuschalten. Ich habe verdrängt, um klarzukommen. Und jetzt...? Das Angenehme muss man ergreifen. Das habe ich getan. Ich konnte meinen Peinigern nur durch eine Heirat entkommen und auch den Eltern mit ihrer Gleichgültigkeit. Ihnen war es egal – mich hat es innerlich zerrissen. Franco hat mich gerettet. Er hat mich rausgeholt aus dem Elend. Nicht du! Diese Hoffnung hatte ich schon lange vorher aufgegeben. Aber warum, warum? Warum hast du mich nicht mitgenommen nach Deutschland? Verdammt! Du hättest es tun können. Es war

136

nicht gut, mich hier zu lassen. Ich musste alles weiter ertragen" Sie kam mit erhobenem Kopf auf mich zu. „Ich habe meine Eltern verloren, meine Brüder aus meinem Leben verbannt, du bist ohne mich fortgegangen, aber jetzt bin ich frei. Ich war noch nie so frei wie jetzt." Sie sagte es fast triumphierend.

Ich runzelte die Stirn. Mir entging keine Regung in ihrem Gesicht. Selbst die kleinste Geste von ihr wusste ich richtig zu deuten. Ich hatte durchschaut, dass da noch viel mehr war, als sie zuzugeben bereit war. Vielleicht war Franco gut zu ihr – doch die Geister der Vergangenheit waren allgegenwärtig. Sie wollte sich dem Trauma verweigern, mit dem sie schon so lange lebte. Ich ging ihr einen Schritt entgegen, nahm sie wieder in die Arme. Sie ließ es geschehen. Ich roch ihren Schweiß und den Wein.

Sie lag schwer in meinem Arm und flüsterte an meiner Schulter: „Schuld, Schuld... Wellen gehen durch meinen Körper, dorthin, wo nach dem Willen der Kirche die Schuld sitzen soll."

„Du bist nicht schuld", sagte ich heftig. „Nicht du!"

Es ging Giuliana nicht gut, sie schwankte. Es war nicht der Alkohol. So viel hatte sie nicht getrunken. Es war die Erregung, der Schmerz, der sie wanken ließ. Ich fasste sie am Ellenbogen. „Komm, setz dich aufs Bett."

„Danke, ich kann es auch allein. Ich bin noch nicht am Ende, wenn ich auch nur noch Flickwerk bin."

Sie machte eine wegwerfende Bewegung und setzte sich aufs Bett.

Ich schwieg. Jedes weitere Wort wäre jetzt eine Demütigung.

137

Es war dieses körperliche Elend, das ich bei anderen so wenig ertragen konnte wie bei mir selbst. Doch war ich der Richtige, Beherrschung zu lehren?

War Franco ihre Rettung? Ihr heutiges Leben mit ihm und der kleinen Esther? Sie war hin und hergerissen zwischen dem Bedürfnis nach Kontrolle und der Sehnsucht, die Kontrolle aufzugeben. Den Schritt, ganz wegzugehen, hatte sie nicht geschafft, die Grenze nicht überschritten - nur bis Canavaccio. Vielleicht hatte sie einfach nie darüber nachgedacht und wenn, das Resultat des Nachdenkens vergessen. Wieder einmal fragte ich mich, warum Onkel Don Giancarlo nicht geholfen hatte. Es wäre Pflicht gewesen im Sinne der Kirche. Doch was Menschlichkeit in der Kirche angeht – da gehen die Ansichten auseinander. Wie würde die Kirche über meine Schwester urteilen – Opfer oder Schlampe?

Ich würde schließlich wieder gehen, zurück nach Hamburg. Dies hier war etwas Halbes, nicht Leben nicht Tod.

Giuliana sagte schwach: „Gelitten hast du auch..., ich weiß das. Das Zimmer erinnert mich an alles. Aber du hast dich aufgelehnt! Und dann hast du es dir zu leicht gemacht. Du hast deinen Platz in der Familie verlassen. Jetzt, wo du wiedergekommen bist, kommt alles wieder hoch. Du hättest nicht kommen sollen."

Wie so oft hatte ich jetzt das Gefühl, als bliebe mir die Luft weg. Ich musste innehalten, ans Fenster treten und tief Luft holen. Es war nicht wegen der richtigen Worte, die ich nicht fand, nicht wegen eines strafenden Gottes, Richters oder der allgegenwärtigen Stimmen. Trotz der

Geschehnisse, die längst hätten erzählt werden müssen, blieben so viele Leerstellen. Die Geschehnisse überlappten sich im Laufe der Jahre, verwuchsen ineinander, gehörten zu meinem heutigen Leben ebenso wie zu meinem früheren. Ich habe mich oft gefragt, was wohl wäre, wenn ich nicht geschwiegen hätte, wenn andere Dinge in meinem Gedächtnis erhalten und wiederum andere verloren gegangen wären. Wenn die schönen Erinnerungen hätten bleiben können. Doch die Entscheidung lag schon lange nicht mehr in meiner Hand. Ich konnte mich nicht mehr entscheiden, an was ich mich erinnern wollte und an was nicht. Oft genug habe ich gegen mein subjektives Gedächtnis gekämpft. Mit dem Warum war ich immer allein. Doch wie allein musste sich Giuliana in der ganzen Zeit gefühlt haben?

„Als ich ging, war ich fast noch ein Kind, Giuliana. Später – ich weiß - da hätte ich handeln müssen." Und wieder waren es die falschen Worte, Worte die Vergebung erwarteten.

„Ja, als du gingst, warst du noch ein Kind. Aber jung war ich auch, länger als Jungfrau", sagte sie sarkastisch und lachte schrill auf.

Plötzlich war ich müde. Zu leicht gemacht! – hatte Giuliana gesagt. Das blieb hängen.

„Würdest du jetzt noch weggehen wollen?" fragte ich.

„Nicht mehr – ich will nichts mehr – in mir ist kein Platz mehr für solche Vorschläge von dir. Nur für mein Kind, für mein Kind lebe ich und für Franco. Ja, auch für Franco. Er ist gut zu mir , hat es nicht leicht mit mir. Aber meine Esther, sie ist gesund – trotz allem. Hat sie vermutlich

Francos guter Gesundheit zu verdanken. Esther wird eine Zukunft haben... Dafür lebe ich."

Giuliana ließ sich rückwärts auf die Kissen fallen. Die zwei Katzen, die sich ins Zimmer geschlichen und es sich auf den Kissen bequem gemacht hatten, flüchteten. Ihre Gedanken waren bis jetzt sehr klar gewesen. Es war ja auch erst Vormittag, und sie konnte noch nicht viel getrunken haben, doch die Aufregung und der Wein forderten nun ihren Tribut. Ich konnte den Unwillen nicht verdrängen. Doch ich tat ihr Unrecht. Die Verursacher, sie sollten meinen Unwillen, meine Wut spüren.

Wenn Giuliana weiter trank, wäre ihr Ende hart – der Trinkertod. Bald würde die Ursache, leise und noch unerkannt, aber lang schon vorausgesehen in Erscheinung treten. Die Leber würde versagen, das Herz aber nicht sofort aussetzen, es würde erlahmen, und schon lange vorher gehorchten die Muskeln nicht mehr – auch nicht die Schließmuskeln. Ich hatte in der Klinik oft genug Alkoholiker im Endstadium behandelt. Diese Art zu sterben wäre nicht nur die letzte Demütigung, sondern auch die letzte Ungerechtigkeit. Wer so endete, starb schlimmer als die, die ihn zu Fall gebracht oder ihn fallengelassen hatten. Mörder sterben friedlicher als ihre Opfer.

Ich betrachtete sie. Auf den Kissen im Bett strahlte sie alle Unschuld ihrer frühen Kindheit aus, in unserem gemeinsamen alten Zimmer, dessen Möbel mit den Jahren noch schäbiger geworden waren. Giuliana war eingeschlafen. Ich atmete auf, obwohl man in diesem Zimmer nicht viel

Gutes einatmen konnte. Alles hier dünstete den Geruch unserer Kindheit aus. An der Decke hing immer noch eine nackte Glühbirne, in der die Spirale eines Lichtfadens zitterte. Ich spürte einen körperlichen Schmerz, einen eisernen Ring um meine Brust. Mutlosigkeit und das Gefühl völligen Versagens übermannte mich.

Kapitel 11

Der erste Winter in Deutschland - die langen Monate, die Dunkelheit, der Regen. Nichts geschah. Außer, dass ich mit Eifer versuchte zu vergessen.

Damals in meinem ersten kleinen eigenen Studentenzimmer in Hamburg, in dem ich nur verworren die Stimmen der anderen Studenten der Wohngemeinschaft hörte und im ersten Winter kaum Kontakt zu ihnen hatte, schwirrten die Stimmen in meinem Kopf, ließen mich keine Ruhe finden. Der Lärm, das Geklirr der Gläser und Flaschen, die Musik aus den angrenzenden Zimmern – all das mischte sich zu einer Kakophonie, der ich nicht entgehen konnte. Sonst hatte ich an das erste Jahr in Hamburg kaum noch Erinnerungen. Nur an gewisse Bilder und Geräusche erinnerte ich mich. Ich hatte alles erreicht. Konnte Medizin studieren – meine Leidenschaft seit Kindheitstagen. Mein Traum war in Erfüllung gegangen. Und dennoch: ein seltsamer Dämmerzustand hielt mich gefangen. Wenn ich an diese Zeit zurückdachte, erinnerte ich mich nur an dieses Nichtkönnen, Nichtfühlen, dieses Nichts. Die einzige Lebendigkeit brachte ich auf, um jeden Morgen aufzustehen, meine Pflichten an der Uni zu bewältigen und meine Zeit einigermaßen sinnvoll zu verbringen. Aus Angst vor Freizeit, in der ich hätte nachdenken, etwas empfinden können, stopfte ich meinen Tag mit Verpflichtungen so voll, dass ich abends halbtot ins Bett fiel und binnen weniger Sekunden einschlief.

Ich war geflohen. Der Zeit entflohen. Ich hatte keine Zeit, jemanden oder etwas zu vermissen. Ich hatte keine Zeit für Reue, Gewissensbisse und Reflektionen. Ich funktionierte. Doch die Vergangenheit war zu präsent, zu aufdringlich. Ich konnte mich kaum auf die Gegenwart konzentrieren, wählte aus Feigheit die Einsamkeit. Jeder musste mit der eigenen Verantwortung leben, mit den eigenen Handlungen und mit dem eigenen Versagen. Ich fragte mich damals immer wieder, ob ich als Junge hätte wissen müssen, wie ich zu handeln hatte? Eine Antwort gab es nicht. So flüchtete ich mich in mein bewährtes NON MI IMPORTA NIENTE.

Ich brauchte ein stummes, in mich gekehrtes Jahr, um meine eigene Sprache durch eine fremde zu ersetzen. Ich brauchte neue Gesichter um mich herum, um die alten zu vergessen. Ich musste versuchen, meinen Selbsthass im Ablagesystem meines Gehirns in die hinterste Ecke zu verbannen. Ich verfügte nicht über die Leichtigkeit, die Spontanität, nicht über den Humor meiner Kommilitonen. Ich wusste, um weiter zu existieren, durfte ich nicht an der Vergangenheit festhalten.
Unterstützung kam von einem meiner Professoren, nachdem ich eine Semesterarbeit abgegeben hatte. Er sprach mich nach einem Seminar an und eröffnete mir, dass er von meinen bisherigen Arbeiten beeindruckt sei und ich eine große Begabung für die Medizin hätte. Er würde mir empfehlen, mich für ein Forschungsstipendium zu bewerben und meine Fähigkeiten angemessen zu nutzen.

Meine Gefühle wurden ambivalent. Wie ein Mantra sagte ich mir immer wieder, was für ein Glück es war, hier studieren zu dürfen und Anerkennung zu finden. Was für ein Glück es war, dem Elend daheim entkommen zu sein. Was für ein Glück es war, in dieser vibrierenden Hafenstadt leben zu können. Doch quälte mich abends oftmals das Gewissen. Giuliana war meinen Brüdern ausgeliefert. Was wenn sie schwanger würde?

An solchen Abenden griff ich zum Alkohol. Er gab mir Leichtigkeit, einen geschenkten Augenblick des Genusses. Das Drama hatte dann weniger Bedeutung, war weniger scharf umrissen. Doch am nächsten Morgen erschien mir die Betäubung durch den Alkohol wie das Echo eines Hohngelächters. Seither habe ich mir diesen Zustand nicht mehr zugemutet. Dieses erste Jahr war herausgehoben aus der Zeit und gab trotz allem Hoffnung – Hoffnung für mich. Und heute, nach mehr als zwanzig Jahren, fühlte ich, dass die Einsamkeit in den vier Wänden meines Zimmers damals für mich so unentbehrlich geworden war wie irgendein Laster oder eine Droge, nur dass es mir selbst nicht bewusst war.

Damals war es auch, dass ich anfing, mich über die psychischen Folgen des Missbrauchs in der Familie in den Fachbüchern der Uni-Bibliothek zu informieren. Giulianas Angewohnheit, sich ständig die Hände zu waschen, konnte ich mir nun erklären. Sie wusch die Hände stellvertretend für ihre seelischen Wunden. Wunde – auf Griechisch Trauma.

Leichter zu sagen, was früher mit ihr geschah - schwerer, was früher nicht geschah. Sie hatte keinen Schutz, keine

Sicherheit; niemanden, dem sie vertrauen konnte. Keiner hatte die Stopptaste gedrückt in ihrem Leben. Stopp, weil so viel passierte mit ihr, weil sie verletzt wurde, missbraucht, weil in ihr Leben die Traurigkeit eingezogen war und zu viel Chaos; weil sie mit Aggressivität reagierte oder sich zurückzog und trank. Als hätte sie abgeschlossen mit ihrem Leben, bevor es überhaupt richtig begonnen hatte.

Nachts schlich sie sich oft in die Küche, um heimlich etwas zu essen. Sie wollte immer etwas im Mund haben - auf etwas herumkauen. Traumatisierte Kinder greifen auf solche Verhaltensweisen zurück, weil sie ein System brauchen, um in ihrem Umfeld zu überleben.

Kapitel 12

Giuliana schlief jetzt fest. Was steckte schon alles in diesem Leben? Wie konnte ein Mensch das aushalten? Ihre Wunden waren verborgen - nicht verheilt. Giulianas Existenz als Frau und Mutter war nichts als Illusion, eine Fassade, die sie der Welt präsentierte. Die Gewissheit, dass ihr wirkliches authentisches *Ich* ihr als Kind genommen wurde, füllte sie derartig aus, hatte sie völlig durchdrungen und überwältigte sie am Ende immer wieder. Ihr eigentliches Leben hatte sie im Zimmer unserer Kindheit, im Haus unserer Eltern vor so vielen Jahren hinter sich gelassen. Doch ich verstand, dass es sich für sie gut anfühlte und auch ehrlich, ihrem wahren *Ich* entsprechend, für Franco eine gute Frau und für Esther eine gute Mutter zu sein. Was Giuliana nicht verstand und vielleicht nie verstehen würde, war, dass es ein einziges wahres *Ich* nicht gab. Im Laufe eines Lebens würden sich unterschiedliche *Ichs* entwickeln, die in jeder wichtigen Phase Wahrheit sein und Gültigkeit haben könnten. Giuliana aber war eine Fliehende. Sie war vor ihren Brüdern und vor der Vergangenheit in eine Ehe geflohen und war dennoch eine Gefangene geblieben, deren Befreiungsversuche viel zu oft in Alkohol und Beruhigungsmitteln endeten.
Mir war es all die Jahre ähnlich ergangen bei meiner Flucht in das NON MI IMPORTA NIENTE. Uns selbst klar zu erkennen, das ist eine Lebensaufgabe. Würde es mir jetzt gelingen, mein mutiges, mein ehrliches *Ich* zu

finden? Würde ich endlich die Wahrheit meines Versagens eingestehen können?

Heute ging nichts mehr. Es war genug. Ich musste wieder hinunter in die Küche zu denen, die mich quälten und zu der, die ich liebte. Ich musste mir etwas ausdenken. Giuliana würde heute niemanden mehr sehen wollen. Leise schloss ich die Tür hinter mir und lehnte mich gegen die Wand im Flur. Irrte ich mich, oder kam jemand die Treppe herauf? Es war Vater.

„Was machst du hier? Fürchtest du dich vor dem heiligen Geist, der hier im Dunkeln oder vielleicht aus Don Giancarlos Zimmer über dich kommen könnte?"

Gut gelaunt legte er mir seinen Arm um die Schultern und zog mich lachend an sich.

„Du hast ja Recht, Valerio, man kann nie wissen. Man kann nicht vorsichtig genug sein."

Mir misslang das Lachen. „Ciao *babbo!"* murmelte ich verlegen.

Vater wurde ernst. „Meinst du, ich weiß nicht, was vor sich geht? Giuliana liegt in eurem Kinderzimmer. Lass ihr eine halbe Stunde Zeit, dann wird es ihr besser gehen. Dann kannst du sie deiner Frau vorstellen."

Er klopfte mir auf die Schulter und lief wieder die Treppe hinunter.

Später, beschloss ich, würde ich wiederkommen und Giuliana nach Hause schicken. Vielleicht ergab sich am nächsten Tag eine bessere Gelegenheit, mit ihr zu reden.

Ich atmete tief - Christina würde verstehen.

In der Küche - zwischen Christina und meiner Familie spürte ich fast so etwas wie Vertrautheit. Sollte ich zuversichtlich sein? Meine Brüder strahlten. Sie saßen da und sahen Christina an, als erwarteten sie von ihr freudige Anteilnahme an ihren Leben. Und Christina tat ihr Bestes, um als Familienzuwachs willkommen zu sein.

Man sprach über Onkel Giancarlo, der noch heute aus Rom zurück sein wollte, denn der nächste Tag war der Tag der „Madonna del Giro". Sie sollte von der Kapelle Santo Stefano di Gaifa in die Kirche San Ambrosio gebracht werden. Es würde Don Giancarlos letzte Amtshandlung sein. Danach wäre er Pensionär.

Der Abend in der Küche war noch nicht zu Ende, als Don Giancarlo eintraf. Zuerst überrascht, dann überschwänglich und wortgewaltig begrüßte er Christina und mich. Dann begann er von Rom zu erzählen, empörte sich darüber, dass die in Rom ihm einen Jüngeren vor die Nase setzen wollten, obwohl er doch noch einige Jahre weitermachen könnte.

Der Abend zog sich hin. Als der letzte Schluck Wein getrunken war, die Müdigkeit gesiegt hatte, zogen sich alle auf ihre Zimmer zurück. Christina und ich mussten die Nacht in meinem alten Kinderzimmer verbringen. Don Giancarlo beanspruchte das seine. Als wir das Zimmer betraten, war Giuliana nicht mehr da. Ohne ein Wort hatte sie das Haus verlassen.

Christina schaute sich in dem karg eingerichteten Zimmer um, sog den Geruch der alten Möbel ein. Sie betrachtete jeden Gegenstand einige Zeit, lächelte oder warf mir einen Blick zu, den ich nicht deuten konnte. Es war aufwühlend, ihre Miene zu beobachten, hier, wo ich als Kind so viel erlebt hatte oder eben nicht erlebt, auf alle Fälle gedacht und wahrgenommen hatte, gedacht und begriffen hatte, ohne beschützen zu können.

Sie setzte sich auf das Bett.

„Hier also sollen wir schlafen."

Mit den Händen strich sie über die Bettdecke. Die Mutter hatte die Betten noch rasch frisch bezogen. Wahrscheinlich hatte sie dabei Giuliana schlafend vorgefunden und sie nach Hause geschickt.

„Also?"

„Was also?"

„Stehst du rum, oder setzt du dich zu mir und erzählst mir etwas über dein Leben hier in diesem Haus. Das hast du ja bisher immer vermieden."

Ich setzte mich und streckte den Arm nach ihr aus. Mich beschlichen Zweifel, ob es wirklich klug war, ihr irgendetwas zu erzählen. Doch ich kannte sie lange genug, dass ich wusste, sie würde mir deswegen auch nicht davonlaufen – trotzdem, mir fehlte der Mut.

Christina lächelte, schien meinen Zustand nicht zu bemerken. Ich erzählte ihr nichts, behauptete stattdessen, ich sei müde und sie könne mich morgen nach allem fragen, ich würde ihr alles erzählen. Sie nickte und wir krochen unter die Bettdecke. Es dauerte nicht lange, bis sie eingeschlafen war.

Ich lag wach. Nach Stunden packte mich die Sucht nach etwas Süßem. Ich schlich mich in die Küche an den Kühlschrank und löffelte Himbeermarmelade aus dem Glas. Marmelade, die ich bei Tag nicht anrührte, nur jetzt, da mein kontrollierender Verstand nicht mit mir aufgestanden, sondern oben im Bett geblieben war. Ich verschlang auch die Überreste des Abendessens gegen alle Gesetzte leiblicher Vernunft.

Als ich zurück ins Zimmer kam, richtete sich Christina im Bett auf. Sie kräuselte die Lippen. „Was ist mit dir los", fragte sie. Ich lehnte mich rückwärts an die Tür und schloss die Augen. Da war er, der Moment, Christina mein Leben offenbaren zu müssen.

Ich setzte mich zur ihr auf das Bett und versuchte, mich auf Fragmente des Unfassbaren in meiner Familie zu konzentrieren, ihr mein Leben in der Jugend zu erklären. Ich erzählte die Ereignisse, als sei ich nicht der, der es erlebt hatte, als sei ich nicht der, der mit Giuliana vor den Brüdern gezittert hatte. Ich war es ja auch nicht mehr. Ich war jetzt ein anderer. Ich erzählte, als sei die Vergangenheit ein erfundenes Geschehen. Ich wollte mich selbst bezwingen, weil mir noch immer die Frage nach dem „Warum" im Gehirn spukte. Der Zwang ließ nicht nach, verstrickt und verknotet im Netz der Familiengeschichte. Manchmal fand ich keine Worte, wusste ich nicht, wie ich es formulieren, das kaum Ausdrückbare glaubhaft machen sollte.

Christina hörte zu, ohne zu unterbrechen. Sie hielt meine Hand.

Mir fiel es schwer, meine Emotionen zu beherrschen. Ich wollte ausdrücken, wie schmierig und schmutzig, widerlich in ihrer ganzen Erscheinung, meine Brüder sich erhaben gaben über meine Schwester, das Opfer. Sie waren ohne Empfindung von Schuld oder gar Sühne. Ganz im

Gegenteil hatten sie Seite an Seite die Wirkung ihrer Taten auf ihr Opfer geprüft. Nie hatten sie sich befleckt gefühlt. Wo es Schuld der Täter gibt, gibt es auch Schuld jener, die sich zum Opfer machen ließen. So perfide sahen sie es – meine Brüder.

Ich schwieg. Wir schauten beide aus dem Fenster in die Dunkelheit. Die Nacht war lautlos, die Sterne waren nah und klar.

Nach langem Schweigen sagte Christina: „...Nun verstehe ich. Das war der Grund, warum du nie nach Hause zurück wolltest, warum du mich auch jetzt nicht dabei haben wolltest."

Sie nahm mich in die Arme und küsste mich sanft auf den Mund. „Wir schaffen das gemeinsam", sagte sie, „wir müssen mit der Vergangenheit leben, sie darf uns aber nicht   ersticken. Warum hast du nicht früher mit mir gesprochen? Hast du geglaubt, ich ließe dich fallen?"

„Den Willigen führt das Schicksal, den Unwilligen zerrt es. Mich hat es hier in diesem Haus immer nur gezerrt. Einem, der sein Ziel nicht kennt, nutzen keine Ratschläge. Erst bei Francesco und in Hamburg habe ich gelernt, was Freiheit zur Entscheidung ist. Und auch dann hatte ich nicht den Mut, für Giuliana das Notwendigste zu tun.

„Ach Valerio, du kannst nichts ungeschehen machen, erst recht nicht wiedergutmachen."

Christina sprach leise.

„Wir sollten lieber überlegen, was wir für deine Schwester tun können. Könnten wir dabei helfen, ihr Trauma zu verarbeiten? Vielleicht würde sie dann auch nicht mehr so schnell zur Flasche greifen."

Ich war dankbar und wusste in diesem Moment nicht, was mich mehr überraschte: dass sie so gelassen blieb oder wie erleichtert ich war, sie endlich eingeweiht zu haben. So entsetzt über meine Familie sie auch sein mochte, sie ließ es sich nicht anmerken. Praktisch, wie sie immer gewesen ist, nutzte sie ihr neues Wissen sofort. Sie wollte Fäden spinnen zwischen sich und denen, die sie noch nicht kannte, sie vielleicht retten. Ich lachte laut auf. „Ich war ein Esel. Ein gottverdammter Esel!"

„Hör auf zu lachen und erzähl mir lieber endlich, was du für morgen geplant hast. Besuchen wir Giuliana und Franco?"

„Morgen findet erst einmal das Fest der *Madonna del Giro* statt - und dann sehen wir weiter."

Kapitel 13

An diesem Morgen war der Himmel hart und ausdruckslos
– der Morgen schon viel zu warm für diese Jahreszeit. Es
musste aber ein guter Tag werden, einer, an den man sich
das ganze Jahr erinnern sollte. Heute wurde die Madonna
von Santo Stefano in Gaifa hinauf in Don Giancarlos
Kirche San Ambrosio getragen: das Fest der wandernden
Madonna. Schon in meiner Kindheit war sie jedes Jahr in
eine der umliegenden Kirchen getragen worden. Dort blieb
sie ein Jahr, um dann zur nächsten Kirche weiterzuziehen.
Für Don Giancarlo war der heutige Tag besonders
aufregend: die Madonna kam zu ihm, ein letztes Mal! Bald
würde ein junger Priester in San Ambrosio predigen -
diesmal keiner aus der Familie Gemelli. Mit Don
Giancarlo endete der Familienzweig der Pater.

Der Tag hatte sich gut entwickelt. Es war klar und sonnig
geworden. Ich ging mit Christina am frühen Nachmittag
zur Kirche. Auf halbem Weg begegneten wir dem alten
Luca. Er kam uns entgegen. Luca, von einem der
umliegenden kleineren Gehöfte in der Nähe von
Fermignano, war in meiner Erinnerung schon immer alt
gewesen. Sein heutiger Anblick war jedoch einzigartig.
Seine Haut bildete regelmäßige und einheitliche Falten und
formte am Hals eine Krause. Die riesigen Ohren ließen das
eingefallene Gesicht noch kleiner wirken. Als er mich
erkannte, streckte er uns seine rissigen roten Hände mit
von der Arthritis verkrüppelten Fingern entgegen. Ich

konnte bei dem Anblick kaum glauben, dass jemand wie Luca noch leben konnte. Er wirkte unglaublich zerbrechlich. Doch Luca schien sich seines Aussehens keineswegs bewusst zu sein. Als ich ihn begrüßte und ihm Christina vorstellte, nahm er mich mit einem seligen Lächeln in die knochigen Arme. Er drückte mir die obligatorischen Küsse auf die Wangen. Sie waren feucht. Die verbliebenen Zähne in seinem Mund hatten dicke braune Beläge. Sein saurer, weingeschwängerter Atem ließ vermuten, dass er noch immer vom frühen Morgen bis zum späten Abend seinem selbst gekelterten Wein zusprach.

„*Fate un salto,* kommt doch mal vorbei. Ihr müsst meinen Wein probieren. Der ist immer noch so gut wie früher. Bei den Deutschen kriegt ihr doch keinen guten Wein."

Wir versprachen, an einem der kommenden Tage vorbeizuschauen.

„Komischer Kauz", sagte Christina und beschleunigte ihren Schritt.

„Einfach, aber gut!" rief uns Luca mit seiner hohen zittrigen Stimme hinterher. Er seufzte: „*Dio,* ist der gut!"

Wir gingen weiter und holten einen anderen alten Mann ein, der mit langsamen Bewegungen zur Kapelle emporstieg. Die Frau an seiner Seite schien den Anstieg mit ihren unwahrscheinlich dicken, wassersüchtigen Beinen kaum zu schaffen. Die Alten sahen sich um. Es waren Lucio und seine Frau Nunzia. Lucio hatte früher bei meinem Vater sein Getreide mahlen lassen. Ich erkannte ihn sofort. Auch er war vom Alter gezeichnet. Als ich die beiden Alten ansprach und ihnen Christina vorstellte, schüttelte Lucio uns freundlich die Hand. Es war ihm jedoch deutlich anzumerken, dass er mich nicht erkannt hatte. Nicht so Nunzia. Sie wusste sofort, wer ich war. Sie tippte sich an die Stirn und gab uns mit einem Seitenblick auf Lucio zu verstehen, dass er nicht mehr richtig im Kopf sei. Dann lachte sie: „Macht nichts, sonst geht es uns gut. Und dass du uns endlich deine deutsche Frau mitgebracht hast – *bene, bene, molto bene.*"

Eine ansehnliche Menge hatte sich schon auf dem Vorplatz der Kirche versammelt. Besonders viele alte Männer mit von der Sonne gebräunten faltigen Gesichtern. Die alten Frauen, blau oder schwarz gekleidet, waren bemüht, in Erwartung der Madonna besonders andächtig zu erscheinen.

Neben der Kirche, auf einer gemähten Wiese, waren Tische und Bänke aufgebaut. Männer aus der Gemeinde drehten ein Schwein am Spieß über einem offenen Feuer. Frauen waren dabei, die Pasta-Sauce zuzubereiten. Obwohl Don Giancarlo schon Gebete sprach, scherzten die Männer am Grill ständig provokativ mit Namen der Madonna.

„*Porca Madonna*", rief ein dicker Bauer mit einem verbeulten Hut auf dem Kopf, „ist die Sau immer noch nicht gar?"

Auf dem Lande war die Blasphemie, Tiernamen mit religiösen Begriffen zu verknüpfen, nichts Außerge-wöhnliches, wenn auch nicht besonders fein. Trotzdem wurde es mit Nachsicht betrachtet, denn der Vatikan hatte früher seine Staaten hart regiert, seine Bauern geknechtet und ihnen übel mitgespielt, bis dann endlich 1861 die Einigung Italiens weitgehend abgeschlossen war und der

Vatikan an Einfluss verlor. Die Nähe zur Kirche ist geblieben und die Religion ist, je südlicher man kommt, immer noch tief verwurzelt. Die Menschen im Süden sind der Kirche und ihren Lehren tief verbunden. Leben und Gesellschaft richten sich ausschließlich nach dem Rhythmus kirchlicher Traditionen und Rituale. Jeder Freund, jeder Nachbar wird beobachtet, ob er sich eines Christenmenschen als würdig erweist und in der Dorfgemeinde nach eingehender Prüfung entsprechend geschätzt. Doch ebenso tief verwurzelt wie der christliche Gehorsam ist der Impuls, die Macht der Kirche zu beschneiden und sich nicht einschüchtern zu lassen.

Nun folgte ein Tumult. Die Aufregung stieg. Die Glocken begannen zu läuten. Der Zug mit der *Madonna del Giro* musste schon nahe sein, denn die voranziehende Kapelle war schon in voller Lautstärke zu hören. Die Madonna mit ihrer Größe von 1,20 m wurde auf einem hölzernen Tragegestell von mehreren schwitzenden Messdienern in weißen bestickten Umhängen getragen. Unter ihren Gewändern lugten bunte Turnschuhe hervor. Allen voran ging der Priester der Kirche von Santo Stefano in Gaifa, gefolgt von einer Blaskapelle.

Als der Zug mit der Madonna den Vorplatz von San Ambrosio erreichte, formte sich die Menge zu einer Prozession. Auch wir reihten uns ein. Für Christina war es ein aufregendes Erlebnis inmitten der Prozession und der vielen Menschen vom Land.

Die Männer in steifen Anzügen und die Frauen in ihren besten Festtagskleidern näherten sich unter bunten, mit

Trotteln behangenen Schirmen gemessenen Schrittes der Kapelle.

Don Giancarlo schritt in prächtigem Ornat, das am Abend zuvor schon in seinem Zimmer ausgebreitet war, voran, begleitet von einem Franziskanerpater, barfuß in Sandalen unter einer braunen Kutte. Der Messdiener, ein Junge aus dem Ort, wedelte mit dem Weihrauchgefäß den heiligen Rauch in alle Richtungen. Er trug unter dem bis unter das Knie reichenden Chorhemd offenbar kurze Hosen. Seine staksigen Jungenbeine steckten in Flip-Flops, die er bei jedem Schritt schlurfend hinter sich herzog.

Don Giancarlo betete laut. Die Gemeinde folgte ihm in die Kirche und murmelte die Litanei: *„Madonna, perdonate le nostre colpe!"*

Der Messdiener schwang die Weihrauchampel und schlurfte hinter Don Giancarlo her. Der alte Franziskaner senkte abwechselnd den Kopf oder hob ihn zum Altar empor. Dabei bewegte er die Lippen weder im Einklang mit Don Giancarlo noch mit der Gemeinde. Er sprach seine eigenen Gebete. Eine Szene, bei der ich nur schwer das Lachen unterdrücken konnte.

Der Altar von San Ambrosio war heute mit einem reich bestickten Altartuch geschmückt, auf dem eine Madonnenstatue und ein verblichenes, angeschlagenes Gemälde vom Kreuzgang Jesu standen. Davor waren eine Vase mit Nelken und ein von duftendem Jasmin umranktes Kruzifix arrangiert worden.

Don Giancarlo hob das Kruzifix in alle vier Himmelsrichtungen und wehrte Unheil ab.

„Erlöse uns, Herr", rief er. Ich spürte die Spannung der Menschen neben mir. Alle erwarteten auf der Stelle ein Zeichen des Himmels. Dass nichts geschah, versetzte die Menge sichtbar in Erstaunen. Viele schienen aber erleichtert aufzuatmen.

Nun konnte Don Giancarlo in Ruhe die Messe lesen. Er predigte über die zunehmende Gleichgültigkeit in den Gemeinden, die zunehmende Achtlosigkeit und die Verrohung der Gesellschaft. Vor zwanzig Jahren noch wären hunderte von Menschen zu der *Madonna del Giro* gekommen, beschwerte er sich. In jedem Bauernhaus in den Bergen lebten damals mehrere Familien mit bis zu dreißig Menschen. Heute stünden diese Häuser leer, und auch seine Kirche würde immer leerer. Doch das kümmerte niemand, klagte er.

Dann wurde das Abendmahl ausgegeben und noch bevor Don Giancarlos letzte Worte des Segens gesprochen waren, öffneten die ersten bereits die Kirchentür und stürmten zu den Tischen, wo ihnen schon die wunderbaren Düfte nach Gebratenem entgegenwehten.

Bei Variationen von *crostini,* zwei Sorten Pasta, Schweinebraten und Hühnerkeulen standen oder saßen die Gläubigen beisammen und unterhielten sich lautstark. Ich wurde von vielen alten Nachbarn umringt. Jedermann schien mich zu kennen, auch wenn ich mich an die wenigsten erinnern konnte. Christina genoss die bewundernden Blicke der Männer und die neugierigen der Frauen. Ich bemerkte, dass sich meine Brüder und Eltern im Glanz ihrer Schwägerin und Schwiegertochter sonnten.

Der Stolz war ihnen anzusehen. Nur Giuliana und ihr Mann hielten sich scheu im Hintergrund.

Lange nach Mitternacht machten wir uns alle gemeinsam auf den Heimweg, begleitet von Akkordeon- und Banjo-Klängen. Ich ging an der Seite von Don Giancarlo, der unaufhörlich seufzend sich die Augen immer wieder mit seiner Sutane trocknete.

„Oh Dio, jetzt bin ich wirklich alt. Nie wieder werde ich eine Prozession anführen, nie wieder eine Messe lesen!" Plötzlich stockte er und blieb stehen. Der klerikale Ausdruck wich aus seinem Gesicht. Es bekam etwas Verschmitztes. „Vielleicht hat Gott meinen Nachfolger ja nicht mit allzu viel Talent ausgestattet. Dann holt die Gemeinde mich zurück."

Zufrieden mit sich und seinem Gedanken, schloss er sich uns wieder an.

Nach den vielen Jahren in Deutschland hätte ich gedacht, dass mich diese Art der Religionsausübung eher abstoßen würde. Doch ich fand es erfrischend, wie die Menschen hier mit ihrem Glauben umgingen. Eigentlich glich das alles mehr einem Volksfest als einer religiösen Handlung. Sicherlich bestimmte bei einigen Gläubigen noch ein tiefer, wirklicher Glaube ihr Leben. Der Katholizismus gehörte eben im Laufe der Jahrhunderte untrennbar zu den Sitten und Gebräuchen und der Kultur des Landes. Die Menschen – auch die weniger gläubigen - hielten deshalb an den Riten dieser Religion fest. Sie sicherten sich so den Zugang zur Gesellschaft.

Die Institution der Kirche hatte sich im System der Macht eingerichtet. Die Freiheitskämpfer Guiseppe Garibaldi, Guiseppe Mazzini, Viktor Emanuel II und Camillo Cavour – keine Stadt in Italien, ohne eine Via Garibaldi, eine Via Mazzini, eine Via Emanuel II oder eine Via Cavour – hatten die in zahlreiche Fürstentümer zersplitterte italienische Halbinsel in den Befreiungskriegen zwischen 1859 und 1870, dem Risorgimento, zu einer Nation vereint.

Italien hatte aber weder die Reformation noch den religiösen Wettstreit zwischen den verschiedenen Konfessionen erlebt. Die katholische Kirche konnte deshalb ihre Macht durch die Unterzeichnung der Lateranverträge 1929 mit dem faschistischen Staat wieder stärken, trotz der schwierigen Phase des „Risorgimento", die das eigentliche Ende des Kirchenstaates herbeiführte. In den späteren Jahren des Kalten Krieges unterstützte die Kirche offen die Democrazia Cristiana. Durch die Vermischung von weltlicher und geistiger Macht konnte sie ihren Einfluss erhalten. Heute ist ihre Macht erheblich geschrumpft. Die Kirche ist in einer Krise. Ein Indiz dafür ist, neben anderen, der Rückgang der Priesterzahl. Für Onkel Giancarlo ein Hoffnungsschimmer, wenn für ihn in seiner kleinen Kirche kein Ersatz gefunden würde. Ich sah in dieser Krise auch die Zerrissenheit der Gesellschaft: Reichtum und Armut, Technisierung und menschliche Freiheit, Dritte Welt – reiche Länder, Krieg und Frieden. Die Kirche hatte zu lange auf ihre Macht gebaut und ihre ursprüngliche Aufgabe vernachlässigt, sich den Menschen zu widmen.

Kapitel 14

Der Morgen zog auf – kein schöner Tag stand bevor. Der Himmel war bedeckt und grau wie meine Stimmung. Wir lagen eng umschlungen nebeneinander und blicken in die feuchten Nebenschwaden, die am Fenster vorbeizogen, bis Christina aufsprang und nicht mehr ins Bett zurückkehrte. Sie begann den Tag schwungvoll, voller Ideen: was getan werden sollte, was getan werden müsste. Wir hatten uns geeinigt, die Brüder nicht zur Rede zu stellen. Wichtig war jetzt nur Giuliana. Wenn sie es ertrug, würde ich Francescos Bruder Luciano beauftragen, gegen Giuseppe und Alberto vorzugehen. Luciano hatte als junger Rechtsanwalt die Familie schon zweimal vertreten. Die Mutter hatte mir gestern erzählt, dass Luciano ihr damals geholfen habe, als der Vater in Deutschland arbeitete. Vaters Bruder Silvano und seine Frau Rosanna hatten den Leiter des Katasteramtes bestochen und das Haus und die Mühle auf ihren Namen übertragen lassen. Giorgio Carlucci, ein Freund des Vaters und Beamter bei der Stadt, hatte der Mutter von dem Betrug erzählt. Sie hatte den jungen Rechtsanwalt Luciano um Hilfe gebeten. Es war sein erster Fall. Einen Prozess hatte es nicht gegeben. Luciano hat den Beamten gezwungen, die Eintragung rückgängig zu machen und Silvano und Rosanna aufgefordert, das Haus zu verlassen. Doch die Mutter brauchte Silvano. Wer hätte sonst die Mühle und den Hof in Ernestos Abwesenheit bewirtschaftet? Die Söhne waren damals noch zu jung.

Ich zweifelte nicht an dem Geschehen. Italien war ein Land mit einer ausufernden Bürokratie. Nichts konnte getan, installiert, angeschlossen oder überwiesen werden, ohne dass zuvor Formulare in doppelter und dreifacher Ausfertigung ausgefüllt und dabei Pässe, Geburtsurkunden und Steuerkarten vorgelegt werden mussten. Aber der Inhalt eines wie zufällig unter die Akten geschobenen Briefumschlages konnte alles ändern und den Mann hinter dem Schreibtisch davon überzeugen, dass gewisse Dinge auch einfacher und schneller zu regeln waren. Dagegen konnte es vorkommen, dass ein Hausbesitzer, der sein Haus vor fünfundzwanzig Jahren erworben, den Vertrag mit dem Verkäufer notariell besiegelt und alle vorhandenen Unterlagen beim Amt eingereicht hatte, plötzlich eine Mitteilung von der Baubehörde bekam, dass dem Vorbesitzer des Hauses vor fünfzig Jahren keine Baugenehmigung erteilt worden war und das Haus zum Bedauern der Behörde abzureißen oder zumindest eine Strafe über einen fünfstelligen Betrag zu zahlen sei. Und wenn ein „armer Wicht" genug Geld gespart hatte, um ein Grundstück zu erwerben, er dann eine Baugenehmigung beantragte, konnten bis zur Genehmigung mindestens fünf, eher acht Jahre vergehen. Der Baubeginn wurde um Jahre verzögert. In dieser Zeit mussten jedoch hohe Grundsteuern für das brachliegende Grundstück gezahlt werden.

È la vita! So ist das Leben! Die Menschen hatten sich damit abzufinden.

Meine Familie lebte nach Vaters Rückkehr aus Deutschland ohne wesentliche Streitigkeiten, denn mein Vater hatte mit Onkel Silvano und Rosanna eine notarielle Vereinbarung getroffen, die ihnen eine monatliche Abfindung so lange zusicherte, bis das Erbe Silvanos abgetragen war. Das bedeutete für die Familie, mit noch größeren Einschränkungen leben zu müssen. Onkel Silvano und Rosanna waren nach Ferrara gezogen. Seither hatten sich die Brüder nicht mehr gesehen.

Über die Verbindung meiner Familie zu Luciano de Carlo hatte ich nichts gewusst. Nie hatte es jemand erwähnt. Weder meine Eltern noch Luciano de Carlo noch Francesco. Bis dann gestern die Mutter darüber gesprochen hatte. Zurückhaltend, mit einer gewissen Scheu, hatte sie Luciano de Carlo erwähnt. Ich konnte mir keinen Reim darauf machen, warum mir das verschwiegen worden war. Beim nächsten Treffen würde ich Luciano danach fragen.

Ich fuhr nach dem Frühstück die *strada bianca* nach Canavaccio hinunter. Heute wollte ich es hinter mich bringen – aber erst einmal ohne Christina. Sie wollte währenddessen die Gegend erkunden. Wenn sie, die fremde Deutsche, mitkäme, würde Giuliana sich vielleicht vor uns verschließen.

Die letzten Meter zu Francos Haus ging ich zu Fuß. Durch einen kleinen gepflegten Garten führte ein mit Porphyr-Bruchsteinen gepflasterter Weg zu einer Haustür mit aluminium-eloxiertem Rahmen und geriffeltem Sichtschutzglas. Diese Türen waren auf dem Land sehr beliebt. Sie waren leicht zu pflegen, was sie aber nicht geschmackvoller machte. Die Klingel schrillte durchs Haus. Schritte schlurften heran und Maria-Rosa Battista, Francos Mutter, öffnete die Tür. Sie war eine rundliche, freundliche Frau in den Sechzigern. Ihre rötlichbraun gefärbten dauergewellten Locken leuchteten über ihrem runden Gesicht.

„*Dio mio,* Valerio, dass du zurückgekommen bist", rief sie erfreut und zog mich an der Hand ins Innere des Hauses. Beflissen wischte sie mit ihrer Schürze über einen Küchenstuhl und forderte mich auf, Platz zu nehmen. Ich sah mich in der Küche um. Alles war penibel ordentlich und sauber. Auf der Arbeitsplatte der modern eingerichteten Küche lagen auf einem großen Holzbrett fertiggeformte Ravioli. Offenbar war die Frau gerade mit der Vorbereitung des Mittagessens für die Familie beschäftigt. Selbst bei diesen Arbeiten sah der Arbeitsplatz aufgeräumt aus. Sie holte ein Glas aus dem Schrank und goss mit den Worten „selbst angesetzter Kirschwein" eine dunkelrote, süß duftende Flüssigkeit ein.

Ich wehrte ab: „Grazie, Signora, *solo un gocciolino,* nur ein Tröpfchen, es ist noch zu früh am Tag."

Giulianas Schwiegermutter ließ ein weiches Lachen erklingen: „*Bevi, bevi,* trink nur, trink. Du bist doch noch jung, verträgst es. Ich laufe inzwischen rasch zu Giuliana nach oben und sage Bescheid."

Damit verschwand sie und ließ mich allein in der Küche. Nach ein paar Minuten war sie zurück, zuckte die Achseln.

„Sie wickelt gerade die Kleine. *Vai,* geh nur rauf Valerio, *vai,* die Tür ist offen."

Giuliana saß am Fenster in einem der beiden bequemen Sessel, die kleine frisch gewindelte Esther im Arm. Sie sah mir mit einem Lächeln entgegen. Auf dem Fenstersims lag aufgeschlagen mit dem Rücken nach oben ein Buch. Die Vormittagssonne beleuchtete mit sanftem Licht die Szene. Wie gut, schoss es mir durch den Kopf - sie liest. Meine kluge Schwester. Trotz meiner Brüder und trotz des Alkohols war sie offenbar nicht in Stumpfsinn versunken.

Giuliana erhob sich, kam auf mich zu, gab mir einen schnellen Kuss auf die Wange und reichte mir mit triumphierendem Stolz im Gesicht die kleine Esther. Ich betrachtete das in eine bunte Strickdecke gewickelte Kind in meinem Arm. Mit den Ärmchen griff es nach meinem Gesicht. Als es mein Kinn zwischen die kleinen Finger bekam, kreischte es vor Vergnügen. Dieses Kind war gesund. Ich sah es sofort. Erleichtert drückte ich es an mich. In einer Ecke stand ein Kinderbett mit bunter Bettwäsche. Auf dem Kopfkissen saßen ein Stoffhase und ein Teddybär, und an einer Bettstrebe hing ein gepolsterter Mond – eine Spieluhr. Das Zimmer war mit zwei Sesseln und einem kleinen runden Tisch vor dem Fenster eingerichtet. Das Ehebett mit einer Tagesdecke befand sich an der gegenüberliegenden Wand. Es war beruhigend, Giuliana in dieser Umgebung zu sehen. Giuliana beobachtete mich, wollte meine Reaktion erspüren.

„Ich habe es gut getroffen, nicht wahr. Das ist es, was du denkst. Und du hast Recht damit. Ich habe ein schönes Heim, einen guten Mann, der mich liebt, aber ahnungslos ist. Und nicht zuletzt auch eine liebevolle Schwiegermutter, ja auch das – eine liebevolle, verständnisvolle Schwiegermutter. Was sollte ich mehr wollen? Man könnte mich fast glücklich nennen." Sie klang ironisch.

Ich sagte nichts und setzte mich mit der Kleinen in einen Sessel und spielte mit ihren Händchen. Giuliana aber blieb im Zimmer stehen wie an einen Pfahl gekettet, ihre Augen waren feucht und ihr Mund dehnte sich zu einem Lachen.

Ich hoffte und dachte: bitte, Giuliana, keinen Ausbruch! Erspare uns das jetzt.

Ihr Lachen war ohne Kraft.

„Hier stehe ich und habe über Jahre einen Vorrat an Gleichgültigkeit getankt, der mir so etwas wie eine Rundumzufriedenheit vorgemacht hat. Der Vorrat hätte lange reichen sollen."

Sie flüsterte: „Ich hatte zu vergeben. Allen in der Familie hatte ich zu vergeben. Beinahe hätte ich es geschafft. Ich habe mir hier so etwas wie eine heile Welt aufgebaut, eine neue glückliche Familie, auch wenn alles ein bisschen unecht war. Aber mein Leben mit Franco und Esther ist eben mehr als nur dieses eine Thema. - Und dann kommst du zurück und plötzlich ist mein mühsam errungener Vorrat an Kraft verbraucht, alles ist wieder da – die Erniedrigung, das eigene Versagen, die Erinnerung daran. Hört das nie auf – mein Leben lang?" Sie verstummte.

„Bitte, Giuliana, setz dich zu mir. Ich weiß, ich habe zu lange geschwiegen. Ich habe dich deinem Schicksal überlassen. Du hast mir viel vorzuwerfen. Aber jetzt bin ich hier und bitte dich um Verzeihung."

Giuliana blies die Backen auf. Ich befürchtete ein höhnisches Gelächter. Es kam aber nichts. Sie nahm mir ihr Kind aus den Armen, setzte sich in den anderen Sessel und wiegte die Kleine sanft in den Schlaf. Keiner redete. Sie legte Esther in ihr Bettchen und drehte mir den Rücken zu.

„Ich habe mich all die Jahre ausgeliefert gefühlt, habe mich geschämt, weil ich dachte, ich sei schuld und bin nichts wert. Ich habe mich immer wieder gefragt, warum tun meine Brüder mir das an. Ist es der viele Wein, den sie jeden Tag trinken? Haben sie selbst Gewalt erfahren? Aber ich wusste ja, dass Vater nicht gewalttätig war, eher zu sanft. Und Mutter? Hat sie nie darüber nachgedacht, wie es mir die ganze Zeit ging? Sie haben alle weggeschaut – Mamma, Vater, alle! Vertuschen und Lügen, immer wieder und wieder Lügen... und Deckel drauf! Ich habe doch niemanden interessiert." Sie stockte. „Dich vielleicht ein wenig, als du noch hier warst. Aber dann bist du gegangen", sagte sie, wandte sich um, schaute mich herausfordernd an und setzte sich wieder mir gegenüber in den Sessel. Als ich nichts sagte, sprang sie plötzlich auf, ihre Augen funkelten und ihr Mund verzerrte sich wütend.

„Was willst du jetzt von mir, Valerio. Bist du als Büßer gekommen? Ich erwarte nichts mehr und will auch die Vergangenheit nicht mehr hervorgeholt haben. Die Beziehung zu meinem Gott und der Kirche habe ich längst geklärt. Sie existiert für mich nicht mehr. Und meine Brüder...? Der Familie kann ich leider in diesem Kaff nicht immer aus dem Weg gehen. Ich nehme es hin, muss es ertragen. Nur, du sollst nun nicht so tun, als könntest du noch etwas ändern."

„Ich möchte dir helfen, wenigstens jetzt. Das ist doch das Mindeste."

Sie schüttelte heftig den Kopf und lächelte bitter: „Es gibt andere Helfer."

„Wie soll ich das deuten? Beruhigungsmittel, Schlafmittel, Wein?"

„Alle drei."

Ich schwieg. Ich wusste es sowieso.

„Bei Panik hilft das. Wenn die alte Angst schwindet, ist schon die nächste über mir. Aber darum geht es heute nicht mehr. Bedauern? Trauer? Der Neid ist das Schlimmste. Da bist du, dem alles gelungen ist. Da sind die anderen Mädchen mit einer glücklichen Kindheit. Gegen den Neid gibt es kein Medikament, oder?"

Ich schwieg.

Das gequälte Lächeln huschte wieder über ihr Gesicht.

„Ich wusste, dass du es verstehst. An manchen Tagen wird es durch irgendeinen Satz, irgendeinen Gedanken ausgelöst. Ich sitze hier und hasse die Welt, ich rede mit mir selbst, streite mit mir selbst und bin tagelang aufgebracht. Dann kann mich nur meine kleine Esther aus dieser Stimmung herausholen."

„Ich..." Verzweifelt suchte ich nach den richtigen Worten.

„Auf einer gewissen Ebene kann ich es selbst nicht fassen, dass ich noch hier lebe, dass ich nicht auf und davon bin – zu dir, als ich wusste, dass du nach Hamburg gegangen bist. Ich habe schon daran gedacht... Aber dann fehlte mir der Mut. Und was hätte ich tun können – ich hatte kein Geld."

„Du hättest es tun sollen. Irgendwie wären wir schon zurechtgekommen."

„Ja, in Hamburg hätte ich vielleicht nicht jede Sekunde daran gedacht, wäre nicht bei jeder Begegnung mit unseren Eltern und Brüdern daran erinnert worden. Es hätte keine Begegnungen mehr gegeben. Keine furchtbaren Vorahnungen oder Erinnerungen mehr. Vielleicht wäre die Versteinerung geschwunden. Wenn ich an unser Elternhaus denke, bin ich wieder zwölf. Seitdem habe ich buchstäblich aufgehört zu leben. Wusstest du das?"

Ich richtete den Blick auf ihr Gesicht und griff nach ihrer Hand. Sie fühlte sich immer noch so vertraut und schutzbedürftig an. Sie machte eine Bewegung, als sei es ihr unangenehm, auf diese Art von mir berührt zu werden. Aber ich ließ sie nicht los, rückte mit meinem Sessel sogar etwas näher an sie heran. Ich roch heute keinen Wein, sondern ihren Duft nach dem Puder, den sie schon als junges Mädchen benutzt hatte.

„Verzeih mir, Giuliana. Ich habe dich allein gelassen."

Sie schaute mir gerade ins Gesicht.

„Was genau, von den vielen Dingen, die mir wiederfahren sind, soll ich dir verzeihen? Ich kann mir vorstellen, auch dir geht unsere Kindheit immer wieder durch den Kopf, aber ich – ich bin besessen davon. Manchmal denke ich, es war alles meine Schuld. Oder ich habe die verrückte Vorstellung: Wenn es nie passierte wäre? Was glaubst du, täte ich dann heute?"

„Ich weiß es nicht", sagte ich ein wenig verblüfft.

„Ich gehe in die Vergangenheit zurück und ich suche nach Zeichen, weißt du? Nach Möglichkeiten, wie ich mein Schicksal hätte ändern können."

„Es lag nicht in deiner Hand. Du warst noch ein Kind."

Sie sah mich an, als hätte ich das Falsche gesagt, aber ich wusste, es war genau das Richtige.

„Aber wenn du zurückschaust", sagte sie, „findest du deinen Fehler, die Stelle, an der du etwas hättest ändern können. Nur kannst du nicht mehr zurückgehen, um es zu ändern - das ist meine Schuld."

Schweigen. Ihre Augen waren feucht. Aber sie wollte immer noch die große Schwester sein, die mir, dem jüngeren Bruder alles erklären musste. Ich sah nur zu deutlich, wie traurig sie über ihren Zustand war, eine Traurigkeit, die nur noch schlimmer dadurch wurde, dass sie die Schuld bei sich suchte. Trotz allem vertraute sie mir wohl immer noch. Ich wollte ihr von Christina erzählen und sie ein wenig vertraut mit ihr machen.

„Du hast Christina noch nicht kennengelernt. Ihr werdet euch gut verstehen. Ich habe ihr erst letzte Nacht alles erzählt. In Deutschland habe ich nie gewagt, mit ihr über die Familie zu sprechen, bin immer ausgewichen, wenn sie Fragen gestellt hat. Und gestern ist sie mir nachgereist, wollte mich vor vollendete Tatsachen stellen. Nun weiß sie Bescheid. Sie machte den Vorschlag, die Brüder vor Gericht zu bringen. Würdest du damit etwas Erleichterung finden?"

„Was hätte ich davon, wenn sie heute bestraft werden? Nichts! Höchstens Rache. Wäre ich dann glücklicher? Was mit mir geschehen ist, ist geschehen, kann nicht rückgängig gemacht werden. Und ein Prozess? Ich müsste aussagen. Alles würde wieder hochkochen. Ein Skandal... Die Leute würden reden, und im Ort könnte ich mich nicht mehr blicken lassen. Und welche Strafe bekämen sie? Ein Jahr auf Bewährung? Und dann? Wie könnte ich dann mit meiner Familie hier weiterleben?"

Ich unterbrach sie: „Ich würde Luciano de Carlo beauftragen. Er hat unsere Familie schon zweimal vertreten, hat Mutter mir erzählt. Und über Francesco steht er uns nahe. Er könnte verhindern, dass alles an die Öffentlichkeit kommt."

Giuliana sprang auf, ein hysterisches Lachen schüttelte sie. „Er steht uns nahe"! schrie sie. „Wenn du wüsstest wie nahe er uns steht!"

„Giuliana, ich verstehe nicht, was los ist. Was ist mit Luciano de Carlo?"

„Dieser Bastard, dieser Bastard... Dir haben sie es nicht erzählt. Es sind alles Unmenschen, es sind dreckige..."

Ich versuchte sie zu beruhigen und zurück in den Sessel zu drücken. Aber sie schrie weiter.

„Es sind alles Lügner, Heuchler, Huren..."

Ich erstarrte, mein Herz schmerzte, ich wusste nicht, was ich sagen sollte.

„Was sind das für Menschen, die so etwas zulassen. Abschaum, nichts weiter. Unsere gute Mutter..." Wieder lachte sie hysterisch. „Unser duldsamer Vater. Unsere gewalttätigen Brüder. Alles Unglück kommt von ihnen!"

In Sekundenschnelle war sie wieder aufgesprungen, lief zum Nachtisch, zog eine Schublade auf und kramte unter einem Durcheinander von Zeitungsausschnitten, Lippenstiften und kleinen Engelsfiguren eine Fotografie hervor. Mit einem bitteren Zug um den Mund starrte sie auf das Foto. Sie weinte wie ein kleines Mädchen. Meine große Schwester, der ich als kleiner Junge nicht hatte helfen können. Wann hatte ich sie das letzte Mal weinen sehen? Hatte ich sie überhaupt je weinen sehen?

Ich stand auf. Sie hob den Kopf und wedelte mit dem Foto in meine Richtung. Ihr Gesicht war rot. Sie schaute mich an und riss die Augen auf, als erwarte sie irgendeine Rache aus der Vergangenheit. Sie warf das Foto wütend auf den Boden und starrte in die Winkel des Zimmers, als suche sie dort Gestalten, die sich nähern müssten. Waren es die Personen auf dem Foto? Und was hatte Luciano damit zu tun? Ihr harter Blick traf mich. Gab es noch mehr Erbarmungswürdiges in ihrem Leben? War ich der Missetäter, der Vergangenes wieder hervorzerrte und gegenwärtig machte?

Ich hob die Fotografie auf: ein Mann im Anzug und mit einem Hut, gutaussehend, gepflegt, festgehalten in einer früheren Zeit. Die Mutter lächelnd neben ihm, die Hand auf seinem Arm, im Hintergrund die Mühle. Mir stockte der Atem. Der Mann, den meine Mutter so innig anlächelte, war Luciano de Carlo in jungen Jahren. Ich verstand nichts. Oder versuchte mein Gehirn gerade, Zusammenhänge zu verknüpfen?

Giuliana flüsterte: „Nur du hast es nicht gewusst. Ich sagte ja: besser, du wärst nicht gekommen."

Ich verstand immer noch nicht. „Was habe ich nicht gewusst?"

„Luciano de Carlo ist dein Vater!" stieß sie rau hervor.

Ich fühlte mich plötzlich haltlos. Ich konnte die Tragweite dieses Satzes nicht fassen. Ich dachte, das kann nicht sein. Ein unangenehmer Schwebezustand machte sich in mir breit, wie in einem Kettenkarussell. Das Karussell drehte sich immer schneller. Mir war schwindlig. Ich versuchte, das Foto zu lesen, den Mann darauf, der Luciano de Carlo war, aus der Umgebung zu lösen, den Vielleicht-Vater zu erkennen. Ich versuchte, die Stimme des Mannes zu hören, suchte nach Ähnlichkeiten. Die Augen..., ja, die Augen stimmten - und nicht nur sie. Luciano de Carlo wusste schon immer von mir, seinem Sohn, schoss es mir durch den Kopf. Nun sah ich mein Anderssein in der Familie in einem neuen Licht. In diesem einen kurzen Moment glaubte ich, endlich mein ganzes Leben zu begreifen. Auf einmal schien alles logisch. Warum ich meinen Brüdern nicht ähnlich war, weder im Aussehen, noch in der Figur, noch im Verhalten. Warum ich tief in mir drinnen immer ein Gefühl der Unwahrheit gespürt hatte. Warum ich mich, seit ich denken konnte, meiner selbst nicht sicher war. Nie hatte ich auch nur einen Funken Ahnung gehabt, dass Ernesto nicht mein Vater sein könnte. Die Ähnlichkeit mit Luciano – nun sah ich sie. War ich selbst ein anderer mit einem Vater, der mich verleugnete? Hatte auch Francesco gewusst, dass ich Lucianos Sohn war? So viele Fragen. Hatte er mich deshalb in seinem Haus aufgenommen, mir eine Ausbildung ermöglicht? Natürlich! So musste es sein. Ich hatte das Gefühl zu fallen, schnell und tief. Aber im selben Atemzug spürte ich auch Wut in mir aufsteigen, Wut auch auf diese zierliche Person vor mir mit diesen farblos glänzenden Augen. Wie oft hatte ich ratlos vor ihr gestanden, als Kind, wie oft war ich an ihr in ihrer Trunkenheit gescheitert, an ihrem Rückzug in eine innere Welt, zu der mir der Zugang verwehrt war. Wie oft war ich hilflos gewesen, weil ich nicht verstand, was meiner Schwester widerfuhr und warum so unerträgliche Dinge in meiner Familie geschahen. Und jetzt auch noch ein weiteres Familiengeheimnis, das einen Teil meines bisherigen Lebens als Lüge enthüllte.

Ein bleiernes Schweigen breitete sich zwischen uns aus. Benommen ließ ich mich in den Sessel fallen. Wie perfide war das alles. Ich legte das Foto auf den Tisch und stützte den Kopf in die Hände. Warum hatten alle geschwiegen? Warum hat mein Vater – mein Nicht-vater -, warum hat Ernesto geduldet und erduldet? Er hat mich wie seinen Sohn behandelt, oft sogar meinen Brüdern vorgezogen. Aber er hat auch sofort zugestimmt, als ich mit sechzehn das Zimmer in Francesco de Carlos Villa bezogen habe und nur noch zum Wochenende nach Hause kam. Er hat gesagt, dass der Dottore mich fördern würde und dass ich es bei ihm gut haben werde. Wollte er mich, das Kuckuckskind, aus dem Haus haben?

Giulianas Stimme brachte mich in die Gegenwart zurück.

„Nie hätten Mutter oder Vater sich etwas anmerken lassen. Was nicht angesprochen oder besprochen wird, existiert eben auch nicht. So leben sie und erwarten dasselbe von uns", sagte Giuliana verächtlich.

„Und Mutter", fuhr sie sarkastisch fort, „Mutter hat regelmäßig ihre Anfälle bekommen, seit du nach Deutschland gegangen bist. Du, ihr Liebling! Wie konntest du nur. Es gab jedes Mal Streit, wenn jemand deinen

Namen auch nur aussprach. Manchmal schmiss sie sich auf den Boden, raufte sich die Haare und schrie nach dir. Sie konnte nicht damit leben, dass sie dich verloren hatte."

Ich hörte nicht mehr zu, lief hinaus ins Freie. Weg von denen, die mich belogen hatten. Weg von mir selbst. Wer war das überhaupt: ich selbst? Was wusste ich von meiner Mutter, der ich mich nahe geglaubt hatte? Nichts wusste ich von ihr. Warum hatte sie geschwiegen? War es Scham? Und wenn es so war, war die Scham wohl nicht stark genug gewesen, um sie von ihrem Betrug abhalten zu können. Oder war es die Angst vor dem Auseinanderbrechen dieser *„bella famiglia",* jenes Trugbildes, das sie sich geschaffen hatte? Eine Affäre brauchte eine Lebenslüge. Man hatte wohl einmütig befunden, dass auf diese Art alles bestens geregelt sei. Ein Kartell der Verschwiegenen - meine Familie.

Erbittert fragte ich mich, welche Rolle spielten die Gene eines Menschen? Was war vorgegeben und worüber bestimmte man selbst? Charakter, Gefühle, Gedanken. Welchen Einfluss hatte Luciano de Carlo auf mich? Die Wahrheit zu kennen ist wichtig, zu wissen, woher man stammt. Würden Familiengeheimnisse von einer Generation zur nächsten fortgepflanzt? Wäre mein Lebensweg ein anderer gewesen, wenn ich gewusst hätte, wer mein leiblicher Vater ist? Gab es überhaupt Antworten auf diese Fragen?

Aus der Psychologie wusste ich, dass der Hang zur Heimlichtuerei vererbt werden kann, dass sich Erfahrungen verankern. Wer als Kind die Erfahrung gemacht hat, dass in der Familie über bestimmte Dinge nicht offen gesprochen wurde, der würde dieses Verhalten natürlich finden. Konnte man sich als Erwachsener nicht dazu durchringen, es anders zu machen als die Eltern, würden Geheimnisse, Ängste und Lügen weitergegeben werden an die nächste Generation. Ich kannte diesen Mechanismus. Ich hatte Christina aus diesem Grunde nie etwas über mein Leben und meine Familie erzählt.

Kapitel 15

Nur nicht nach Hause! Ich lief den asphaltierten Weg in die Berge der Cesane hinauf, wollte die Wut aus meinem Körper schwitzen. Ich grollte wie ein Dampfkessel kurz vor der Explosion, kam mir aber gleichzeitig so hilflos vor in meiner Verzweiflung. Der Schwindel der Erschöpfung gab mir das Gefühl, komplett von mir selbst abgeschnitten zu sein, alles aus einigem Abstand zu beobachten. Ich bog in einen Seitenweg ab, spürte die Mittagssonne. In dieser Jahreszeit war sie schon sehr kräftig, und über den Bäumen, auf den Wegen lag etwas Hartes, Helles, ein Glitzern, das ich atmen konnte. Die Stille war zermürbend, nur unterbrochen von zwei Bussarden, die am Himmel kreisten und schrille Schreie ausstießen. Ein fernes Hupen von der Straße klang matt und ungewiss wie das Geräusch von einem fernen Planeten hier herauf. Ich versuchte, meine Gedanken zu sammeln, sie wenigstens für einen Moment zu ordnen. Ich konzentrierte mich auf die Faszination, die von dieser Hügellandschaft ausging und setzte mich etwas abseits des Weges auf den Waldboden. Eine Weile hoffte ich, nur still genug dasitzen und abwarten zu müssen, dann würde schon alles wieder in Ordnung kommen.

Von meinem Platz aus konnte ich ungehindert ins Tal schauen. Dort unten lag Canavaccio, von hier oben malerisch und friedlich. Was in den Häusern geschah, blieb dem Betrachter hier oben verborgen. Der kleine Ort ließ Ruhe vermuten – trügerische Ruhe.

In mir wurde es nicht ruhiger. Die Luft über mir schien mich zu erdrücken. Sie senkte und hob und senkte sich wieder, drückte jedes Mal ein wenig heftiger, ohne sich aufzulösen, sie ballte sich nicht, schwebte nur, während ich unter ihr saß.

Zorn übermannte mich. Aber war nicht Zorn wie ein zeitweiliger Wahnsinn? Denn ähnlich wie dieser ist er nicht Herr über sich selbst. Er verbrennt den Zornigen mehr, als dem zu schaden, gegen den er sich richtet. In meinem Kopf mahlte es.

Heimkehr - zurück in die Verwundbarkeit. Langsam, ganz langsam wurde der Schmerz stumpfer. Ich musste mich abfinden, Ruhe finden, wie trügerisch auch immer. Ich zog meine Jacke aus, legte sie unter meinen Kopf und schaute in den Himmel, verausgabt von den Ereignissen. Ein Motorengeräusch von ferne, ein Bauer, der sein Feld umpflügte.

Ich musste eingeschlafen sein. Als ich erwachte, fror ich. Es begann schon zu dämmern. Der Himmel färbte sich dunkelgrau, Winde kamen auf, unhörbar, im Dunkeln tückischer als im Hellen. Endlos der Weg bis zu meinem verlassenen Auto, das ich begrüßte wie ein verlässliches, vertrautes Requisit.

Als ich die *strada bianca* emporfuhr, war es tiefe Nacht. Neumond. Nicht ein Stern am Himmel. Die Wolken hingen tief. Von weitem sah ich die hell erleuchteten Fenster meines Elternhauses. Auch in der Küche brannte noch Licht. Ich wusste, Christina würde mich längst unruhig erwarten. Doch nur nicht gleich zurück ins Haus. Ich hielt an und ließ das Auto stehen. Die letzten zweihundert Meter ging ich zu Fuß. Vor mir lag der Weg, ein graues Band, das sich in der Dunkelheit verlor. Die Steine knirschten unter meinen Füßen. Immer wieder fühlte ich die Grasbüschel am Wegesrand unter den Füßen und tastete mich zurück auf den steinigen Weg. Ich dachte an den Vater – der nicht mein Vater war. Ernesto hatte mich als Junge nie mit Liebe überhäuft, wenig mit mir gesprochen, mich aber doch freundlich und verständnisvoll behandelt. Musste mein Anblick nicht stetig ein Stachel in seinem Fleisch gewesen sein? War alles Wahrheit oder nur Spekulation – gewagt und ungewiss?

Eine neue Dimension war in mein Bewusstsein getreten, eine Wachheit. Sie erlaubte mir, das Neue bis in seine kleinsten Einzelheiten aufzunehmen, Vergangenes im Licht einer neuen Sicht zu betrachten. Eine seltsame Heimat war das, die nicht Behaglichkeit versprach, sondern Chaos und Unbehagen.

Ich blieb stehen, als ich die Felder erreicht hatte, von deren Existenz ich wusste, auch wenn ich sie nicht sehen konnte. Ich dachte an all die Selbstzweifel, die mich in meiner Kindheit und Jugend gequält hatten... Welchen Wert aber hatte diese späte Erkenntnis, dass Ernesto nicht mein Vater war? Er hatte mir eine Identität gegeben, mich legitimiert. Luciano de Carlo dagegen hatte sich nie offenbart. Gab es überhaupt so etwas wie eine gleichbleibende, stabile Identität? War nicht auch ich heute ein anderer als früher? Es gab doch keine Kontinuität im Laufe eines Lebens. Wie viele Personen stecken eigentlich in einem Menschen, der sich als Vater ausgibt, wohl wissend, dass er es nicht ist?

Und in einem, der Vater ist und es leugnet? Wie wandelbar und trügerisch muss dieser Mensch sein? Aber irgendwann beginnt die Wahrheit aufzuräumen mit den Lügen, den Verleumdungen oder mit dem Totschweigen. Das tut weh, vor allem den Betroffenen, ist aber der einzige Weg zu Freiheit und Würde, wenn Freiheit und Würde nicht nur leere Worte bleiben sollen. Auch die Identität dieser beiden Väter war im Laufe der Jahre einem Wandel unterzogen - durch menschliche Erfahrung. Hatte dieser Wandel ihre moralische Verantwortung gestärkt? Und wie war das bei mir? War meine moralische Verantwortung heute eine andere als früher?

Francesco musste gewusst haben, dass ich Lucianos Sohn bin. Er hatte geschwiegen. Warum? Vor zwei Tagen noch hatte er mir gesagt: „Was ist schwerer, als sich selbst zu kennen? Es mag leichter sein, ein ganzes Universum zu ergründen als sich selbst."

Wie sollte man dann aber die Menschen kennen, mit denen man zusammenlebte, wenn es nicht einmal gelang, sich selbst zu kennen? Doch musste ich es nicht so sehen, dass ich durch das Wissen um meinen leiblichen Vater, durch das Erkennen einer Ähnlichkeit mit ihm auf dem Foto eine zweite Geburt erfahren habe? War meine frühere Identität dadurch für mich nicht klarer geworden – meine Zweifel? Ich musste an die Zeit denken, in der ich mich so intensiv mit den Schriften Senecas, dem Stoizismus beschäftigt hatte. Ich musste die Wahrheit als Offenbarung nehmen. In jedem Leben gab es etwas Unerledigtes, etwas Lückenhaftes. Vielleicht würde es mir gelingen, mich mit meinen Vätern zu versöhnen.

Schritte kamen den Weg herab. Zögernd, unsicher, beleuchtet vom Schein einer Taschenlampe. Ich ahnte, dass es Ernesto war, mein Nicht-Vater. Die Szene veränderte sich, der nächste Akt konnte beginnen. In welche Richtung würde das Geschehen gelenkt werden? Wohl kaum in Läuterung, doch vielleicht in Erläuterung. Aber war ich schon so weit? Ich hatte keine Lust darüber nachzudenken, zu hören oder zu sehen.

„Komm ins Haus, Valerio!" Ernesto versuchte, den Arm um meine Schulter zu legen. Ich schüttelte ihn ab. Es überraschte ihn nicht, er hatte es erwartet.

„Giuliana ist bei uns. Ich weiß, was passiert ist. Wir hätten es dir sagen müssen – schon lange. Ausgerechnet sie hat es dir gesagt! Aber eigentlich ist das alles doch gar nicht mehr wichtig!" murmelte er resigniert.

Ich schüttelte den Kopf. „Nicht mehr wichtig, nicht mehr wichtig?" Ich war empört. „Ich bin nicht der, der ich zu sein glaubte. Gibt es etwas Wichtigeres als zu wissen, woher man stammt, wer seine Eltern sind? Und Giuliana? Was mit ihr passiert ist, jahrelang. Ist das auch nicht mehr wichtig?"

Ich drehte mich abrupt um. „Verdammt nochmal, ich will euch alle nicht sehen – nicht jetzt", schrie ich ihn an und nahm den Weg zurück zu meinem Auto.

„Gut, wie du willst", rief Ernesto mir hinterher, bevor er wieder zurück zum Haus ging, „wenn du bereit bist, bin ich für dich da. Vielleicht morgen."

Das war eine Feststellung, keine Frage. Er bestimmte es. Oder war es nur die gewohnte Empfehlung des Vaters, der

181

seinen Kindern den bequemsten Weg zur Aussprache nahelegen wollte?

Nicht nur die Wut auf meine Familie loderte in mir, sondern auch Hass gegen meinen Erzeuger und Verleugner Luciano de Carlo.

War ich das Kind einer großen Liebe oder das Ergebnis einer einzigen Nacht? Und meine Mutter. Was für eine Frau war sie? War es ein kühles, einsames Leben, das sie geführt hatte und vielleicht noch führte, das Nahrung von außen gesucht und sich genommen hatte? Durfte ich verurteilen? So viele Jahre mit einer Lüge, die sich überlebt hatte, mit Schweigen, das zu lange gedauert hatte und nun gebrochen worden war durch ein Foto, das meine Mutter mit einem Fremden zeigte, der kein Fremder war. Doch wie konnte ich richten? Auch ich hatte geschwiegen – jahrelang. Auch ich passte in das Raster. Giuliana war das Opfer meines Schweigens.

Ich konnte nicht ausweichen, würde meinem Nicht-Vater und meiner Mutter gegenübertreten müssen, musste mit ihnen sprechen. Aber ich konnte es nicht – noch nicht.

Was sollte ich Christina sagen? Schon wieder ein Geständnis.

Ernesto stand an der Tür, als ich gegen Mitternacht zurückkam, Mutter neben ihm und hinter ihnen Giuliana in Tränen aufgelöst.

Späte Reue, dachte ich grimmig. Dass ich nicht hierher gehörte, habe ich immer geahnt, dachte ich mit wütender Arroganz.

„Valerio, du siehst schlecht aus. Hast du Fieber?" Die Mutter befühlte meine Stirn mit den Fingerspitzen.

„Mir geht's bestens", sagte ich knapp und schob sie mit einer abwehrenden Geste beiseite. Nur mit Mühe konnte ich dem Impuls widerstehen, vor ihr auszuspucken.

„Wo ist Christina?"

„Sprich erst mit uns, bitte Valerio." Die Mutter umklammerte meinen Arm. Ich stieß sie beiseite und stürmte die Treppe hinauf in mein vom Mief der Jahre und den Erinnerungen stickiges Kinderzimmer.

Christina saß auf dem Stuhl am Fenster. Auf dem Tisch neben ihr stand ein Tablett mit ihrem unangetasteten Abendessen. Sie legte das Buch, das sie in der Hand hielt, ohne es zu lesen, auf den Fenstersims, stand auf und nahm meinen Kopf zwischen ihre Hände.

„Du brauchst nichts zu sagen, ich weiß Bescheid."

„Ich hab einen Scheißhunger" sagte ich, ohne auf sie einzugehen. Mein Blick ging an ihr vorbei zum Tablett.

Sie ließ mich los. „Na bitte, bediene dich," sagte sie und wedelte mit der Hand.

„Eine beschissene Art, beim Heimkommen nach über 20 Jahren zu erfahren, dass dein Vater nicht dein Vater, sondern dein leiblicher Vater der Bruder deines hochverehrten Förderers ist." Ich konnte und wollte mir den Zynismus nicht verkneifen. „Zu allem vergangenen Mist auch das noch obendrauf."

Schulterzuckend zog ich meine Jacke aus und ließ sie auf den Boden fallen. Ich zog den Sessel näher an den Tisch heran, biss in ein Stück Brot und nahm mir zwei Scheiben *prociutto*. Es war, als wollte ich meine seelischen Wunden durch einen vollen Magen heilen.

„Ich hab seit dem Frühstück nichts mehr gegessen", presste ich hervor.

Christina beobachtete mich.

„Und ich habe stundenlang hier auf dich gewartet."

„Ich weiß. Ist eine Menge passiert. Ich bin den ganzen Nachmittag rumgelaufen."

Ich fühlte mich wie als Kind, wenn ich trotzig Auflehnung demonstrieren wollte.

Christina sah mich von der Seite an.

„Hier..." Sie löffelte etwas auf einen Teller und hielt ihn mir hin.

„Es tut mir leid, ich weiß, du willst mit mir reden, aber ich habe Hunger und muss zuerst etwas essen", sagte ich versöhnlich.

Sie sagte nichts. Sie wusste offenbar schon alles.

Den Rest ließ ich auf dem Tablett stehen und warf mich aufs Bett. Es knarrte, wackelte und schien mein Gewicht nicht tragen zu können. Dieses Geräusch! Schon kam es wieder über mich – das Gefühl des Bebens, das Gefühl der Ohnmacht.

Opfer... Nicht nur Giuliana. Vielleicht hatte ich schon immer in einer schlimmen Ahnung ein weiteres Verhängnis gesehen. Ich hatte mich hinter diesem NON MI IMPORTA NIENTE versteckt, weil ich im Innern ahnte - auch ich war ein Opfer.

Christina setzte sich zu mir und wiegte mich in ihren Armen. Wie gelähmt ließ ich es zu. Auch die Tränen ließ ich zu. Die Gedanken entschwanden weit hinter mir wie durch ein Loch in meinem Bewusstsein – für eine Weile.

Dann holte der Mahlstrom meiner Gedanken mich wieder ein, schlüpfte zurück in meinen Kopf und meinen Körper.

„Ich fühle mich so erbärmlich. Luciano de Carlo hat mich immer kühl und abweisend behandelt. Und Francesco... Alle haben mich betrogen. Wie soll ich den beiden de Carlos jetzt noch gegenübertreten können?

Ich wünschte, ich wäre nie zurückgekommen." Die Verzweiflung machte meine Stimme rau.

„Ich weiß, mein Liebster", sagte Christina und streichelte weiter meinen Kopf. „Hör zu, lass mich etwas sagen."

Ich sah sie an, ohne sie wirklich zu sehen. Ich schlug die Beine abwechselnd rechts und links übereinander und wischte mir mit beiden Händen über das Gesicht.

„Wie konnten sie das solange vor mir verbergen? Wie kann es sein, dass ich nichts davon wusste? Es ist ungeheuerlich."

„Valerio..."

„Giuliana... Du hättest sie hören sollen, verbittert und voller Sarkasmus."

Es war, als habe mich alle Energie verlassen. Schlaff und resigniert lag ich in ihren Armen. Ich fühlte mich müde und zerschlagen.

Christina räusperte sich. „Ich hatte ja keine Ahnung, Valerio. Manchmal nimmt alles wirklich einen schlimmen Verlauf. Aber wir sollten die Dinge für heute auf sich beruhen lassen. Du bist müde. Wir sollten schlafen gehen. Morgen können wir überlegen, was wir tun sollen."

Ich schwieg und schloss für einen Moment die Augen. Ich schämte mich. Natürlich wusste ich, wie befremdet Christina war. Wie musste dieser Besuch in meinem

Elternhaus auf sie wirken? Sie liebte die Stille. Sie liebte es, an schönen Orten zu sitzen, einem Geräusch oder einer Melodie nachzuspüren und sich treiben zu lassen. Und hier war alles so anders, als sie es erwartet hatte. Ich hatte ihr das alles ersparen wollen. Doch jetzt schien mir mein Leben wieder zu entgleiten - und ich riss sie mit.

Che schifo, ekelhaft, das Wutwort meiner Kindheit. All die Lügner, Betrüger, Vergewaltiger liegen jetzt schwitzend und stinkend in ihren Betten oder planen schon wieder die Normalität des kommenden Tages, um dann nur ihre aufgebesserte, blankpolierte Version zu zeigen und das Schändliche und Fadenscheinige zu verbergen.

Christina hatte Recht. Mich sollte jetzt auch der Schlaf holen, mitnehmen in ein Vergessen für wenige Stunden.

Vor dem Fenster vollführten Fledermäuse ihre Sturzflüge und kreisten durch die nächtliche Brise. Die Temperatur fiel, und ein kühler Wind brachte die Gerüche des Waldes herein, die letzten Akazien, der erste Ginster, mit Zypressenharz durchmischt.

Kapitel 16

Am nächsten Morgen erwachte ich – ein sanfter Schub, die letzten Fasern des Schlafes dehnten sich, dann war ich wach. Trotz der Düsternis im Zimmer konnte ich erkennen, dass Christina im Schlaf lächelte. Es war fünf Uhr. Noch zu früh aufzustehen. Ich musste prüfen und abschätzen, wie ich den neuen Tag zu nehmen hätte in dieser Umgebung mit dem neuen Wissen. Zuerst würde ich das Gespräch mit meiner Mutter suchen. Wenn ich aber an Francesco de Carlo dachte... Er hatte es gewusst. Ich glaubte, mich nicht mehr auf mein Gespür verlassen zu können, denn hier hatte es mich gänzlich verlassen. Aber ich würde Antworten verlangen! Ich konnte mir aus dem Wenigen, was ich bisher wusste, noch kein vollständiges Bild aufbauen. Es musste am Ende alles passen. Ich wollte die Vergangenheit entwirren. Doch noch nicht heute, noch nicht morgen.

Es war ja auch nicht alles nur negativ in meiner Vergangenheit. Denn es gab auch Menschen wie Roberto. Roberto, mein alter Schulfreund. Wir sollten ihn heute besuchen – die guten Erinnerungen hervorholen.

Endlich zog der Morgen auf, hell, gelblich-weiß. Im Haus kein Laut. Es war noch niemand auf. Vielleicht auf den Feldern ein einsamer Bauer zwischen der gefurchten Erde. Leise stand ich auf. Ich wollte Christina nicht wecken. Hinter den Türen herrschte Ruhe. Vorsichtig ging ich die Treppe hinunter. Ich vermied dabei die knarrenden

Holzstufen. Seit meiner Kindheit kannte ich jede Stufe, wusste, an welcher Stelle ich auftreten musste.

In der Küchentür blieb ich stehen. Aufrecht auf einem Stuhl vor dem Küchentisch saß meine Mutter. Sie wirkte, als habe sie die ganze Nacht dort gesessen. Die Küche war noch dunkel und ungelüftet. Aber welche Art von Luft, welcher Morgen sollte hier Frische bringen? Nichts würde sauberer werden, nichts die Vergangenheit beleuchten.

„Seit wann sitzt du hier Mama?"

„Seit du gestern in dein Zimmer gegangen bist. Ich hatte gehofft", sie schluckte trocken, „ich hatte gehofft, du könntest dich überwinden." Das Timbre in ihrer Stimme wechselte. Sie klang jetzt tönern. Nein klagend. „Wir hätten die ganze Nacht gehabt..., zum Reden."

Eine unbekannte Glut in ihren Augen ließ mich zurückweichen. Tat sie mir plötzlich leid? Hatte sie Gewissensbisse? Doch hatte sie je einen Gedanken daran verschwendet, wie es Giuliana, wie es mir ging? Nein! Ich verbot mir jede weitere Frage. Denn auch hier glaubte ich die Antwort zu kennen. Die einzig endgültige Antwort, die es geben konnte, war das Leben, das man lebte. Meine Mutter hatte sich gegen Giuliana, gegen mich entschieden. Meine Mutter, dieser in ihrer eigenen Welt gefangene Schatten, weinte und hielt mein Handgelenk umklammert. Ihre Tränen überforderten mich. Ich wollte nichts mit ihrem Leid zu tun haben, weil es auch mein Leid war. Aber es war unmöglich. Wir waren viel zu sehr miteinander verbunden, ob wir es wollten oder nicht. Niemals würde man sich voneinander lösen können, niemals würde in dieser Familiengeschichte etwas endgültig zu Ende gehen, solange man lebte. Ich berührte ihre Wangen mit den Fingerspitzen, wischte ihre Tränen weg. Es fühlte sich gut an, für einen Moment die Möglichkeit einer Vergebung zu spüren für unsere gemeinsame Geschichte, die Möglichkeit einer Versöhnung. Auch wenn wir die Geschichte nicht mehr umschreiben könnten, auch wenn es unmöglich war, den momentanen Frieden zu wahren, an einen Neuanfang zu glauben, aber die Illusion war beruhigend und für den Moment besänftigend.

Meine Mutter sprach leise, fast flüsternd.

„Damals nach deiner Geburt hat Don Giancarlo mir eingeredet, dass es besser sei zu verschweigen. Wahrheit um jeden Preis sei nicht immer menschlich. Manchmal sei eine Lüge gnädiger als die Wahrheit, hat er gesagt. Ich solle froh sein, dass die Familie von dem *Delitto d'onore* keinen Gebrauch mache. Ernestos Ehrgefühl könnte auch gerächt werden, hat er gedroht. Ich hatte Angst - um dich und mich."

Sollte ich es glauben? Hatte mein Onkel Don Giancarlo, ein Mann der Kirche, meiner Mutter mit einem Ehrenmord gedroht? In welchem Jahrhundert lebten wir? Das *Delitto d'onore,* gab es das noch, als ich geboren wurde? Nein, nicht einmal auf Sizilien! Eine leere Drohung, dachte ich empört. Mein Onkel Don Giancarlo – dieser Mann Gottes war doch nicht bei Trost. Er, der ständig von der Menschlichkeit der Kirche sprach. Wie tief war er gefallen. Die Tiefe des Falls hatte er selbst wohl nie begriffen.

„Ich verstehe es nicht", wandte ich mich entsetzt an meine Mutter, „Giuliana hat mir gesagt, dass Ernesto immer gewusst hat, dass ich nicht sein Sohn bin. Wurde nie darüber gesprochen, hat er dich nie gefragt? Hat er dich nie zur Rede gestellt?"

„Ja, er hat es vom ersten Moment an gewusst. Aber er ist ein gleichmütiger Mensch. Er ließ nicht zu, dass ich redete. Wollte es vielleicht auch nicht aus meinem Munde hören. Es gibt Dinge im Leben, die für Ernesto nicht wichtig sind. Er wollte nur seine Ruhe haben. Der Alltag musste weitergehen. Sonst wären wir daran zugrunde gegangen. Wir haben anders miteinander gesprochen als früher – oberflächlicher. Das Ganze hat sowieso alles bestimmt, deshalb haben wir nie darüber gesprochen. Es zerfrisst deinen Kopf, du bist traurig, du verkriechst dich und drehst dich immer wieder im Kreis. Anfangs dachte ich, dass er nur bei mir geblieben ist, um das Bild der *bella famiglia* aufrecht zu erhalten. Aber er hat mich in den Arm genommen und mir das Gefühl gegeben: Wir schaffen das."

Sie seufzte und versuchte, meine Hand zu umfassen. Ich entzog sie ihr. Sie schüttelte resigniert den Kopf. „Aber Ernesto war glücklich, wie es war, und ist auch heute noch ohne Kummer. Er liebt mich, kennt mich. Er weiß, dass ich im Grunde meines Herzens nicht schlecht bin. Du bist wie sein Sohn aufgewachsen, und er liebt auch dich – manchmal glaubte ich sogar, er liebt dich mehr als seine leiblichen Söhne. Du bist anders als sie. Er ist stolz auf dich."

„Aber was ist mit mir? Wäre es nicht mein Recht gewesen zu wissen, wer mein wirklicher Vater ist? Und Giuliana? Ihr hättet handeln müssen, aber auch da habt ihr geschwiegen", sagte ich bitter.

Meine Mutter zuckte mit den Schultern. Sie wies mit dem Kopf zur Tür. An den Rahmen gelehnt stand dort Christina.

Ich ging zu ihr, legte meinen Arm um ihre Schultern und wandte mich zur Treppe, blieb dann aber stehen, als hätte ich etwas vergessen.

„Ach ja, noch etwas. Wo war deine Scham, als du einen anderen Mann in dein Bett gelassen hast, während Ernesto für uns gearbeitet hat."

Die Mutter schüttelte den Kopf. Über die Schulter warf ich ihr einen Blick zu. Einen Moment lang glaubte ich auch so etwas wie Schmerz oder Bedauern in ihrem Gesicht auszumachen. Doch dieser Eindruck war schnell vorbei. Ihre Augen funkelten vor Empörung.

„Du hast ja keine Ahnung wie das damals hier war ohne Ernesto, mit all den Problemen", schrie sie. Ihr Gesicht war zu einer steinernen Maske erstarrt.

Wir verließen die Küche. Mit einem Knall warf ich die Tür hinter uns ins Schloss.

„Valerio, um Christi willen...", hörten wir sie rufen.

Kapitel 17

Die Dorfschule von Canavaccio. Roberto war mein Freund. Die Schule, ein kleines Gebäude auf halbem Wege nach Canavaccio, aus rosa Sandstein gebaut, dem Stein, der in der Furlo-Schlucht abgebaut wurde. Jeden Morgen lief ich quer über die Felder zum Unterricht. Die Schotterstraße gab es damals noch nicht. Wir waren zwölf Schüler, eingeteilt in drei Klassen mit einem Lehrer, Signor Perugini. Der Unterricht fand für alle Altersgruppen gleichzeitig in einem Raum statt.

Der gutmütige, fröhliche, verwöhnte Roberto, das Einzelkind. Oft hatte ich den Neid unterdrücken müssen. Robertos Mutter las ihrem Sohn jeden Wunsch von den Augen ab. In diesem friedlichen Haus gab es nur Roberto, die *mamma* und den *babbo*, und manchmal durfte auch ich mich fühlen, als gehörte ich dazu.

Einmal, es war kurz vor Weihnachten, hatte es nach Schulschluss angefangen zu regnen. Die anderen Kinder hatten Zuflucht in der Schule gesucht. Obwohl uns der Regen völlig durchnässte, waren Roberto und ich quer über den Hang vor der Schule gelaufen, um in der Remise Schutz zu suchen. Diese Remise diente zur Hälfte als Lagerraum, und zur anderen Hälfte war sie als Turnhalle eingerichtet, mit Kletterstangen, Seilen, einer Art Schwebebalken aus einem rohen Baumstamm und einer Sprossenwand. Sehr ernsthaft war dieser Turnunterricht allerdings nicht gewesen, aber vergnüglich. Manchmal hatte Roberto eine Flasche Kirschwein aus dem Keller seines Vaters stibitzt und in die Turnhalle für Signor Perugini mitgebracht. Wir vergnügten uns mit allerlei Unsinn, während der alte Perugini die Flasche gemächlich leerte. Das Rot seiner Nase und seiner Wangen ging mit der Zeit immer mehr ins Violett über. An manchen dunklen Winternachmittagen schien er geradezu im eigenen Licht zu strahlen.

Die Remise war ein roter Ziegelbau, langgestreckt und niedrig, mit drei Gitterfenstern. An der Tür blieben wir ein Weilchen stehen. Es regnete inzwischen in Strömen. Wasserwände gingen auf alles nieder. Es war kalt. Mit klappernden Zähnen blickten wir in den Regen. Gebrochen war der Zauber, der bis jetzt die Jahreszeit gleichsam in der Schwebe gehalten hatte.

Im Innern der Remise nahmen wir den üblichen Geruch nach Benzin, Schmieröl und altem Staub wahr. Wir liebten diesen Geruch, denn mit ihm waren die schönsten Schulstunden verbunden. Am Ende des weiten Raumes stand ein alter Traktor. Roberto trat an den Traktor heran und öffnete die Tür.

„Komm!" sagte er und stieg ein. Ich stieg ebenfalls ein und setzte mich auf den Fahrersitz. Kaum hatte ich Platz genommen, als sich die Traktortür langsam in ihren Angeln bewegte und zuschlug. Wir hörten das Prasseln des Regens auf das Remisendach nun nicht mehr.

„Schau, was ich hier habe", lachte Roberto und zog eine Flasche Kirschwein aus seiner Schultasche. „Die überlassen wir heute nicht dem alten Perugini!"

Er öffnete die Flasche, nahm einen kräftigen Schluck und reichte sie an mich weiter.

Wie oft waren meine Gedanken im Laufe der Jahre zurückgekehrt zu diesem Regennachmittag in der Remise. Wenn ich daran dachte, wie dieser Tag geendet hatte, wurde mir heute noch übel. Auf dem Heimweg hatten wir uns mehrmals übergeben und jeder hatte sich an seinen Eltern vorbeigeschlichen und in seinem Bett verkrochen, bis es uns am nächsten Tag besser ging.

Auf dem Weg zu Robertos Elternhaus saß Christina neben mir. Keiner sprach. Sie überließ mich meinen Gedanken. Gedanken an diese schöne Seite meiner Erinnerungen, an diese wundervollen Kindheitstage. Alles Bedrückende hatte ich bei Roberto und seinen Eltern für einige Zeit ablegen können. Der vertraute Ort, das heimatliche Gefühl. Ich konnte mich dessen nicht erwehren. Die Hauptstraße, die sich an Rosis Bar mit dem wild wuchernden Wein vorbeischlängelte. Daneben ein Blumengeschäft und eine neue Tankstelle. Zum ersten Mal sah ich die Häuser von Canavaccio nicht als Schandfleck des Ortes, sondern als dazugehörig und einmalig. An der Abzweigung von Rosis Bar zu Robertos Haus war alles unverändert. In der Kurve konnte ich gerade noch bremsen. Fast wäre ich mit einer „Ape" zusammengestoßen. Am Steuer saß der alte Luca grinste und kurbelte des Fenster herunter.

„*Ciao*, Valerio, *ciao Signora* Christina, *tutto bene? Che bella Signora. Hai fatto bene,* Valerio", grinste er.

Ich hatte den Eindruck, dass seine Haut heute noch faltiger herunterhing. Gestern beim Fest der *Madonna del Giro* war viel Wein durch die Kehlen der Bauern geflossen.

Ich hob die Hand. : „*Bene, bene, e da voi?*"

„*Si si si, bene, bene!*" rief Luca und knatterte mit seiner „Ape" in einer Wolke Gestank davon.

Dann saßen wir Robertos Mutter gegenüber, in dem kleinen Haus neben der Hauptstraße. Ich war mit Küssen und Umarmungen empfangen worden. Als ich Christina vorstellte, zog Robertos Mutter sie an ihre Brust und küsste sie ebenso herzlich.

Wir hatten uns nicht angemeldet, standen einfach vor der Tür. Robertos Mutter hatte mich nicht sofort erkannt. Dann aber waren ihr Tränen der Freude in die Augen geschossen: „Valerio, Valerio, du bist wieder da! Wie wir uns freuen. Und deine schöne Frau hast du auch mitgebracht. Was für eine gelungene Überraschung."

Während sie uns in der Küche einen Kaffee bereitete, summte sie fröhlich ein paar Takte einer *Tarantella,* immer wieder unterbrochen von ein paar herzlichen Worten.

„Roberto wird vor Freude verrückt werden. Weißt du eigentlich, Valerio, dass er mit Daniela verheiratet ist. Die musst du doch noch aus der Schule kennen. Sie arbeitet als Anwaltsgehilfin bei dem Rechtsanwalt Luciano de Carlo. Du weißt schon, dem Bruder von Dottore Francesco de Carlo."

Da war er wieder, der Stich ins Herz.

Wieder ein paar Takte der *Tarantella.*

„Roberto müsste eigentlich gleich da sein. Er arbeitet bei der Commune von Urbino. Die machen früh Schluss. Bei Daniela wird es länger dauern. Sie macht häufig Überstunden."

Sie summte weiter vor sich hin.

Wer in Urbino und Umgebung nicht selbständiger Handwerker, Unternehmer oder Bauer war, arbeitete entweder für die Commune, für das Krankenhaus, für die Universität oder für eine andere kommunale Einrichtung. Viel mehr andere Möglichkeiten gab es eben nicht.

Roberto kam. Er stand in der Küchentür und schien der Szene, die sich ihm bot, nicht zu trauen.

„*Non è vero,* Valerio!, rief er und stürzte sich auf mich. Im nächsten Moment zog er mich vom Stuhl, umarmte mich und drehte sich mit mir im Kreis um den Küchentisch herum. Ich bekam kaum Luft, so heftig drückte er mich an sich.

„Hör auf, Roberto, basta!"

So schnell, wie er mich in die Arme genommen hatte, ließ er mich auch wieder los, hielt sich lachend am Küchentisch fest und schaute Christina an. Er schüttelte immer wieder den Kopf, als könne er nicht fassen, wer da in der Küche bei seiner Mutter saß.

„Das ist also deine Frau", sagte er noch immer außer Atem. „Und diese *bellezza* hast du mir so lange vorenthalten, du durchtriebener Kerl? Hattest wohl Angst, dass ich sie dir ausspanne?"

Lachend umarmte er Christina.

Ich grinste: „Wie ich höre, hast du ja Daniela geheiratet, also kein Grund zur Beschwerde. Vielleicht darf ich auch erst einmal vorstellen: das ist Christina, meine Frau."

Roberto war ein gut aussehender Mann mit ebenmäßigen Gesichtszügen, einer geraden Nase und einer tadellosen Figur. Ich dachte, er sieht aus, als sei er direkt aus einem Fresco des Piero della Francesca herabgestiegen. Mit den vollen Lippen, die er wie früher häufig zu einem Schmollmund verzog, wirkte er manchmal wie ein Bub, der geküsst werden möchte. Kein Wunder, dass er die schöne Daniela aus Urbino geheiratet hatte, eine Klassenkameradin aus der Mittelstufe. Sie war damals die Attraktion der Schule gewesen. Ein zartes, elfenhaftes Wesen mit Haaren von der Farbe reifer Kastanien und grünlich schimmernden Augen.

Roberto schlug mit einem Seitenblick auf seine Mutter vor, in Rosis Bar nebenan einen Aperitif zu trinken. Seine Mutter protestierte. Lachend wischte Roberto ihre Einwände beiseite.

„Wir kommen ja wieder, Mamma. Vielleicht erinnert sich Valerio noch an deine köstlichen *tagliatelle al ragù*. Habt ihr Lust mit uns zu essen?", wandte er sich an uns.

Mit Freude nahmen wir die Einladung an.

Neben Rosis Bar schloss sich eine Terrasse an. Hier hatten Roberto und ich schon als Jungen oft bei einem Eis zusammen gesessen. Neben der Terrasse war der Dorfladen, der auch von Rosi geführt wurde. Ließ man der Zeit ihren gemächlichen, von Klima und Tradition bestimmten Gang, konnte man dort Oliven kaufen, in Rosis Garten an alten, knorrigen Olivenbäumen gewachsen, eingelegt in Knoblauch, wildem Fenchel und Orangenschalen. Bei Rosi gab es auch frisches Brot, *pecorino*, den sardischen Schafskäse, oder Obst aus dem Garten und Wein aus dem Keller ihres Mannes. Der Laden war Treffpunkt der Frauen, Umschlagplatz für den neuesten Tratsch und Klatsch, die Bar Treffpunkt der Männer. Mit der schlichten Bitte nach einem Tässchen *caffè* begann für die meisten der Tag. Aus diesem ersten Vergnügen am Tag war ein Ritus geworden. Es wurden hier die ersten Tagesnachrichten kommentiert, über Politik gestritten, Freundschaften geschlossen und auch Streitigkeiten beigelegt. Ein Tässchen *caffè* gemeinsam zu trinken, war für die Männer aus Canavaccio wie für die Indianer, die Friedenspfeife zu rauchen. Wie schön, dachte ich, dass der *Espresso* die Welt erobert hat. Zwar bedeutete das Wort nicht „rasch", wie alle Welt glaubte, sondern ursprünglich *espressamente*, also „extra" für den Kunden zubereitet – wie schön auch dieser Gedanke.

Die Wirtin Rosi plante ihre Tage und Tätigkeiten nach den Mondphasen. Sie beeinflussten ihre Migräne, versicherte sie, und der Mond wirke nicht nur auf Hunde, Katzen und Kinder, sondern auch auf Schwangere. Alle Schwangerschaften endeten mehr oder weniger bei Vollmond, behauptete sie. Bei den Tieren auf dem Bauernhof sei das immer so und bei den Frauen, nun ja, bei den Frauen ebenfalls. Sie pflegte zu wiederholen: „Eh, si, bei Vollmond kommt das Kind, *vero!*"

Der Mediziner in mir nahm es gelassen. So ganz Unrecht hatte sie ja nicht. Manchmal traf es zu und manchmal nicht - eben mehr oder weniger...

Der Mond war auf dem Lande schon immer ständiges Thema gewesen. Die Bauern richteten sich nach den Mondphasen. Sie wussten, wann der beste Zeitpunkt war, etwas zu pflanzen, zu beschneiden, die Häuser zu putzen, Wäsche zu waschen oder die Haare schneiden zu lassen.

Christina hatte sich genüsslich in ihrem Stuhl zurückgelehnt. Sie ließ sich nichts entgehen. Das Leben in Rosis Bar war friedlich, auf eine süchtig machende Weise.

Aus dem fröhlichen Jungen Roberto war der fröhliche Mann Roberto geworden. Man sah ihm die Freude über meine Rückkehr an. Immer wieder umarmte er mich lachend.

Wir bestellten uns jeder einen *aperitivo* und genossen die warmen Sonnenstrahlen auf unserer Haut.

„Nicht ein Lebenszeichen von dir! Hättest doch mal schreiben können. Lesen habe ich nicht verlernt, auch wenn ich in diesem Kaff wohne."

Er hob drohend die Faust. „Willst die wohl mal wieder spüren, was?"

Ich lachte und fragte nach seinem Vater.

Mit plötzlicher Anspannung senkte er den Blick. „Mein Vater ist im vergangenen Jahr gestorben. Bauchspeicheldrüsenkrebs. Seither geht es meiner Mutter nicht mehr gut."

Man hatte schon früher erzählt, dass diese Erkrankung in unserer Gegend erstaunlich oft vorkam. Niemand wusste aber, warum.

„*È la vita,* das ist das Leben", sagte Roberto, „den einen erwischt es eben und den anderen nicht."

Was sollte ich sagen? Ich zog ihn an mich und umarmte ihn wortlos.

„Du bist doch Arzt. Könntest zurückkommen und berühmt werden, wenn du den Grund dafür findest, dass diese Krebsart hier bei uns die Menschen so häufig erwischt."

Ich schüttelte den Kopf. „Geht nicht. Ich habe in Hamburg einen Vertrag unterschrieben. Da käme ich ohnehin nicht raus. Aber die Häufigkeit dieser Erkrankung ist schon merkwürdig", sagte ich nachdenklich. „Da sind doch bestimmt die Ärzte aus der Umgebung schon dran. Ich kann mir vorstellen, dass nach den Ursachen geforscht wird."

„Ja, natürlich. Du hast recht. Es gibt genug gute Ärzte in Urbino. Francesco de Carlo, zum Beispiel, war einer. Aber der praktiziert ja nicht mehr."

„Ja", sagte ich. „Francesco war ein Mediziner, der alles im Blick hatte, nicht nur die Krankheit, sondern den ganzen Menschen."

War das wahr? Hatte er den Menschen, hatte er mich im Blick gehabt? Francesco de Carlo! Schon lauerten wieder ungute Gedanken in meinem Kopf. Was hatte er gesehen, wenn er den Jungen Valerio früher vor sich sah? Ich starrte in mein Glas. Der Aperitif war fast getrunken.

„Das wissen wir hier alle in der Gegend und jeder bedauert, dass er nicht mehr praktizieren kann. Einen wie ihn findet man so schnell nicht wieder, es sei denn, du kommst zurück." Roberto schlug mir aufmunternd auf die

Schulter. „Du weißt, am Anfang steht immer das Wollen, das gibt den Anstoß."

Ich schüttelte den Kopf, in Gedanken bei Francesco.

Menschen, die ich nicht kannte, gingen vor Rosis Bar auf und ab. Ich sinnierte darüber, wie wunderlich es doch war, dass man nur den wenigsten Menschen ihre Geschichten ansah. Ob sie betrogen, hintergangen oder die Falschen geliebt hatten, ob sie jemand im Stich gelassen hatten oder es noch tun würden. Für mich waren die Gespenster jetzt aus ihrem Versteck gekrochen. Meine falsche Vergangenheit hatte ihre Spuren nicht verwischt, sie hatte noch ein letztes Wörtchen zu sagen.

„Schau nicht so griesgrämig. Was ist los mit dir? Bedauerst du schon, dass du in Hamburg und nicht in Urbino arbeitest? Komm zurück mit deiner schönen *dottoressa*. Ihr tätet nicht nur mir einen Gefallen."

Ja, es hatte sich nichts verändert. Italien ist eine Welt der Gefälligkeiten geblieben, die man einander tut. Land, Dörfer und Familien überleben und gedeihen durch gegenseitige Hilfe, die weit entfernt ist von Bestechung und Korruption wie in den höheren Schichten und in der Politik. Nicht dein Geld oder dein Name entscheiden, ob etwas für dich getan wird, sondern wen du kennst und wer dir einen Freundschaftsdienst schuldet.

Meine Stimmung besserte sich. Ich lachte.

„Den Gefallen werde ich dir nicht tun."

„Warum bist du dann gekommen? Willst wohl, dass ich dich auf Knien anflehe?"

Ich schüttelte den Kopf.

„Ich bin hier, weil Francesco de Carlo mich noch einmal sehen wollte. Es steht nicht gut um ihn. Ich bleibe zwei Wochen. Dann geht's zurück nach Hamburg."

„Oh *Dio*, das tut mir leid für Francesco und für dich natürlich. Ich weiß ja, wie sehr du an ihm hängst."

Aber dann grinste er und warf einen Seitenblick auf Christina.

„Ich verstehe schon, warum du nicht zurückkommen willst. Die schönen blonden Frauen in Germania, *vero?* Erinnerst du dich noch an Signora Rossi, unsere Mathelehrerin?", fragte er plötzlich. „Die war auch blond. Um die Wahrheit zu sagen, bei der haben wir doch nichts gelernt. Sie stammte aus Ferrara. Weißt du noch", lachte er, „wie sie eine zerstreute Miene annahm, vor sich hin murmelte und ständig die Augen verdrehte, wenn sie uns abhörte?"

Ich musste lächeln bei dem Gedanken an Signora Rossi.

„Ja, es sah immerzu so aus, als betete sie, als wäre sie drauf und dran, in einen Zustand der Verzückung zu fallen. Sie betete für uns Ärmste, die wir fast sämtlich unbegabt für Algebra waren."

Christina, die dem Gespräch, so gut es ging, amüsiert gefolgt war, mischte sich ein: „Das hatte doch wohl nichts mit ihrer Haarfarbe zu tun, oder?"

Wir wollten nicht aufhören, in alten Schulerinnerungen zu kramen, als es binnen Minuten unvermittelt zu regnen begann. Ein großer grauer Vorhang senkte sich über den Vormittag. Der Platz vor Rosis Bar leerte sich. Es wurde auf einen Schlag sehr kühl. Wir ließen uns die Laune vom Wetter nicht verderben und gingen nach drinnen. Im Caffè bestellten wir uns jeder noch einen Cappuccino und gingen dann zum gemeinsamen Mittagessen bei Robertos Mutter.

Auf der Rückfahrt ergriff mich ein Gefühl von Zeitlosigkeit. Das Verschwimmen der Zeit gab dem Leben hier etwas Rätselhaftes. So war es mir früher schon oft vorgekommen. So, als könne man nicht zu einem Kern vorstoßen, den es vielleicht gar nicht gab. Alles hatte diese südländische Unbestimmtheit, die dem nördlichen Denken fremd war.
Christina redete ununterbrochen.
„Diese italienische Gastfreundschaft, dieses gute Essen, diese Lebensart, das Dolce Vita Italiens, wie bewundere ich das. Hier kann man an den Menschen erleben, dass alle äußerlichen Bedingungen wie Armut oder Reichtum, Erfolg oder Misserfolg nicht in irgendeiner Form zum Glücklichsein beitragen. Wie man miteinander lebt, das ist die Quelle der Wärme und des Lebens."
Typisch Christina, dachte ich, bei allem sah sie nur das Positive.
„Wo ist eine Quelle der Wärme in meiner Familie? Wie kann man diesem Leben gute Seiten abgewinnen?"
„Ich kann dich gut verstehen. Deine Kindheit war zu belastet. Deinen mächtigen Brüdern konntest du nichts entgegensetzen. Auf der anderen Seite ist doch dein gesamtes Leben ein täglicher Triumph über die Furcht."
Sie hatte ja Recht, mit Optimismus fuhr man besser. Die gute Laune ist eine unterschätzte Kraft. Es war diese Einstellung zum Leben, die ich an Christina von Anfang an bewundert hatte. Ich selbst hatte nur die dunklen Seiten des

Lebens gesehen, bis ich Christina kennenlernte. Die italienische Lebensart, das Dolce Vita. Ich hatte sie nicht - Christina hatte sie. Sie war überzeugt, dass nicht glücklich sei, der anderen so vorkommt, sondern der, der sich selbst dafür hält.

Nach der Rückkehr nach Ca'Mulino gingen wir sofort auf unser Zimmer. Ich war an einem Punkt angekommen, der weit von mir selbst entfernt war. Beim Aufrollen meines Lebenslaufes war ich an ein Ende gelangt und überlegte nun den Neuanfang. Zuvor musste ich aber allem Verschwiegenen auf den Grund kommen. Das würde mein Thema bei Francesco und dessen Bruder Luciano, meinem leiblichen Vater, sein. Ich hatte als Junge diesen Vater oft im Kreis seiner Familie am Tisch sitzen sehen. Da saß er, trank Wein und aß. Ihm gegenüber seine Frau Lorena und die beiden Kinder Stefano und Laura. Ein seltsamer Gedanke - auch sie waren meine Geschwister. Stefano, der Student, und Laura, Schülerin der Oberstufe im *Liceo Artistico*. Als ich nach Deutschland ging, war Laura noch nicht geboren. Ich hatte meine Schwester noch nie gesehen. Stefano war damals ein dreijähriger Junge, ein Kind *molto vivace,* sehr lebhaft, wie Francesco sich ausdrückte. Wenn ich mit ihm und Tiziana zu Besuch bei Luciano und Lorena war, habe ich oft mit dem Kleinen gespielt. Ich lief mit ihm zwischen den Rosen und Büschen im Garten umher. Wir versteckten uns. Ich hörte die Stimmen seiner Eltern, gedämpft durch die Büsche, hinter denen wir hockten. Man suchte uns. Der kleine Stefano lachte und freute sich darüber, dass ich, der soviel Ältere, mit ihm spielte. Die Eltern riefen nach ihm, aber Stefano legte seinen kleinen Zeigefinger vor den Mund. Er wollte nicht gefunden werden, und ich sollte mitspielen. Natürlich tat ich immer, was der Kleine wollte.

Mit einem lauten Seufzer fegte ich die Erinnerung daran beiseite und bereitete den Weg für eine andere - Gubbio, die Stadt am Hang mit einer ebenso faszinierenden Geschichte wie Urbino. Morgen würde ich mit Christina nach Gubbio fahren, beschloss ich spontan. Wieder eine Flucht, schoss es mir durch den Kopf! Nein, nur ein Aufschub. Francesco und Urbino mussten noch warten.

Kapitel 18

Wir hatten Glück mit dem Wetter. Es blieb heiter, in jenem Zustand des magischen Schwebens. Ich kannte das. Gläserne Frühlingstage in leuchtender Unbewegtheit, charakteristisch für manche Frühlingstage in den Hügeln von Urbino. Im letzten Licht des Tages war ich mit anderen Jungen auf den grasbewachsenen Hängen hinter unserem Ball hergelaufen. Pärchen waren auf der Suche nach einem ungestörten Platz gewesen, wo sie sich umarmen konnten. Dieses letzte Licht des Tages hatte dazu verführt, noch ein wenig zu bleiben – noch war der Frühlingstag nicht zu Ende, und morgen würde ein neuer bevorstehen. So war es immer gewesen.

Um vier Uhr morgens, als im Haus noch alles schlief und die Natur rings um die Mühle noch die Nacht ausatmete, startete ich den Motor des Lancia. Christina hatte diesen frühen Aufbruch gewollt. So konnte sie, wie sie sagte, den beginnenden Tag in Gubbio genießen. Niemand im Haus würde uns zu so früher Stunde begegnen.
Gubbio war nur eine gute Stunde von Canavaccio entfernt. Am Ende der Schotterstraße fuhren wir auf die *superstrada,* dann auf die *Via Flaminia* in Richtung Aqualagna über Cagli nach Gubbio. Manchmal störte mich Christinas Besessenheit, kein Museum auszulassen, jedes auch nur in Ansätzen historisch interessante Gebiet besuchen zu wollen. Doch das hier war etwas anderes. Das war meine Heimat, die ich ihr so lange vorenthalten hatte.

Das Bedürfnis war plötzlich übermächtig, ihr endlich alles zu zeigen. Ich hatte ihr noch am Abend vorher einen alten zerknitterten Stadtführer über Gubbio gegeben, in dem schon ein paar Seiten fehlten. Trotzdem hatte sie die halbe Nacht darin gelesen und offenbar genug Information gesammelt. Während die Scheinwerfer des Lancia die Dunkelheit zerschnitten, gab Christina ihr Wissen preis. Sie sprach über das eugubinische Territorium, das - durch Funde nachweisbar - zurückzuführen war weit vor die klassische „Nacht der Zeiten". Die Baudenkmäler aus der römischen Zeit belegten die Bedeutung des Stadtstaates, eines Ortes, an dem sich die Aristokratie und die höheren Bürger gern aufhielten. Christina redete, doch ich hatte längst aufgehört zuzuhören. Ich hing eigenen Gedanken nach.

Christina hatte meine Eltern mit einer Leichtigkeit in die Arme genommen und sie sofort mit *mamma e babbo* angesprochen. Ich ahnte, dass sie all die Jahre überzeugt war, dass ich eines Tages mit ihr in mein Elternhaus zurückkehren würde. Deshalb hatte sie Italienisch gelernt. Nicht nur mir zuliebe - und darin lag eine gewisse Tragik.

Ich schreckte aus meinen Gedanken auf, als Christina mir einen Stoß versetzte. „Hörst du mir eigentlich zu?" frage sie und versuchte, mein Gesicht von der Seite zu studieren.

„Ach, schau mal, hier wachsen sogar Wüstenpalmen," rief sie, als wir am Garten einer alten Villa vorbeifuhren, in dem zwei Scheinwerfer die beiden Palmen rechts und links des großen schmiede-eisernen Tores anstrahlten. Ich hatte keine Ahnung von diesen Exoten. Ich kannte die Exemplare, die dem europäischen Wald angehörten, wie

Eichen, Steineichen, Platanen und Rosskastanien und eben die verschiedenen Pinienarten, hatte aber im Laufe der Jahre gemerkt, dass Christina nichts soviel Freude machte, als eine falsche Antwort von mir zu hören. Deshalb identifizierte ich oft auch mir bekannte Exemplare falsch. Ihr schien es absurd, dass ein Mensch für die großen, stillen, nachdenklichen Bäume nicht das gleiche Gefühl einer leidenschaftlichen Bewunderung aufbrachte wie sie. Wie brachte man es nur fertig, nicht zu begreifen? Wie konnte man nur leben, ohne Bewunderung für diese eindrucksvollen Gewächse zu empfinden? Sie verstand es nicht. Ihre Sympathie beschränkte sich aber keineswegs nur auf die exotischen Bäume. Ihre Bewunderung für die riesigen Platanen mit weißlich knorrigen Stämmen und die trutzigen Eichen ging in der Tat schon in Verehrung über.

„Begreifst du? Sie können mehr als fünfhundert Jahre alt werden!" flüsterte sie mit Ehrfurcht in der Stimme. „Denke nur, was sie alles in den Jahrhunderten gesehen haben müssen."

Sie wurde still, als kurz vor Gubbio die Lichter im Tal undeutlich auftauchten vor dem schwach schimmernden Grau im Osten, das den neuen Tag verkündete. Ich öffnete die Fenster des Lancia und ließ die leichte Morgenbrise herein. Die Stille verklang. Der Lärm der erwachenden Stadt durchdrang die Natur. Hinter dem Zauber der Dämmerung eine stetig steigende Rhapsodie der Farben. In der hügeligen Umgebung erhoben sich hinter der Stadt zwischen unwegsamen und von Wasserläufen durchzogenen Schluchten die Hügel der Apenninen.

„Was für ein Blick!", rief sie euphorisch. „Der weiße Stein der Palazzi, die Sonne, die den Horizont berührt! Wie die Farben Vergangenheit und Gegenwart vermischen!"

Angesteckt von ihrem Enthusiasmus lenkte ich das Auto auf den großen Parkplatz der *Piazza dei 40 Martiri*. Von hier aus konnte man die Stadt für sich entdecken. Auch hier in Gubbio hatte Federico von Montefeltro zwischen 1476 und 1480 einen Palazzo im Renaissancestil erbaut. Doch durch Plünderungen war später vieles zerstört worden.

Hand in Hand gingen wir die steile Straße empor. Hier belebten sich die Geschäfte und Läden. Vor einigen Läden dekorierten die Eigentümer die seit Jahrhunderten berühmten farbenprächtigen Fayencen, um Käufer anzulocken. Mittelalter – von den Mauern der Palazzi bis zu den Dächern und Türmen. Die Stadt war angefüllt mit Stimmengewirr, Geräuschen und Kontrasten.

Gegen Mittag zog ich Christina erschöpft auf den Rand des Brunnens der *Fontana dei Matti,* dem Brunnen der Verrückten, auf der Piazza del Barghello. Ich wollte eine Pause. Nur nicht weiter. Gerade hatte Christina über die *Porte del Morto,* die Totentüren, gestaunt, die in den mittelalterlichen Häusern als zweite Tür neben der Haupteingangstür etwas erhöht über der Straße lagen. Sie waren einmalig in der Welt. Diese Türen wurden von den Lebenden nicht benutzt. Hier wurden nur die Toten aus dem Haus getragen.

Ich fühlte mich jetzt auch eher tot als lebendig. Nein, ich hatte genug. Ich wollte in ein Restaurant. Wie sollte ich sie vom nächsten Palazzo abbringen? Ein Kuriosum aus der Vergangenheit? Ja, das war die Lösung. Ich grinste.

„Christina, soll ich dir was Verrücktes über Gubbio erzählen?"

„Klar, ich höre!"

„Wenn du die Geschichte wirklich hören willst, sollten wir uns ein Restaurant suchen. Bei einem guten *pranzo* würde ich es dir erzählen."

„Oho", lachte Christina. „Da hast du also schon genug! Na gut, ich bin auch hungrig."

In der Trattoria „Il Panaro" bestellten wir die für die Region typische *torta del testo,* einen mit Schinken gefüllten Weizenfladen, gebacken unter heißer Asche, danach *tagliatelle* mit Hühnerragout und als Hauptgang Innereien vom Lamm.

Nach dem Essen lehnte ich mich erschöpft, aber entspannt auf meinem Stuhl zurück. Hier an diesem Tisch wollte ich eine Zeitlang sitzen bleiben.

Christina ließ mich aber nicht in Ruhe. „Nun erzähl doch endlich", bohrte sie so lange, bis ich mich geschlagen gab.

„Es ist eine Geschichte, die in unserer Familie von unserer Tante Rosanna immer wieder erzählt wurde. Geht nie nach Gubbio, hat sie uns Kinder immer gewarnt. Lasst euch nie mit einem Eugubino ein. Die sind verrückt."

„Wie komisch!" lachte Christina und beugte sich gespannt über den Tisch.

Der Weißwein wurde serviert, und ich prostete ihr zu.

„Es war wie ein Spiel, das immer wiederholt wurde. Wenn alle lachten und fragten, warum denn nicht, *Zia* Rosanna, begann sie zu schimpfen: Eh, die haben einen

Kerzenfimmel, *vero*! Sie tippte sich dabei an die Stirn. Habt ihr die *ceri*, die Kerzen von Gubbio, schon mal gesehen? Sie wartete, bis alle den Kopf schüttelten. Wenn ihr sehen würdet, wie die Eugubini jedes Jahr am 15. Mai mit ihren Kerzen die steilen Straßen hinaufrennen, wüsstet ihr, dass sie einen Dachschaden haben. Eigentlich gehören sie alle in die Klapsmühle, denn das Theater machen sie schon seit tausend Jahren."

Ich musste grinsen bei der Erinnerung an Rosannas gerötete Wangen, wenn sie sich so ereiferte.

Christina schüttelte lächelnd den Kopf. „Erzähl weiter!"

„*Zia* Rosanna behauptete allen Ernstes, auf dem Gebiet von Gubbio sei mal vor ein paar Millionen Jahren ein Meteorit aufgeschlagen. Seither sollte es dort eine Strahlung geben, die die Leute irre macht. Daher käme der Wahnsinn der Bewohner."

Ich schmunzelte. „Alle im Haus wussten natürlich, was sie als nächstes zu fragen hatten: Aber *Zia* Rosanna, was ist denn so verrückt an den Kerzen?"

„Und, hat sie es euch erzählt?"

Ich lachte und spitzte den Mund. „Zuerst einen Kuss, bevor ich weiter erzähle!"

Sie küsste mich amüsiert.

„Leider müssen wir vor dem 15. Mai zurück nach Hamburg, sonst könnten wir zum Fest der Kerzen wieder nach Gubbio kommen. Dann könntest du die verrückten Eugubini selbst sehen."

„Du irrst dich Valerio, wenn du denkst, ich hätte keine Ahnung. Du hast nicht zugehört, als ich im Auto aus dem Reiseführer vorgelesen habe", sagte sie triumphierend.

Das war wieder typisch Christina. Jetzt würde ich den Reiseführer im Originaltext zu hören bekommen. Ich beeilte mich, ihr zuvorzukommen.

„Ich weiß, ich weiß! Die Einwohner von Gubbio ehrten damals ihren Bischoff, den heiligen Ubaldo mit einer Lichterprozession, leierte ich grinsend herunter. Drei Kerzen werden auch heute noch nach altem Brauch auf hohen Holzgestellen mit riesigen Heiligenstatuen darauf, die steilen Straßen hinaufgetragen. Die Heiligen sind die Patrone der Zünfte, Sant' Antonio Abate für die Eseltreiber und die Bauern, San Giorgio für die Handwerker und Händler und Sant' Ubaldo für die Steinmetze und Maurer. Vor dem Lauf werden die Kerzen mit einem Krug Wasser begossen. Anschließend werfen die Anführer der Zünfte die Krüge zu Boden und die Schaulustigen sammeln die Bruchstücke als Glücksbringer auf. Dann jagen die Mannschaften mit den schweren Kerzen in einem atemberaubenden Wettlauf die steilen Straßen Gubbios hinauf. Das Verrückte daran ist, dass der Gewinner schon vorher feststeht. Es ist immer die Mannschaft des Sant' Ubaldo, egal wie sich die anderen anstrengen oder wer zuerst bei der Basilika von Sant' Ubaldo eintrifft. Und dann wird an der *Fontana dei Matti,* dem Brunnen der Verrückten, gefeiert. Na, wenn das nicht verrückt ist, was?"

Ich konnte es kaum fassen. Christina hatte mir doch tatsächlich zugehört, ohne mich zu unterbrechen.

Ein wenig wehmütig sagte sie: „Ja, schon ein bisschen verrückt, aber auch ein schöner Brauch. Ich kann mir vorstellen, wie die Menge am Straßenrand die Kerzenträger anfeuert. Schade, ich hätte es gern gesehen."

Auf dem Heimweg machten wir in dem kleinen Städtchen Cagli halt. Ich wusste von früher, dass es hier dienstags immer einen großen Wochenmarkt gab.

Auch heute drängelten sich zwischen den Ständen mit heimischen Spezialitäten Einheimische und Touristen. Wir standen an einer Wursttheke an. Christina konnte sich nicht entscheiden, ob sie den *prociutto di Parma* oder den *prociutto nostrano* nehmen sollte.

Hinter uns schrie plötzlich jemand laut auf: „Mein Geld!" Es war ein panischer Schrei. Die Leute kamen näher und umringten eine etwa sechzigjährige, bescheiden angezogene Frau. Aus ihrer offenen Einkaufstasche flogen Quittungen und Taschentücher. Sie wühlte und suchte, bis sie schließlich den ganzen Inhalt der Tasche auf den Boden schüttete. Ein Geldbeutel war nicht dabei.

„*I miei soldi!* – Mein Geld!" rief sie. Sie setzte sich auf den Kantstein und weinte.

„Gerade war ich bei der Bank. Das Geld für den ganzen Monat... *Dio mio*, was soll ich nur machen? Ich kann nicht mal die Miete bezahlen! *Madonna* hilf!"

Ich stand direkt vor der Frau. Ich sah die Furcht in ihrem Gesicht. Die Frauen um sie herum versuchten sie zu trösten. Eine Verkäuferin von einem benachbarten Stand bot ihr einen *Espresso* an. Sie wollte ihn nicht, murmelte nur leise vor sich hin und wischte sich die Tränen von den Wangen. Niemand kümmerte sich mehr um seine Einkäufe. Alle sahen auf die verzweifelte Frau herab. Da drängelte sich ein kräftiger Mann in Arbeitskleidung nach vorn. Seine große schwielige Hand hielt er ausgestreckt. Auf ihr lag ein zerknitterter Geldschein.

„Ich gebe das hier! Wer hilft ihr noch? Wir können sie doch nicht so ihrem Schicksal überlassen!" rief er den Leuten zu. Das herzliche, auffordernde Lächeln auf seinem Gesicht ließ die bedrückte Stimmung augenblicklich schwinden. Jeder kramte jetzt in seinen Taschen, holte kleinere oder größere Geldbeträge heraus und legte sie in die Hand des Mannes. Auch ich legte zehn Euro dazu. Die Münzen und die Geldscheine wurden der Frau in die offene, leere Tasche geschüttet. Von hinten rief jemand: „Richtig so, wir armen Teufel müssen einander doch helfen!"

Ein Gefühl wie Stolz regte sich in mir. Ich legte meinen Arm um Christinas Schultern. Auf dem Rückweg zum Parkplatz zog ich sie noch enger an mich und sagte: „Das ist die andere Seite Italiens, die wahre Größe. Mitgefühl und Herzlichkeit sind noch nicht verlorengegangen – irgendwie tröstlich."

Weit hinter den Marktständen, kurz bevor wir unser geparktes Auto erreicht hatten, entdeckte Christina eine Ruine. Meine Blicke folgten den ihren zu dem verwitterten, teilweise verfallenen Gemäuer, das in vielleicht hundert Metern Entfernung hinter einem kleinen Pinienhain hervorlugte. Hügelaufwärts wurde es von einem verwilderten Garten und einem freien Feld begrenzt. Sie war neugierig und wollte sich das unbedingt ansehen. Als wir näher kamen, erkannten wir, dass es sich um ein altes Franziskanerkloster handelte. Es lohnte sich also weiter zu gehen. Die umherliegenden, heruntergefallenen Quader der alten Mauern bildeten zufällige Formationen. Zwischen den kaputten Mauern sang der Wind zweistimmig, dreistimmig. So genau hörte ich das nicht, ich war nie sehr musikalisch gewesen. Die Mauerreste waren mit Pilzen und Flechten bewachsen. Der *tramonte* hatte die Steine geschliffen. Er war der stärkste der Winde, die hier herrschten, er besiegte alles. Verlässlich hat er über die Jahre alles abgetragen in Schwebeteilchen. Die Reste einer alten Eichentür lagen herum, das alte Holz angefressen. Hier musste es vor langer Zeit Termiten gegeben haben. Jetzt lebte hier nichts mehr, alles war erstarrt, wie hingestreut, in Jahrhunderten nicht verändert. Wir kletterten zwischen den eingestürzten Mauern herum und entdeckten unter einem Raum, der als Refektorium gedient haben mochte, ein uraltes Gewölbe. Der Abstieg in das Gewölbe war abenteuerlich, nicht ungefährlich und genau nach Christinas Geschmack. Vielleicht würde man ja noch ein menschliches Skelett finden, vergessen in den unterirdischen Räumen des Klosters. Mich bedrängten diese Bilder. Ich sah unseren Einstieg von unten nur noch als totes, schwarzes Loch mit einem leichten Leuchten des in der Abenddämmerung noch etwas hellen Himmels. Dass diese Mauern noch hielten! Oder hielten sie nicht mehr? Würde die Erosion durch den Wind sie gerade jetzt, in diesem Moment einstürzen lassen? Schon sah ich mich in diesem Wind, der Steinformationen schafft, sah mich am Rande der Welt, wo sein Wirken erst begann. Ich hörte ihn in einem Dreiklang, einer Dissonanz, der die Auflösung im Schlussakkord nicht fand. Das waren die Mauern meiner

Herkunft, meiner Familie, die hier zerbröckelt herumlagen. Ich riss mich zusammen. Kehrte in die Wirklichkeit zurück, zurück zu den alten Klostermauern. Ich war zwar kein Geologe, wusste aber, diese Mauern würden noch ein weiteres Jahrhundert überstehen, bevor sie ganz zu Staub zerfielen.

Ich trieb Christina zur Eile an, bevor ich noch begann zu glauben, was ich dachte, bevor es allmählich wahr werden konnte.

Als wir Canavaccio erreichten, wechselte meine Stimmung wieder. Ich konnte diesen Stimmungsschwankungen nicht entkommen, seit ich zurück in Italien war. Jede Leichtigkeit war dahin. Die Schönheiten Gubbios oder die Hilfsbereitschaft der Menschen auf dem Markt in Cagli ließen die Welt zu einfach aussehen. Das Bild in meinem Kopf war finsterer. Doch ich hatte ja mein NON MI IMPORTA NIENTE. Für Francesco und Luciano de Carlo musste es auch so etwas wie ein NON MI IMPORTA NIENTE gegeben haben. Auch sie hatten ihr Geheimnis für sich behalten.

Doch sie waren vorbei, die Krisenzeiten meiner Kindheit. Alles war eingerichtet, das Bild veraltet, die Frist zur Bewährung lange abgelaufen.

Auch Christina hing ihren Gedanken nach. Es war still im Auto. Nur das Brummen des Motors und die Unebenheiten der Straße waren zu hören, wenn das Auto über eines der vielen Schlaglöcher fuhr. Christina starrte aus dem Fenster auf die im Dunkeln liegende Landschaft. Hin und wieder sah sie mich von der Seite an. Obwohl ich es in dem nur vom Armaturenbrett erleuchteten Inneren des Autos nicht erkennen konnte, wusste ich, dass es ein trauriger - oder besser - bedauernder Blick war, so als hätte sie mit einem Streichen über meine Stirn all diese bösen Gedanken und Erinnerungen gern weggefegt.

Unvermittelt sagte sie: „Wie dem auch sei - wir müssen mit den Folgen deiner Rückkehr umgehen. Es ist nicht angenehm, das wissen wir. Wirst du Francesco und Luciano zur Rede stellen? Die Stimmung in deinem Elternhaus ist auch nicht gerade erquicklich. Vielleicht sollten wir uns ein Hotelzimmer in Urbino nehmen. Was meinst du?"

Eigentlich meinte ich nichts. Doch musste mir dazu was einfallen. Ich musste mich wieder in die Bahn des täglichen Lebens schieben, auch wenn ich mich entgleist fühlte, als würde ich neben mir hergleiten. Es musste mir gelingen, mich wieder in meine Gleise zu schieben.

„Jetzt aufgeben? Noch nicht – nein – aber bald. Noch habe ich etwas zu erledigen in meinem Elternhaus, will den Ballast abwerfen. Ja, ich weiß es, ich muss es zu Ende bringen, auch wenn es mit mir bergab geht." Hatte nicht Giuliana vor ein paar Tagen etwas Ähnliches gesagt?

„Nicht ablenken, Valerio! Kein Pathos, bitte! Warum sollte es mit dir bergab gehen? Du wirst deine Herkunft klären und froh sein zu wissen, wer du wirklich bist. Wem gelingt es schon, ohne Gemütstrübung immer glücklich zu sein? Lebenskrisen sind naturgegeben."

Der seelische Ausbruch machte mich verlegen. Bei anderen konnte ich gut damit umgehen. In der Klinik hatte ich genug Gelegenheit gehabt, es zu lernen. Aber nicht bei mir selbst, wenn die Kontrolle aussetzte. Anderen konnte ich helfen, wenn ich nicht selbst der Urheber dieser Notlage war. Es war demütigend. Ich musste Gelassenheit finden.

„Du hast ja Recht, Selbstmitleid hilft hier gar nicht – aber die Flucht in ein Hotelzimmer auch nicht."

„Was schlägst du vor?"

„Wir könnten morgen erst einmal Urbino besichtigen. Die Stadt und der Palazzo werden dir gefallen. Am Nachmittag werde ich dann vielleicht mutig genug sein. Ich werde Francesco zur Rede stellen, kurz und unmissverständlich. Kein Wort zu viel. Fertig! "

„Du solltest das Gespräch ohne mich führen. Ich könnte später dazu kommen, wenn ihr euch ausgesprochen habt."

Warum sollen wir Rücksicht nehmen, dachte ich. Die maßlose Selbstherrlichkeit der Brüder de Carlo machte mich wütend. Soll Francesco doch der Schlag treffen und aus seinem selbstgerechten Himmel holen. Das hätte dann auch wieder etwas Tröstliches oder zumindest etwas Versöhnliches: der *cimitero,* der Friedhof, liegt schön, mit Blick auf Urbino. Ein böser Gedanke... Nein, nicht Francesco, dem alles zu groß geworden zu sein schien, seine Kleider, seine Räume! Und die Frustration über meine Rachegedanken wäre ein weiterer geistiger Schritt auf sein Grab zu.

„So werden wir es machen", sagte ich. „Dein Vorschlag ist gut. Du schaust dir den Palazzo erst einmal alleine an, setzt dich dann in eine Bar, und ich hole dich später ab."

Es war spät geworden, ich war müde und wollte nicht mehr reden.

Kapitel 19

Im Haus waren alle in der Küche versammelt. Mit einem Schlag war ich wieder munter. Stumm saßen meine Eltern und Brüder am Tisch. Die düstere Stimmung hing schwer in der Luft. Mutter sah mich flehend an. Sie griff nach Christinas Hand. Christina wusste nicht, wie sie sich verhalten sollte - die Situation war ihr peinlich.

Ich ging an ihnen vorbei, drehte mich vor der Treppe noch einmal um. „Die Leute sollen wissen, was hier geschehen ist. Sie werden es wissen... Eines Tages werden die Menschen hier die Wahrheit kennen, und niemand wird sie mehr leugnen können. Ich werde diesem schrecklichen Albtraum ein für alle Mal ein Ende setzen", stieß ich hervor und lief die Treppe hinauf.

Ich legte mich, angezogen wie ich war, aufs Bett und merkte, wie Mattigkeit über mich kam. Wir hatten viel erlebt an diesem Tag. Jetzt flossen meine Gedanken leichter und schwereloser, hierhin, dorthin, zu Christina... Ich wälzte mich zur Seite betrachtete das Bild „Jesus und seine Jünger" über dem Bett. Unwillkürlich kamen auch die Bilder von glücklichen Tagen meiner Kindheit. Das Weihnachtsfest, der Fisch am Heiligen Abend. Bei einigen der reichen Bauern aus Canavaccio gab es Fettaal, das Symbol der Schlange, von der die Menschheit durch Christus erlöst wurde. Die Mutter bereitete zusätzlich zum Festmahl „*lo zampone*" zu, mit Schweinefleisch gefüllte Schweinsfüße mit Linsen serviert. Linsen bedeuten im Volksmund Geld und Wohlstand. Doch auch bei uns war das eigentliche Symbol der Weihnacht der *panettone*. Im Mittelalter verteilte der Hausherr als gutes Omen Scheiben von einem großen Brotlaib, daraus hat sich der Brauch des Weihnachtskuchens entwickelt.

Ein stilles, andächtiges Weihnachtsfest, wie in Deutschland, ist in Italien unmöglich. Bei uns war es immer ein lautes Familienfest ohne jede Sentimentalität gewesen. Die versammelte Familie aus Tanten, Onkeln, Cousinen und Cousins spielten *Tombola,* das einzige nationale Gesellschaftsspiel, an dem sich alle begeistert und lautstark beteiligten. Geschenke gab es nicht. Das gegenseitige Schenken ist eine Sitte, die im Laufe der letzten Jahrzehnte aus dem Ausland nach Italien importiert wurde.

Und dann die Jahreswechsel – auch dies gute Erinnerungen. Die üblichen Begrüßungsformeln wie *buongiorno, buonasera,* oder *ciao* verwandelten sich in *auguri, auguri* - viel Glück.

Meist verlief der Tag auch harmonisch. Mutter deckte die Neujahrstafel ausnahmsweise mit einem roten Tischtuch. Das Rot sollte Freude bringen. Auch durften die Kornähren nicht fehlen. Sie bedeuteten ebenso wie Reis: Überfluss – Überfluss, der niemals vorhanden war. Wie Weihnachten gab es wieder Linsen und um Mitternacht den traditionellen *panettone* aus Hefeteig und Rosinen, den ich, wie die meisten Ausländer, inzwischen fad und ohne Geschmack fand. Trauben wurden auf den Tisch gebracht. Sie sollten Gesundheit für das ganze Jahr bringen. Vater und die Brüder hatten, wie gewöhnlich, dem Wein im

Laufe des Abends schon gut zugesprochen, sangen und scherzten mit glasigen Augen.

In den meisten Familien im Dorf gehörte zu den weissagenden Riten am Neujahrstag der Brauch, kurz nach Mitternacht das Fenster zur Straße hin zu öffnen. Sah man zuerst ein Kind oder einen jungen Mann, so bedeutete das Glück. Ein buckliger Mann hätte sogar die Steigerung des Glücks bedeutet. Sah man aber als ersten Menschen eine Frau im neuen Jahr, so bedeutete das nichts Gutes. In der italienischen Macho-Welt typisch – Männer, noch dazu bucklige, brachten Glück und Frauen Unglück. Doch wie hätte man in meinem Elternhaus aus dem Fenster schauen können und überhaupt einen vorübergehenden Menschen erblicken können, einsam wie das Haus an den Berg geschmiegt lag?

Aberglaube... Den gab es überall. In Italien ist im Gegensatz zu Deutschland die Zahl 13 eine Glückszahl, denn 12 Apostel *und* Jesus saßen beim Abendmahl. Als Kind hatte ich Onkel Giancarlo einmal danach gefragt. Ich konnte nicht verstehen, warum die 13 die Glückszahl sein sollte, denn Jesus wurde doch von einem seiner 12 Jünger verraten. Doch Don Giancarlo hatte immer die passende Antwort. Er sah das so: Dadurch, dass Jesus verraten und gekreuzigt worden war, wurde doch die gesamte Menschheit gerettet. Oder etwa nicht? Seiner Logik musste sich jeder anschließen, ob er wollte oder nicht. Und es gab auch eine Unglückszahl, nämlich die 17. Vor ihr haben sich schon die alten Römer gefürchtet. Das Anagramm der römischen Zahl XVII ergibt VIXI, das heißt – ich habe gelebt -, was bedeutet - ich lebe nicht mehr -. Das ist doch Grund genug, sich davor zu fürchten.

Und dann der 6. Januar, der Dreikönigstag (Epiphanias). Dieser Tag war für uns Kinder immer der Höhepunkt des Jahres. Da kam die *Befana*, deren Name von Epiphanias abgeleitet ist. Die Legende sagt, dass die alte, hässliche, doch gütige Hexe auf einem Besen reitend durch die Luft fliegt und die Kinder beschenkt. Wir Kinder hängten unsere Strümpfe am Vorabend in den großen rußigen Kamin im Wohnzimmer und dann galt es auszuhalten, zu warten. Am Morgen fanden wir darin ein paar Leckereien, die die Mutter für diesen Tag gebacken hatte. Die *Befana* hat die Strümpfe auch in unserer chaotischen Familie immer gefunden und gefüllt. Tief in die Kissen gedrückt, lächelte ich bei dem Gedanken, wie aufgeregt wir uns immer auf die Strümpfe gestürzt hatten.

Ich horchte ins Treppenhaus. Christina ließ sich Zeit.

Sie kam erst nach einer Stunde - hatte Erbarmen mit meiner Mutter und Ernesto gehabt.

Am nächsten Morgen, wir waren sehr früh aufgestanden, erwarteten uns meine Mutter und Ernesto in der Küche. Es versprach wieder ein sonniger, warmer Tag zu werden. Meine Brüder hatten schon im Dunkeln ihre Arbeit auf den Feldern begonnen. Der Boden wurde morgens sehr früh oder am späten Nachmittag bis in die Dunkelheit hinein bearbeitet. Wenn die Sonne im Zenit stand, versammelten sich die Bauern zum *pranzo* um den Küchentisch. Erst bei angenehmeren Temperaturen am Nachmittag wurde die Arbeit fortgesetzt. Wir würden meinen Brüdern zumindest an diesem Morgen nicht begegnen. Meiner Mutter und Ernesto konnte ich nicht aus dem Weg gehen, sie nicht verschwinden lassen. Verdrängen klappte nicht. Diesem Gespräch musste ich mich jetzt stellen. Außerdem war ich es, der die Wahrheit wollte. Ich war es, der Klarheit wollte. Eine Gefahr lag jedoch auf der Hand. Man konnte alles analysieren, das ganz Große und das ganz Kleine, das Schöne und das Hässliche, das Wertvolle und das Nutzlose. Sehr weit gehen konnte man bei einer solchen Analyse. Wenn ich versuchte, bis ins Kleinste die Gründe und früheren Handlungen meiner Familie oder meines leiblichen Vaters herauszufinden, was würde übrig bleiben? Ich könnte die widerwärtigsten, unappetitlichsten Dinge herausfinden – mehr als ich schon wusste, eine Wolke von Unheil, die jedes Echo zurückjagt oder unterdrückt. Aber schlimmer konnte es doch nicht werden. Was war das plötzlich, dass ich zauderte, der Drang – hier bleibe ich nicht? Unerträglich der Gedanke, was sie mir auf meine Fragen antworten würden. Sollte ich die Fragen, die ich auf der Zunge hatte, wieder herunterschlucken? Beiläufig sollte ich sie stellen. Doch für jede Beiläufigkeit war es längst zu spät.

Eine Anwandlung, die mich überkam – aber sie ging vorbei. Ich durfte nicht feige sein.

Das Deckenlicht brannte. Ein Blick hinaus: es dämmerte und es war klar genug zum Abtasten der Umrisse der Hügel und Bäume. Bleich saßen meine Mutter und Ernesto da.

„Ich werde nach draußen gehen", sagte Christina. Ein kleiner Morgenspaziergang wird mir jetzt gut tun."

223

Sie zog sich ihre Jacke über und verließ die Küche.

Ernesto kam mir zuvor: „Tut uns leid, Valerio, dass wir es dir nie gesagt haben."

Ich unterbrach ihn: „Vielleicht habe ich es immer geahnt und war nur zu feige zu fragen. Ich habe ja auch nie die Frage gewagt, warum ihr das widerwärtige Tun meiner Brüder geduldet habt."

Ernesto mied meinen Blick.

Ich wurde laut. „Ihr habt doch keine Vorstellung davon, wie sie waren - die schrecklichen Abende. Abende der Angst und des Terrors. Die Angst lag in der Luft, drückte jedes Mal heftiger. Nichts habt ihr getan, nichts." Meine Faust landete auf dem Tisch.

„Ihr habt euch damit abgefunden, habt eure Tochter dem Schrecken überlassen, habt zugelassen, dass sie missbraucht wurde. Ihr Leben ist zerstört. Tut jetzt bloß nicht so scheinheilig!"

Die Eltern schwiegen. Ich setzte mich ihnen gegenüber an den Tisch, starrte sie an und versuchte, mich zu beruhigen. Es gelang mir nicht.

„Du hast herausgefunden, wer dein Vater ist, Valerio", lenkte Ernesto plötzlich ab. Er klang ruhig, fast gütig. Verlegen schaute er auf seine Hände, sah mich immer noch nicht an. „Du willst nichts mehr vertuschen. Eigentlich hilfst du damit auch uns. Wir müssen in unserer Vergangenheit aufräumen, was immer die Folge sein wird."

Ich ging nicht darauf ein, musste meine Wut endlich in Worte fassen.

„Habt ihr überhaupt mitbekommen, in welcher Verfassung Giuliana war? Sie trank, konnte nicht mehr schlafen, manchmal schrie sie mich an, wollte, dass ich ihr helfe. Sie trank, trank, trank. Sie tat nichts mehr außer trinken. Und ihr wollt nichts bemerkt haben? Und interessiert es euch überhaupt, wie es ihr heute geht?"

Meine Mutter starrte ins Leere. Ernesto sah mich an und schüttelte immer wieder den Kopf.

Ich konnte nicht aufhören. So schnell würde ich sie nicht davonkommen lassen. Auf einmal kam ich mir wie ein Riese neben ihnen vor. Die Schultern meiner Mutter waren eingefallen und ihr Gesicht war fahl. Die Falten um den Mund tief und bedrückend. Trotz allem wirkte sie nicht alt. Sie wirkte wie jemand, der der Zeit auf merkwürdige Weise trotzte. Und Ernesto mit seinem von Sonne und Wind zerfurchten Gesicht, schien unter meinen Worten zu schrumpfen, fühlte sich sichtlich überfordert. Er suchte in meinen Augen nach einem Anhaltspunkt, nach einem Strohhalm der Vergebung.

Ich sah ihn an und hatte das Gefühl, wir hätten gerade die Rollen getauscht. Ich der Vater und er das Kind. Dennoch konnte ich nicht aufhören.

„Als ich dann in Hamburg war, habe ich auch eine Zeitlang getrunken, weil ich einfach gegangen war, ohne Giuliana. Ich hätte sie hier herausholen können – später. Es ist auch meine Schuld, ich weiß."

Jetzt fuhr meine Mutter auf: „*Madonna,* diese Selbstbefleckung. Mir reicht's! Giuliana ist verheiratet – es ist vorbei. Wozu jetzt wieder alles aufrühren? Ich habe sie immer anders behandelt als die Jungen. Ich dachte, ich müsste mich aufreiben für sie als Wiedergutmachung. Und du? Du weißt doch nun, dass Luciano de Carlo dein Vater ist. Was willst du denn noch mehr? Gib endlich Ruhe."

Mir kamen die Tränen. Diese Beherrschung, diese klirrende Kälte. War das Naivität? Nein, nein, nein! Das war Starrsinn.

Jetzt weinte auch sie. Sie wischte sich mit dem Ärmel über die Augen. „Alles, was ich unterdrücken wollte, kam immer wieder hoch. Alle und alles zerrte an mir. Wie oft habe ich mich in Gedanken in Furlo vom Felsen gestürzt – hundert Mal, tausend Mal. Ich weiß es nicht mehr. Aber der Mut hat mir gefehlt. "

„Also, was ich sagen wollte, es ist schlimm für dich, Valerio", unterbrach sie Ernesto und griff über den Tisch nach ihrer Hand. Dann stand er auf, ging zur Spüle und ließ etwas Leitungswasser in ein Glas laufen und reichte es ihr.

„Ja, es stimmt, wir haben dich belogen. Und wegen Giuliana – wie oft wollte ich Giuseppe und Alberto aus dem Haus jagen. Habe es nie getan. Es ist unverzeihlich, aber..." Er hielt inne und senkte den Blick. „Mir war klar, wenn ich gehandelt hätte, wäre die Familie zerstört worden."

„Ja? Und weiter? Ich sage euch, es wäre vermessen hier zu vergeben", fuhr ich dazwischen.

„... aber wir haben uns gedacht, dass es schlimmer wäre, Giuliana aus der Familie zu geben. Und hätten wir unsere eigenen Söhne anklagen können? Es hätte sich herumgesprochen. Giulianas Zukunft wäre erledigt gewesen – *e buona notte*. Man geht nicht öffentlich mit so etwas um."

„Wie rücksichtsvoll. Das hast du schön gesagt. Ich kotze gleich vor Rührung."

„Lass diesen Ton. Ich meine es ernst."

Er nahm meiner Mutter das leere Glas ab, stützte seine Hände auf den Tisch und beugte sich zu mir herüber.

„Weißt du denn, was es bedeutet, unter einem Dach zu leben mit Söhnen, für die du nur Verachtung empfinden kannst? Und einem Jungen, von dem ich wusste, dass er nicht mein Sohn ist. In dir wollte ich immer den Sohn sehen. Ich wollte keinen Streit. Ich wollte das Bild unserer Familie aufrechterhalten."

„Furchtbar", sagte ich. „Muss furchtbar gewesen sein. Nur blöd, dass ich dir nicht dankbar sein kann."

„Du bleibst also bei dem Ton", klagte er.

Alles wäre besser gewesen als dieses beleidigte Selbstmitleid. Ich spürte den Hass in mir, und Ernesto redete und redete.

„Du tanzt hier an und willst, dass wir uns nach dir richten. Du magst in Deutschland wer sein, hier hast du den gleichen Stand wie alle anderen auch."

Plötzlich explodierte ich in lautem Gelächter. Ich lachte und lachte, wobei ich selbst nicht wusste, ob dieses Lachen aus Ausweglosigkeit oder Selbstschutz entstand.

„Ach, ihr könnt mich mal...!"

„Ich bin zwar nicht dein Vater, habe dich aber immer geliebt wie einen Sohn."

„Ja, wie rührend", sagte ich. „Du bist nicht mein Vater. Genau der passende Moment, dich daran zu erinnern. Ich hoffe, dass es euch genau so schlecht gegangen ist wie mir und Giuliana. Aber ihr habt mir mit dem Gespräch hier einen Gefallen getan, ich werde mich von dieser Seuche befreien."

Ernesto schüttelte verständnislos den Kopf, als wolle er sich selbst aufwecken. „Das ist nun wirklich die Höhe. Du machst es dir leicht."

Ich lachte höhnisch.

„Ja?", fragte ich. „Ich mache es mir leicht? Und ihr? Vielleicht hattet ihr sogar euer Vergnügen daran euch vorzustellen, was die beiden mit Giuliana trieben."

„Oh", sagte Ernesto und erbleichte. Er erhob sich und ging schwerfällig um den Tisch herum. „Was hast du gerade gesagt?", fragte er ruhig mit wachsamen Augen im fahlen Gesicht. „Auf diese zynische Weise...", begann er wieder, aber ich unterbrach ihn.

„Tja, ich bezweifle, ob ich das alles so genau wissen will. Bisher wollte ich die Wahrheit kennen. Wie sehr ich das wollte. Aber jedes Mal, wenn ich glaubte, sie erkannt zu haben, stellte sie sich als Lüge heraus. Und jetzt ist diese feige, verlogene Familie für mich gestorben. Wir gehen - und zwar sofort. Ich gehe nach oben und packe. In einer halben Stunde sind wir weg."

Niemals hatte ich diesen Ton haben wollen, diese Verachtung in der Stimme, die eigentlich nur ein Eingeständnis meiner eigenen Ohnmacht war. Ich schämte mich für den Verlust meiner Kontrolle, für die Bezichtigungen, die ohnehin nichts mehr ändern konnten.

Ich sah den Aschenbecher, hob ihn auf und knallte ihn auf den Tisch.

Ernestos Atem rasselte. Wütend holte er aus und schlug mir ins Gesicht. „Reiß dich zusammen."

Empört sprang ich auf. „Was fällt dir ein! Gerade du bist nicht in der Situation, mich zu schlagen oder mir zu sagen, was ich tun oder lassen soll", schrie ich und knallte die Küchentür hinter mir zu.

„Wenn du wüsstest...", rief er mir hinterher. Seine letzten Worte hörte ich nicht mehr.

Vielleicht hätte sich für den Bruchteil einer Sekunde die Möglichkeit geboten, sich wenigstens mit Ernesto auszusprechen, die Schultern meines Nicht-Vaters zu umschließen und ihm dafür zu danken, dass er mir im Gegensatz zu meinem leiblichen Vater eine Identität gegeben hatte. Dass ich ihm trotz allem dankbar war, dass er mich als Sohn anerkannt hatte. Trotz allem, wovor er Giuliana und mich nicht hatte schützen können, trotz allem, was er mir vorenthalten hatte. Aber dieser Moment verstrich ungenutzt.

Jetzt war es endgültig vorbei, und ... es fühlte sich gut an, es fühlte sich befreiend an. Keine Hoffnung mehr auf Versöhnung. Keine Erwartungen mehr. Keine Illusion einer Rettung – Halleluja. Nur noch unser Gepäck und dann raus! Ich verließ das Haus, ohne Ernesto und meine Mutter noch einmal anzusehen.

Christina verabschiedete sich von beiden, bevor sie ihre Reisetasche im Auto verstaute.

Ich wartete draußen in der kühlen, feuchten Morgenluft, die angenehm in meine Lungen drang. Es gab nichts, was noch verband, es gab nichts, was stärker war als der Nachhall, es gab nichts, das nicht wie Sand durch die

Finger rann. Ich stand vor meinem Elternhaus und sah auf den Morgen, der über dem Land angebrochen war. Er war schön, schmerzhaft schön. Aber es gab niemand, der sich an dieser Schönheit berauschen konnte. Zu viel war geschehen. Es blieb die Unfähigkeit, sich mit diesem Anblick zu vereinen.

Christinas Stimme holte mich zurück.

„Es tut mir leid. Ich wünschte, der Besuch wäre nicht so aus dem Ruder gelaufen."

„Ach, mir geht es glänzend", sagte ich und schaute sie nicht an. „Ich muss sehen, dass ich hier schleunigst weg komme. Ich hätte mich diesem Wiedersehen von Anfang an nicht aussetzen dürfen."

Getrennt, jeder in seinem Auto, fuhren wir in Richtung Urbino.

Der Tacho zeigte 60 Stundenkilometer – auf der Schotterstraße, auf der ich normalerweise nur 30 fuhr. Unter den Rädern spritzte der Kies zur Seite weg. Der Wagen schleuderte in den Kurven. Bis zu dem kleinen Wäldchen mit Nussbäumen hielt ich das Tempo. Christina in ihrem Cinquecento war im Rückspiegel nicht mehr zu sehen. Hinter mir wirbelte der Staub in dicken Wolken auf. Ich nahm den Fuß vom Gas. Rechts begrenzten Weinstöcke die *strada bianca*. An den Weinreben hatten sich schon winzige Trauben gebildet. Links das Wäldchen aus Walnussbäumen, noch zu jung, um Früchte zu tragen. Ich nahm alles nur aus den Augenwinkeln wahr, mit dem Gedanken im schmerzenden Kopf: Hier fährst du zum letzten Mal entlang. Das wirst du nie wieder sehen. So viele Jahre war ich weg gewesen. So viel war in der

Zwischenzeit geschehen. So viele Worte, Erinnerungen, so viele Enttäuschungen. Jahre trennten mich von dem Jungen, der ich damals war. Ich schaute nicht mehr nach rechts und links, spürte die Enge in der Brust. Ich fuhr einfach weiter auf dem bekannten Weg. Die Gedanken vermischten sich und ergaben ein vielfarbiges Mosaik in meinem Kopf. Ich dachte wieder an Giuliana. Ihre Augen. Glasige Augen. Augen, die früher mit dem Tod geflirtet hatten. Ob sie es heute noch taten, wusste ich nicht. Ja, aber genau das war es doch bei unserem letzten Treffen: die Art, wie sie vor sich hingestarrt hatte, diese geistige Abwesenheit. Sie hat die Brüder nie überwunden.

Als ich durch Canavaccio fuhr, wurde mir klar, dass ich nicht so einfach verschwinden konnte. Giuliana zumindest war ich noch etwas schuldig. Mein NON MI IMPORTA NIENTE funktionierte nicht mehr.

Kapitel 20

Am Rande der Altstadt von Urbino lag der Albergo *La Bella Rosa*. Auf den ersten Blick machte er nicht den besten Eindruck. Wir standen in der Lobby, ich mit zittrigen Händen und zusammengepressten Lippen, Christina - die Ruhe selbst. Sie erledigte die Formalitäten, während ich mich unruhig umsah. Der Empfangsraum war groß, hell und blau von Zigarettenrauch. Auf dem Tresen stand ein Aschenbecher voller Kippen. Dahinter hingen in einem Bord an der Wand die Zimmerschlüssel. Der braunhaarige, schlanke, etwa 50-jährige Wirt hinter dem Tresen sah verbissen aus, blass mit eingefallenem Gesicht und einem Glasauge. Das andere Auge wirkte zornig. Er rauchte ununterbrochen. Seine Finger waren gelb vom Nikotin. Ab und zu beugte er sich über den Tresen, klopfte die Asche von seiner Zigarette, um sich dann sofort wieder lässig mit übereinandergeschlagenen Beinen auf seinem Stuhl zurückzulehnen. An die Wand gelehnt stand in einer Ecke hinter dem Tresen eine Gitarre. Ein musizierender, einäugiger, kettenrauchender Wirt. Er bemerkte meinen Blick und zum ersten Mal schlich sich halb mürrisch, halb freundlich ein Lächeln auf sein Gesicht. Er deutete auf die Gitarre.

„Mein Hobby", sagte er. „Wenn ihr wollt... Hier wird jeden Abend Musik gemacht. Würde mich freuen, wenn ihr dabei seid. Ich heiße übrigens Tino. Bei Tino seid ihr immer willkommen."

Aus einem Nebenzimmer kam eine junge blonde Frau, höchstens 25 Jahre alt. Sie setzte sich ungeniert auf den Schoß des Wirts und überhäufte ihn mit Küssen. Augenblicklich verwandelte sich das mürrische Gesicht Tinos. Er sah glücklich aus.

Als ihn die blonde Frau frei gab, sagte er: „Das ist meine kleine Küchenhilfe Natalia aus Russland. Bei Fragen könnt ihr euch auch an sie wenden."

In der Tür, aus der die russische Küchenhilfe gekommen war, lehnte jetzt eine ältere, ungepflegt aussehende Frau. Tino deutete mit dem Kopf in ihre Richtung.

„Und das ist Elena, meine Frau. Sie kann euch auch weiterhelfen, wenn ihr über die Sehenswürdigkeiten Urbinos mehr wissen wollt. Sie ist nämlich hier geboren, während es mich aus Rom hierher verschlagen hat." Sein abfälliger Gesichtsausdruck sprach Bände.

„Mich interessiert dieser ganze Kulturquatsch hier nicht sonderlich. Ich habe meine Musik."

Ich empfand beim Anblick der beiden Frauen, die ganz offen ihre Beziehung zu diesem Tino auslebten, eine merkwürdige Mischung aus Abscheu und Bewunderung. Auch solch ein Lebenskonzept schien zu funktionieren – wie, das vermochte ich mir nicht vorzustellen.

Rasch sagte ich: „Nicht nötig. Ich stamme auch hier aus der Gegend. Will meiner Frau die Stadt zeigen. Kenne mich bestens aus."

Er nickte, gab uns unseren Zimmerschlüssel und wünschte uns einen schönen Tag.

Auf dem Zimmer ließ sich Christina aufs Bett fallen und blies die Backen auf.

„Du meine Güte, so etwas habe ich noch nicht erlebt. Vor den Augen seiner Frau lässt der sich von der Russin abknutschen. Scheint ja ein schönes Hotel zu sein. Sachen gibt's!"

„*Bella Italia* – nichts ist unmöglich!"

Ich stellte unser Gepäck ab und setzte mich in den Sessel am Fenster. Das Hotel war mir egal. Wenigstens der Blick war schön. Wir schauten von unserem Zimmer auf die Türme des Palazzos.

Meine Laune besserte sich nicht. Unter anderen Umständen hätten wir bei Francesco übernachtet. Aber die enge Bindung zwischen Francesco und mir, die für mich Leben bedeutet hatte, schien auseinanderzufallen. Es waren diese Tage, in denen ich vieles begriff. Ich würde nie ein erfülltes Leben führen können, wenn ich nicht versuchte, in meiner Vergangenheit aufzuräumen, zur Wahrheit vorzudringen und dann zu entscheiden, wie ich damit umgehen konnte, wollte und sollte.

Christina beschloss, auf Entdeckungstour zu gehen und den Palazzo zu besuchen, während ich mich für das Gespräch mit Francesco wappnete. Ein Stück des Weges gingen wir gemeinsam. Urbino hat einen besonderen Himmel. Dies teilt sich jedem mit, der den Berg zur Mitte der Altstadt hinaufsteigt. Dieser Himmel, diese Atmosphäre - die Seele des Ortes. Christina spürte sofort den besonderen Charakter der Stadt. Ich habe in meinem ganzen Leben noch keine Frau getroffen, die so begeisterungsfähig war. Sie konnte staunen wie ein Kind und vor Freude und Begeisterung in die Hände klatschen.

Heute aber konnte ihr Enthusiasmus meine Stimmung nicht heben. In Gedanken war ich schon bei Francesco und den Wahrheiten, denen wir beide uns stellen mussten.

Ich schritt über die gepflasterten Straßen, sah nicht nach rechts, nicht nach links. Ich spürte eine Enge in der Brust, mied die Blicke der Menschen, die mir begegneten.

Der alte Sanchioni öffnete, als ich den Türklopfer bediente. *„Ciao*, Valerio, wir haben erst morgen mit dir gerechnet. „Wo ist deine Frau?", fragte er, trat einen Schritt aus der Tür und schaute sich suchend um. Mit einem Kopfschütteln bat er mich herein.

„Buongiorno, Signor Sanchioni. Es hat sich anders ergeben. Ich muss mit Signor de Carlo reden. Christina wird am Nachmittag nachkommen. Sie besichtigt gerade den Palazzo."

„Ho capito. Avanti, avanti, Valerio, der Dottore sitzt in der Bibliothek und liest."

Francesco legte das Buch beiseite, erhob sich aus seinem Sessel und kam mir mit ausgebreiteten Armen entgegen. Es fiel mir schwer, ihn mit der gewohnten Innigkeit zu begrüßen.

„Was ist los, Valerio, du siehst ernst und verärgert aus? Wo hast du deine Frau gelassen?"

„Setz dich bitte wieder, *zio* Francesco. Ich muss mit dir reden. Christina wird später nachkommen."

Ich war bedrückt, eher wütend, hoffte aber, möglichst beherrscht zu wirken. Francesco entging mein Zustand jedoch nicht.

„Valerio, ich verstehe nicht, was los ist", murmelte er, auch wenn er vermutlich längst begriffen hatte, dass das Kartenhaus von der Lüge meiner Abstammung zum Einsturz gekommen war.

Ich zögerte, wusste nicht, wie ich beginnen sollte. Ich hätte mir brennend gewünscht, nicht so zornig und enttäuscht vor ihm zu stehen. Ich musste es hinnehmen, dass Dinge oder gute Gefühle, und auch Menschen, die wir lieben, wieder verloren gehen; ja, schon dabei waren, verloren zu gehen. Ich musste mir eingestehen, entsetzt, entwurzelt und verletzt, dass mein Weg zurück in die Stadt meiner Kindheit sich als noch schmerzvoller herausstellte, als ich es befürchtet hatte. Aber so war es nun einmal.

Mühsam beherrscht, mit leiser Stimme sagte ich: „Ihr habt mich angelogen, du und dein Bruder. Ihr seid... meine Familie..."

Ich konnte keinen vernünftigen Satz zustande bringen. Doch merkwürdigerweise legte sich meine Erregung langsam. Etwas an Francescos Körperhaltung, seinem Gesichtsausdruck gab mir die Sprache zurück. Meine ganze Verbitterung drängte sich in meine Worte.

„Ach, ihr seid auch nicht besser als meine Familie. Meine Schwester Giuliana hat mich aufgeklärt. Ihr seid Lügner und Heuchler, genau wie die, bei denen ich aufgewachsen bin."

Plötzlich konnte ich mich nicht mehr beherrschen. Ich ließ mich in den zweiten Sessel fallen und legte die Hände vor mein Gesicht. Ich schluchzte. Francesco saß mir erstarrt gegenüber.

In diesem Augenblick trat eine junge Frau ein. Sie blieb erschrocken stehen, als sie die Szene erfasste. Ich wischte mir über die Augen und schaute auf. Francesco wedelte mit der Hand, wollte sie aus dem Zimmer schicken.

Ich schüttelte den Kopf. „Lass nur Francesco, ist schon gut." Das vertraute *zio* kam mir nicht über die Lippen. Ich konnte ihn einfach nicht Onkel nennen, obwohl ich nun wusste, dass er genau das war – mein Onkel.

Durch meinen Tränenschleier sah ich die junge Frau an.

Francesco sagte: „Das ist Sabrina, Donatellas Enkeltochter." Seine Stimme klang müde. Er machte ihr ein Zeichen näherzutreten.

Ich erinnerte mich an Sabrina. Als kleines Mädchen mit niedlichen braunen Löckchen war sie ihrer Großmutter ständig zwischen den Beinen herumgewuselt. Nun war sie eine erwachsene junge Frau. Ich lehnte mich zurück und trocknete mir mit dem Taschentuch die Augen. Während sie einen Teewagen vor sich herschob, konnte ich sie näher betrachten. Merkwürdig, trotz meiner Verwirrung nahm mein Kopf so banale Dinge wie ihre Kleidung wahr. Über ein blaues Leinenkleid hatte sie eine weiße Schürze gebunden. Ihre braungelockten Haare harmonierten mit ihrer leicht sonnengetönten Haut. Sie stellte den Teewagen neben dem Tisch ab und entschuldigte sich errötend mit einer kleinen Verbeugung bei Francesco. Sein unwilliger Gesichtsausdruck und meine Tränen hatten sie erschreckt.

Sie zögerte. „Die *nonna* hat mir aufgetragen, den Tee und *brioche* zu servieren."

„Ist vielleicht ganz gut so. Dann werden wir jetzt eben eine Tasse Tee trinken", sagte Francesco beruhigend, winkte Sabrina zu sich heran und tätschelte ihre Hand.

Sabrina schaute mich schüchtern an und nickte mir zu. Sie hantierte schweigend mit dem Teegeschirr und setzte die Tassen auf den niedrigen Tisch. Danach ein kurzer Blick in meine Richtung, bevor sie das Zimmer verließ. In der Luft blieb ein Geruch nach Seife und Frische zurück. Sogar der Tee schmeckte ein wenig danach, wie es mir schien.

Diese kleine Unterbrechung hatte mich etwas ruhiger werden lassen.

Ich nippte an meiner Tasse und sah Francesco an. Wie hatte ich früher diese gemütlichen gemeinsamen Stunden bei einer Tasse Tee geliebt. Jetzt herrschte ein Gefühl der Beklemmung. Francesco würde sich meinen Fragen stellen müssen. Aus seinem Gesicht war die Freude über das Wiedersehen gewichen, es wirkte eingefallen und grau.

Ich glaubte, inzwischen erwachsen genug zu sein, meinem Lehrer und Wohltäter nahe genug zu stehen, um mehr als das Offensichtliche von ihm zu erfahren. Ich glaubte, dies zu erwarten, sei nicht vermessen, nachdem Francesco alles über mein Leben, meine Ängste und meine Herkunft wusste – ausgenommen natürlich den Missbrauch Giulianas. Ich glaubte, ein Recht auf Gewissheit zu haben. Francesco hatte mich wie einen Sohn behandelt. Und sollten Söhne von ihren Vätern nicht Aufrichtigkeit erwarten können?

„Warum hast du mir nie die Wahrheit gesagt? Warum sollte ich nicht wissen, dass Luciano mein leiblicher Vater war? Du wusstest, dass es nicht richtig war, die Dinge in einem falschen Licht erscheinen zu lassen. Du hast mich glauben lassen, du seist nur mein Förderer und nicht mit mir verwandt. Warum?"

„Ich weiß, was du mir vorzuwerfen hast. Ich weiß, es war nicht recht zu schweigen. Ich weiß, ich weiß, ich weiß. All die Jahre habe ich gehofft, Luciano würde sich erklären. Er hat es nicht getan, und jetzt stehen wir vor einem Scherbenhaufen. Ohne seine Einwilligung konnte ich dir nicht die Wahrheit sagen. Mir blieb nur, dich zu behandeln wie meinen eigenen Sohn. Eine andere Wahl gab es für mich nicht."

Tränen liefen ihm aus seinen müden Augen über die Wangen. Er bot einen erbarmungswürdigen Anblick. Mein verehrter Förderer, der mir in meinen jugendlichen Jahren zum Vaterersatz geworden war, saß vor mir und weinte. Ich konnte es kaum ertragen.

Ich ließ ihm Zeit. Wir saßen uns minutenlang schweigend gegenüber.

„Hast du es von Anfang an gewusst, *zio* Francesco?", fragte ich irgendwann. „Als du dich im Krankenhaus um mich gekümmert hast...?"

Francesco zog ein sorgfältig gefaltetes und gebügeltes Stofftaschentuch aus der Tasche – eine Geste, die mir so vertraut war – und wischte sich die Tränen aus dem Gesicht. Er schüttelte heftig den Kopf.

„Damals ahnte ich noch nichts. Ich habe in dir den aufgeweckten, klugen Bauernjungen gesehen, der in seiner Familie gelitten hat und keine Chance gehabt hätte, seine Talente zu entwickeln. Den Bauernjungen wollte ich fördern. Nicht den Neffen, von dem ich noch gar nichts wusste."

Ich sah auf meine unruhigen Hände und schwieg. So gern hätte ich ihm geglaubt. Aber konnte ich das, nachdem er selbst dann noch geschwiegen hatte, als ich zum Studium nach Deutschland ging? War ihm die Wahrheit so wenig wert? War ich ihm so wenig wert, dass er sein Wissen bis heute für sich behalten hatte?

Francesco begann zu erzählen.

„Luciano war immer ein Meister im Verschweigen gewesen. Schon als Kind hatte er seine vielen kleinen Geheimnisse, die er mit niemandem in der Familie teilte. Aber er war der Jüngste von uns, mein kleiner Bruder. Wer sollte ihm böse sein?" Er schüttelte den Kopf und nippte an seinem Tee. „Alle im Haus ertrugen seine Streiche, seinen Ungehorsam. Unsere Haushälterin liebte ihn abgöttisch. Sie hatte keine eigenen Kinder. Stundenlang spielte sie mit ihm, ging auf alle seine Blödeleien ein. Luciano konnte sich bei ihr alles erlauben. Von ihr hörte er, wie hübsch und anders er war, wie klug, und wie wenig Sorgen er den Erwachsenen bereitete. Was natürlich nicht stimmte. Nicht unsere Mutter", sagte Francesco und wischte sich wieder über die Augen, „sondern unsere Haushälterin war diejenige, die ihm das Gefühl gab, etwas Besonderes zu sein. Sie gab ihm den Glauben, dass er im Leben alles schaffen könnte. Sie bevorzugte ihn, zeigte ihm deutlich, dass sie ihn für besser hielt als alle anderen Kinder. Denn mehr als alles andere wollte Luciano nicht so sein wie andere Kinder. Und am wenigsten wollte er so sein wie seine älteren Geschwister. Als er älter wurde, ging er uns mit seinem Drang, allen gefallen und alle belustigen zu wollen, zuweilen auf die Nerven. Aber er schaffte es jedes Mal, unseren Ärger zu besänftigen, indem er immer noch einen draufzusetzen wusste, bis wir uns gezwungen sahen zu lachen. Er bewegte sich damals an der Schnittstelle zwischen der objektiven Wissenschaft Giordano Brunos und Comics, und es war noch unklar, für welche Seite er sich entscheiden würde. Auch meine Eltern gingen dazu über, Luciano viel nachsichtiger zu behandeln als meine Schwester und mich."

Ich enthielt mich eines Kommentars und beobachtete Francescos zuckende Gesichtsmuskeln.

„Wie merkwürdig", sinnierte er „die Haushälterin bestimmte seine Entwicklung... Lange blieb Luciano der Liebling der Erwachsenen. Er klärte die Fronten - selbstverständlich zu seinen Gunsten, steckte seine Ziele und setzte sie durch. Dass er immer alles erreichte, hat wohl seinen Charakter geprägt. Er hat ja nie Verantwortung für sich übernehmen müssen. Ihm wurde alles verziehen."

Francescos Art, entschuldigende Erklärungen für Luciano zu suchen, provozierte mich, stachelte mich zu spitzen und zynischen Bemerkungen an.

„Von einem verzogenen Kind zu einem egoistischen rücksichtslosen Erwachsenen. Eine tolle Entwicklung. Das also ist mein leiblicher Vater."

Doch sofort bereute ich meine heftigen Worte. Wenn ich diesem, einem Schatten gleichenden Menschen mir gegenüber ins Gesicht sah, zog sich etwas in mir zusammen. Francesco tat mir leid. In seinem Gesicht zuckten erregt die Muskeln, seine Hände zitterten. Er schluckte ein paar Mal und stellte dann erstaunlich sachlich fest: „Dir geht es nicht gut, Valerio. Ich verstehe das."

„Wie soll es mir auch gut gehen? Vom leiblichen Vater verleugnet - vom leiblichen Onkel im Unklaren gelassen..." Wieder brachte ich nur Anschuldigungen hervor, fand keine anderen Worte.

„Ach, Valerio, du bemitleidest dich. Versuche doch wenigstens, die positiven Seiten deiner Abstammung zu sehen."

„Soll das heißen, ohne die intelligenten Gene des Mannes aus der gebildeten Oberschicht wäre aus dem blöden Bauernjungen ja doch nichts geworden?"

Francesco streckte sich in seinem Sessel. „Valerio, Valerio, bleibe gerecht! Du weißt, dass ich nicht so denke."

„Ich wünschte, du hättest mir früher die Wahrheit gesagt. Vielleicht hätte ich dann die Gelegenheit gehabt, Luciano als meinen Vater kennenzulernen. Vielleicht hätte ich dann in ihm nicht nur den arroganten Bruder meines Förderers gesehen. Vielleicht hätte sich zwischen uns sogar eine Vater-Sohn-Beziehung entwickeln können. Aber damit seid ihr beide wohl überfordert gewesen. Wie erträgt man es, mit einer Lüge zu leben?"

Francesco wich meinen Augen aus, meinem fordernden Blick. „Ich habe versucht, es wieder gutzumachen, wenigstens ein wenig."

„Wann hast du es erfahren?"

„Als du dein Zimmer in unserem Haus bezogen hast. Luciano beichtete mir, dass er mit deiner Mutter ein kurzes Verhältnis gehabt hatte."

„Lang genug, um sie zu schwängern", unterbrach ich ihn.

„Ich weiß, dass ich dich durch mein Schweigen verletzt habe. Leider steht es nun nicht mehr in meiner Macht, dir diesen Schmerz zu nehmen. Du weißt, Valerio, wie viel du mir bedeutetest", sagte er eindringlich.

Ich wusste, dass ich diese neue Last ertragen würde wie alle bisherigen Unvermeidlichkeiten meines Lebens. Ich begriff, dass die Gespenster immer noch da waren, neue hinzukamen. Aber ich hoffte, mit den alten Mustern brechen, aus den Schatten der Vergangenheit treten und neu, ganz anders damit umgehen zu können. Ich wollte es schaffen, nicht mehr an mir selbst oder der Welt zu zweifeln, wie jemand, der Scheitern nicht kennt. Ich wollte klar sein und selbstsicher, genau wissen, wie ich mein Leben künftig zu gestalten hätte. Alles in mir strebte nach handfester Normalität, nach klaren Strukturen, so wie ich sie in Deutschland an der Seite von Christina vorgefunden hatte. Ich wollte Vergangenes, wenn auch nicht vergessen, so doch hinnehmen können mit der Hoffnung auf Versöhnung und Nachsicht.

Francesco sprach weiter in seinem besänftigenden Ton auf mich ein. Er erzählte von Luciano. Unwichtige, banale Dinge, die ich aber mit größter Aufmerksamkeit aufsog. Dass Luciano Lorena geheiratet hatte. Eigentlich ein Zufall, der so grundverschiedene Menschen wie Luciano und Lorena zusammengeführt hatte. Luciano hielt nach ein paar Jahren Berufserfahrung in seiner Kanzlei, die er mit seinem Partner Piero Petrucci führte, Gastvorlesungen an der juristischen Fakultät. Auf dem Weg zu einer dieser Vorlesungen war Luciano über Lorenas Füße gestolpert. Sie saß am Boden und sammelte den Inhalt ihrer Handtasche ein, die ihr heruntergefallen war. Sie war eine seiner Studentinnen. Nach der Vorlesung sprach er sie an und lud sie zu einem *caffè* bei *Da Bruno* ein. Das Restaurant *Da Bruno* neben der Universität war auch heute noch der Treffpunkt von Professoren und Studenten. Francesco glaubte, dass Luciano Lorena eher aus Neugier als aus Interesse eingeladen hatte. Umgekehrt war es natürlich so, dass sie Luciano bewunderte und aufgeregt seine Einladung annahm.

Lorena war keine Träumerin. Sie glaubte an klare Wertesysteme und daran, dass es ohne Fleiß und Strebsamkeit keinen Erfolg geben konnte. Sie träumte natürlich auch von Dingen, von denen die meisten Mädchen in dieser Zeit geträumt haben – von einer Familie, von Kindern. Zuerst aber wollte sie ihr Jura-Studium abschließen, sich mit ihren Freundinnen vergnügen, von ihrer Mutter lernen, Pasta zuzubereiten und die typischen Gerichte der Region zu kochen. Doch Luciano, dem Träumer – denn der Träumer war immer er – dem verwöhnten Kind, dem egoistischen jungen attraktiven Mann, dem erfolgreichen Rechtsanwalt, der es arrogant, aber mit deutlichem Charme verstand, die Menschen für sich einzunehmen, ihm konnte sie nicht widerstehen. Fünf Jahre nach meiner Geburt heirateten sie und bezogen das große Haus mit dem schönen Garten in der *Strada Rossa*, nicht weit von Francescos Haus entfernt.

Francesco hatte mit schwacher Stimme gesprochen. Da saß er, tief in den Sessel gedrückt, angespannt und müde, verausgabt und verstrickt in Erinnerungen. Ich ihm gegenüber, im dauernden Stadium des Verlassenseins. Mein verehrter Förderer. Er tat mir plötzlich leid. Ein Arm hing über die Sessellehne, die Hand war offen, nach oben gekehrt, so als erwarte sie noch eine letzte milde Gabe oder auch Barmherzigkeit. Ja, das erwartete er wohl: Barmherzigkeit.

Ein merkwürdiger Morgen, wahrhaftig. Hier trafen sich die Menschen, die Geister aus meiner Vergangenheit. Aber es galt auszuhalten, abzuwarten. Oder sollte ich das Gespräch unterbrechen und hinausgehen, einen Augenblick nur? Der anhaltende Blick zurück hatte meine Kehle trocken werden lassen. Ich trank meinen inzwischen kalt gewordenen Tee in einem Zug aus.

Eine seltsame Heimat war das, zwei Häuser, in denen ich aufgewachsen bin, von deren geheimsten Geheimnissen ich – im Falle meines Elternhauses – wusste, auch wenn ich es über viele Jahre vergeblich zu verdrängen versucht hatte. Hinter der Fassade von Francescos Haus dagegen hatte ich nie auch nur das geringste Geheimnis vermutet, nie geglaubt, dass es etwas zu verschweigen gäbe.

Ich hörte ein Motorengeräusch. Ein Fahrzeug fuhr auf den Parkplatz vor dem Haus an der windgeschützten Seite. Der Motor wurde abgestellt. Eine neue Überraschung? Ich war auf vieles gefasst. Die Haustür fiel ins Schloss. Jetzt näherten sich Schritte der Bibliothek und die Tür wurde geöffnet: Luciano. Er musste gewusst haben, dass ich hier war. Er nickte mir zu. Ich hatte das Gefühl, die Szene verändere sich, der nächste Akt begann. Der Mensch, der mir fremd war und doch so nah, nahm den Faden auf, lenkte das Geschehen in eine neue Richtung. Francesco und Luciano sahen einander an, schienen Bestätigung und Beschwichtigung voneinander zu erwarten. Was erwarteten sie von mir?

Luciano zog sich den Schreibtischstuhl heran, setzte sich zu uns, nahm Francescos herunterhängenden Arm und legte ihn mit einer behutsamen Geste wieder auf die Sessellehne. Ich wusste, ich hatte Francesco in diesen Zustand versetzt. Schon fühlte ich mich schuldig. Ich wollte darüber hinwegspielen und machte den ersten Zug.

„Bist du gekommen, dich zu rechtfertigen? Das kannst du nicht, egal, was du zu deiner Entschuldigung vorbringst. Ich möchte verstehen! Beispiele für deine Entschuldigungen brauche ich nicht, aber Zusammenhänge, ein Bild."

Meine ganze aufgestaute Wut brach heraus.

Doch Luciano blieb ruhig. Ich schien ihn immer noch nicht zu interessieren. Er war sich selbst genug und die Reste anderer Leben berührten ihn nicht.

Er sagte: „Wie du willst, reden wir."

Seine Stimme war sanft, sein Blick wollte beruhigen. Er wiederholte: „Wie du willst. Nur fürchte ich, dass hier der falsche Ort für eine Aussprache oder Erklärung ist. Du siehst, wie das Francesco alles mitnimmt. Ich brauche dir nicht zu erklären, warum. Wir sollten uns für morgen zu einer Fahrt zum Monte Nerone verabreden. Dort könnten wir zumindest versuchen, auf einander zuzugehen."

Er lehnte sich in seinem Stuhl zurück. Diese Angelegenheit war geklärt, Einigkeit war vorausgesetzt.

Nun gut, mir sollte es recht sein. Ich hatte keine Lust zu widersprechen. Er bestimmte es, er forderte mich auf, mit ihm einen Tag zu verbringen, um etwas längst Fälliges auszusprechen und endlich für mich einzustehen.

Ich betrachtete Lucianos Gesicht. Auch er hatte bessere Jahre gekannt. Ich mochte die Vorstellung nicht, dass vielleicht auch er gelitten hatte. Aber nein, er hatte mir etwas ganz Selbstverständliches vorenthalten. Ein Vater, der sein Kind verleugnet. Nicht immer habe ich bei den Menschen in meinem Leben gewusst, wen ich vor mir habe, aber ich wusste meistens, wen ich nicht vor mir hatte. Luciano war niemand, der Verantwortung übernahm. Und gerade deshalb wollte ich ihn nicht so einfach davonkommen lassen.

Kapitel 21

Christina saß auf der Piazza im Caffè Basili und winkte mir schon von weitem zu.

„Erzähl, wie ist das Gespräch gelaufen?"

Ich konnte ihr die Erregung anmerken, ließ mich auf den Stuhl neben ihr fallen und legte bittend die Hände aneinander: „Madonna! Lass uns erst einmal einen Kaffee trinken. Erzähl du doch erst einmal."

Sie strich mir beruhigend über den Arm. Und dann sprudelte es aus ihr heraus. „Diese atemberaubende Stadt...", rief sie und wedelte mit dem Arm den Kellner heran. Ich bestellte einen Cappucino.

Meine innere Erregung hatte sich auf dem Weg die steile Via Mazzini herauf zur Piazza etwas gelegt. Eigentlich war ich nicht dazu aufgelegt, mir Christinas Lobeshymnen über meine Heimatstadt anzuhören. Ich nickte abwesend, mit meinem Kaffee beschäftigt.

Christina war nicht zu halten. „Ich muss es einfach loswerden: Der Palazzo – beeindruckend. Wenn man bedenkt, dass er schon 1468 begonnen wurde. Er fügt sich ja wie nahtlos in die Struktur der Stadt. Ich finde, dass er nicht umsonst als eines der wichtigsten Renaissancebauwerke Italiens gilt. Auch die spätere romantische Epoche ist in vielen Teilen der Stadt zu erkennen."

Christina redete und redete. Nahm sie meine bedrückte Stimmung gar nicht wahr? Sie lachte und erzählte. „Bei der Führung durch den Palazzo wurde uns erzählt, dass die

Einwohner Urbinos während der 70-jährigen Bauzeit des Palastes dem Herzog so viele Steine geklaut und in ihre eigenen Häuser eingefügt haben, dass überall Anklänge an den Palazzo zu erkennen sind. Wunderbar."

Wortgewaltig kratzte sie mit ihrer begeisterten Erzählung an meiner Tristesse.

Natürlich kannte ich die Geschichte Urbinos, die vielen alten noch erhaltenen Sandsteingebäude der Stadt, wie in den verschiedenen Epochen Stadt und Natur miteinander in Einklang gebracht worden waren. Nur stand mir im Augenblick nicht der Sinn nach Geschichte und Architektur. Ich nickte abwesend.

„Urbino ist eine wunderbare Stadt", fuhr Christina unbeirrt fort. Diese Kunstschätze! Die vielen Werke von Raffaelo! Dessen Elternhaus kann man sogar besichtigen. Und dann Piero della Francesca, seine berühmte Geißelung Christi, oder Tizianos Auferstehung."

Christina verlor den Faden, sah mich an und lachte. „Du hörst mir doch gar nicht zu." Sie schlang ihre Arme um meinen Hals. „Lass dich doch von meiner Begeisterung anstecken. Vergiss für heute die Familie. Freue dich über uns und über diese schöne Stadt!"

Sie hatte ja Recht. Ihre gute Laune steckte tatsächlich an und ließ mich etwas duldsamer werden.

Natürlich fühlte ich Stolz auf meine Heimatstadt. Wir saßen hier in einem Zentrum der Kultur und der Wissenschaft. Von unserem Platz aus konnten wir den Palazzo sehen, wie er über die Altstadt hinausragt. Es hatte den Anschein, als kauerte sich die Stadt zu Füßen des Palazzos nieder. Der nach allen Seiten offene Palast, inmitten von Bürgerhäusern mit seinen großzügigen Fenstern und zahllosen Eingangsportalen, Balkonen und Gärten, vermittelte Volksnähe. Es war übermittelt, dass für Herzog Federico der Mensch im Mittelpunkt stand. Das humanistische Konzept aus den 38 Jahren seiner Herrschaft hatte bis heute Bestand. Die bedeutendsten Künstler und Persönlichkeiten hatten sich in der Hochrenaissance um den Herzog versammelt. Er war ein Ästhet, der den Traum von Schönheit mit Macht und Reichtum verband. Die andere Seite seiner Herrschaft war heute weitgehend in Vergessenheit geraten: die Liebe zum Kampf. Im Alter von 28 Jahren war ihm bei einem Ritterturnier die Lanze seines Gegners durch den Sehschlitz des Visiers ins rechte Auge gedrungen und hatte ihm das Nasenbein gebrochen. Sein Gesicht war so entstellt, dass Piero della Francesca, der Hofmaler Federicos, ihn nur von der relativ unverletzten Seite porträtiert und so das markante Gesicht naturgetreu wiedergegeben hatte. Federico verdiente das Geld für seine vielfältigen Projekte mit Kriegen als *Condottiere,* als besoldeter Heerführer, der mit seiner Truppe von Schlachtfeld zu Schlachtfeld zog. Er diente auch Lorenzo di Medici, dem Prächtigen, als Heerführer, als in der Stadt Volterra eine Revolte gegen die florentinische Herrschaft drohte. Die Stadt wurde besiegt und den Gegnern der Medici-Herrschaft mit brutaler Gewalt begegnet. Florenz bereitete dem Sieger einen triumphalen Empfang. Federico wurde reich mit Geschenken bedacht: eine Villa samt Ländereien, ein Pferd mit kostbarem Zaumzeug, Gold und Silber im Wert von mehreren tausend Dukaten. Das mit

Kriegen verdiente Geld investierte er im eigenen Land in Kultur und Kunst und hielt sein Volk von allzu drückenden Steuern frei. Er führte einen Hof, an dem nichts vergeudet wurde. Alles hatte seinen Zweck. Man sagt, es sei sehr vernünftig zugegangen unter seiner Herrschaft. Dafür lieben ihn die Urbinaten noch heute und lassen seine kriegerische Vergangenheit unerwähnt.

Milder gestimmt und in der Absicht, das Gespräch mit Francesco und Luciano für den heutigen Tag ad acta zu legen, erzählte ich Christina von der Bibliothek, die sie bei dem kurzen Rundgang im Palazzo besichtigt hatte. Federicos Bibliothek galt im 15. Jahrhundert als Mekka der Gelehrsamkeit und wurde von den Studenten aus ganz Europa besucht. Der Herzog schätzte das Buch als Kunstwerk. Er sammelte bis zu seinem Tod im Jahr 1482 Abschriften von den bekanntesten Schriften der Antike. Mehr als 30 Kopisten schrieben in seinem Auftrag lateinische, griechische und hebräische Texte ab und schmückten sie mit Miniaturen. Allein für seine Bibel gab er ein Drittel seiner Staatseinnahmen aus.

Christina sagte lebhaft: „Der Herzog scheint ein Schöngeist im weitesten Sinne gewesen zu sein. Ich habe auch die technischen Einrichtungen im Palazzo gesehen. Sie sind für die damalige Zeit mehr als luxuriös. Es gab neben einem Badezimmer sogar Toiletten mit ausgeklügelten Abwassersystemen, daneben Heißluft-leitungen und Lastenaufzüge. Ein Eiskeller sorgte für den Frischerhalt von Lebensmitteln. Im Untergeschoß kümmerte man sich in Wirtschaftsräumen um den täglichen geordneten Ablauf im Palazzo. Ich bin tief beeindruckt." Sie breitete ihre Arme aus, als wolle sie die Piazza umarmen. „Weißt du, Valerio, ich könnte mir sogar vorstellen, hier mit dir zu leben."

Ich schaute sie ungläubig an. „Das ist nicht dein Ernst? Du gehörst nach Hamburg und ich auch. Das ist doch Unsinn! Und überhaupt – für mich käme es sowieso nicht in Frage. Ich würde mich ja zurückbegeben in die alten Verstrickungen. Auf keinen Fall!"

Christina lachte laut und gab mir einen versöhnlichen Kuss auf die Nase.

Wir zahlten unseren Kaffee und bummelten durch die Stadt. So begeistert Christina von den historischen Gebäuden war, so erstaunt war sie darüber, dass auch die Gebäude aus der Mussolini-Zeit mit ihren faschistischen Sprüchen erhalten geblieben waren. Deutschland dagegen hatte versucht, jegliche Erinnerung an den Faschismus zu tilgen, was zumindest bei den Äußerlichkeiten erfolgreich war. Aber wer hatte Einsicht in die Herzen der Menschen? Es gab wohl auch noch einige ewig Gestrige, wenn sie es auch nicht laut sagten. Political Correctness war angesagt im heutigen Deutschland. Könnte dieses Credo einmal ins Wanken geraten? Die Deutschen hatten sich gemütlich eingerichtet in ihrer Demokratie und Weltoffenheit. In Italien ging man gelassener mit der Geschichte und dem eigenen Faschismus um. Ich hatte als Junge bei meinen einsamen Wanderungen hoch über der Furlo-Schlucht oft den in Fels gehauenen steinernen Kopf Mussolinis besucht – zwar schon ein wenig verwittert, aber immer noch eindeutig zu identifizieren. Von dort oben hatte man einen herrlichen Blick über das Land bis nach Rimini: Der Duce, der über sein Land wacht...

Auch ich nahm diese italienische Lässigkeit beim Umgang mit Geschichte in Kauf. Da blieb ich ganz der Italiener. Zuerst wurde der Faschismus damals ja auch in Europa nicht besonders ernst genommen. Die Rechte in Frankreich und England, Feinde der demokratischen Ordnung, wie die Rechtsparteien in jedem Lande und zu jeder Zeit, hatten von jeher mit schlecht verhohlener Sympathie auf das faschistische Italien und das nazistische Deutschland geblickt. Für die Reaktionäre in Frankreich und England mochten der Duce und der Führer sicherlich etwas unbequeme, nicht sehr feine Leute mit übertriebenen Ansprüchen gewesen sein, jedoch unter jedem Gesichtspunkt Stalin vorzuziehen, denn Stalin war ja bekanntlich schon immer der Teufel gewesen.

Für viele in Italien, besonders die Kommunisten, war der Faschismus im Grunde nichts anderes als eine unversehens ausgebrochene heimtückische Erkrankung, wie der Einbruch der Hyksos im Alten Ägypten. Doch diese Abwiegler täuschten sich. Das Übel war nicht unversehens hereingebrochen – im Gegenteil. Die italienische Politik war damals bereit, jede Pille zu schlucken, nur um den Vormarsch der Arbeiterklasse aufzuhalten. Jene Politiker waren es, die Mussolini den Weg ebneten. Diesen Dienst dankte er ihnen dadurch, dass er die Pressefreiheit abschaffte und die Parteien auflöste. Die Arbeiter und Bauern Italiens hatten zusammen mit ihren Führern damals jede Hoffnung auf soziale Befreiung und menschliche Würde verloren.

Vielleicht haben wir Italiener viel über diese dunkle Periode unserer Geschichte nachgedacht. Mag sein. Das heißt nachgedacht, aber das Resultat des Nachdenkens bewusst oder unbewusst vergessen. Vielleicht ist es bei vielen Deutschen ebenso, es kommt darauf an, wie man es sieht. Wichtig ist nur, dass aus der Geschichte irgendetwas gelernt werden kann, wenn das überhaupt möglich ist.

Christinas deutsche Seele war empört darüber, wie die Italiener mit ihrem Faschismus umgingen. In diesem Punkt fehlte ihr die italienische Gelassenheit. So weit so gut - oder auch nicht gut. Was sollte es. Diese Zeiten waren nun endgültig vorbei.

Ich lotste sie zum Dom, um sie vom Gegenstand ihrer Erregung abzulenken. Hier gab es nur Heilige und die Jungfrau Maria. Maria war für mich, seit ich dem Einflussbereich meines Onkels, des Priesters Giancarlo, entkommen war, eine Frau ohne Eigenschaften – auch ohne schlechte, versteht sich. Auf mich wirkten diese bemalten Skulpturen in den Kirchen nicht anders als jene bunten Marien aus Wachs oder Marzipan, die bei finsteren Prozessionen – je südlicher man kommt, umso öfter – herumgetragen wurden, wie heidnische Trophäen. Da war er wieder, der heimliche Protestant in mir.

Der Dom stand direkt neben dem Palazzo. Die kleine Via Puccinotti mit der angrenzenden Piazza Rinascimento wurden beherrscht von diesen beiden gewaltigen Bauwerken. Der Dom, 1062 erbaut, war der Jungfrau Maria gewidmet worden. 1801 wurde er nach dem großen Erdbeben von 1789 mit seiner neoklassizistischen Fassade neu errichtet. Christinas unvoreingenommener Blick galt ausschließlich der Schönheit des Gebäudes mit seinen Statuen der etwas lädierten sieben Heiligen davor. Ich erzählte ihr, dass die Heiligenfiguren bei den beiden Erdbeben im September 1997 beschädigt worden waren. Eine hatte den Kopf verloren, der anderen fehlte ein Arm. Die Auswirkungen der Beben blieben sichtbar.

Die Nachricht von den Beben hatte mich damals in Deutschland erreicht. So weit entfernt, und doch spürte ich die tödliche Kälte in meiner Brust, wie als Kind vor Erdbeben - die lähmende Stille danach. Ich rief bei Francesco und nach vielen Jahren des Schweigens auch bei meinen Eltern an. In Urbino waren Menschen nicht zu Schaden gekommen, aber kulturhistorisch wertvolle Bauwerke wie der Dom und der Campanile di San Francesco beschädigt worden. Die beiden mittelschweren Erdbeben der Stärke 5,8 hatten aber weiter südlich ungewöhnlich hohe Personen- und Sachschäden angerichtet, besonders in der Nähe des Epizentrums in Cesi. In Assisi stürzte bei dem zweiten Beben am Morgen ein Teil der Decke der Franziskus-Basilika ein und begrub Techniker, Mönche und Journalisten unter sich, die in die Basilika des Heiligen Franziskus gekommen waren, um den Schaden durch das Beben der Nacht zu bewerten.

Wir betraten den Dom. Hier erklang wie aus hundert vollen Kehlen inbrünstig ein Choral, unterzogen und durchwirkt von brausenden Orgelakkorden. Ganz hinten, still in einer Bank, lauschten wir dem Gesang. Christina war sichtlich ergriffen, und auch ich konnte mich dieser Stimmung nicht entziehen. Das Innere des Doms erstrahlte gleichzeitig im jenseitigen Glanz und in diesseitiger Bescheidung. Die Charakteristik des Doms, die Weite, Eleganz, Noblesse und Größe waren beeindruckend. Nicht berührt war ich von den folgenden Zeremonien, wie ich sie schon aus meiner Kindheit kannte. Angetan in prächtigem Ornat, von Gottes Gnaden eingesetzt, um den Menschen zu predigen, erinnerte mich der Priester bei den religiösen Übungen in seiner Entrückung an meinen Onkel Don Giancarlo. Es gab keine Möglichkeit für mich, diese Assoziation zu vermeiden. Das war Teil meiner Kindheit - Erinnerung. Ich schloss die Augen und ließ den Dingen ihren Lauf. Christina gefiel es - und das war gut so.

Ich beschäftigte meinen Kopf mit anderen Dingen. Das Gespräch mit Francesco, das unvorhergesehene Auftauchen Lucianos, der Gang durch die Straßen Urbinos, die Straßen meiner Kindheit und Jugend hatten mich müde gemacht. Aber ich musste mit Christina noch einmal zu Francesco, heute noch, musste sie miteinander bekannt machen. Francesco hatte mich darum gebeten.

Auf dem Weg zu seinem Haus bereitete ich Christina auf das Zusammentreffen vor, sagte ihr, dass sie einen müden, gebrochenen Mann antreffen werde. Doch ich hatte mich geirrt. Francesco empfing uns lebhaft mit seiner gewohnten Herzlichkeit. Seine gedrückte Stimmung schien sich gelegt zu haben - von Müdigkeit keine Spur. Christina war beeindruckt von seiner Bescheidenheit und Würde.

„Seien Sie morgen mein Gast, Christina. Ich würde mich freuen. Wir beide könnten uns kennenlernen und Valerio und Luciano hätten Ruhe und Zeit, sich gegenseitig die Köpfe einzuschlagen", sagte er und zwinkerte mir zu.

Gut, dachte ich. Gut, dass er sich wieder gefangen hatte. Gut für mich. So würde ich mich ausschließlich auf das Treffen mit Luciano konzentrieren können.

Nach kurzem Gespräch verabschiedeten wir uns wieder und gingen noch einmal auf die Piazza. In der kleinen Pizzeria in der Via Vittorio Veneto kauften wir zwei Stück Pizza, nahmen sie in die Hand und schlenderten zurück zum Albergo. Ich spürte, wie der Druck der letzten Tage etwas nachließ. So war es früher schon gewesen. In Urbino fühlte ich mich frei. Die Stadt hatte mich immer willkommen geheißen. Im Unterschied zu Canavaccio und meinem Elternhaus verbanden mich mit Urbino keine Alpträume. Hier hatte ich wohlbehütet lernen dürfen. Hier hatte ich meine Liebe zur Medizin entdeckt. Es waren andere, bessere Zeiten, an die ich mich liebend gern erinnerte, selbst wenn sich das NON MI IMPORTA NIENTE auch hier nicht hatte für immer vertreiben lassen.

Der einäugige Wirt Tino begrüßte uns überschwänglich. In der Lobby des Albergo waren die Stühle und Tische zusammengerückt für das musikalische Abendprogramm. Wir setzten uns an einen der Tische. Christina bestellte einen Weißwein und ich einen Aperitif.
Keiner von uns hatte Lust zu reden. Ich saß da und fixierte mich zunehmend auf die Weigerung, vor meiner Vergangenheit die Augen zu verschließen. Besser alles zu wissen, alles zu deuten. Letzte Fragen, Ungeklärtes würden vielleicht bleiben. Das Geheimnisvolle, Vieldeutige, Unerklärliche ängstigte mich nicht mehr – nicht mehr heute. Was in meine Geschichte passte und was in meinem

Leben eine Geschichte hatte, wollte ich aber wissen. Gleichzeitig erkannte ich, dass die Wahrheit untrennbar war von Trauer, untrennbar aber auch von Freiheit. Ich hatte verstanden, dass ich mir nicht mehr aussuchen konnte, was ich wollte und was ich nicht wollte. Ich würde mich der Wahrheit jenseits der Illusion stellen müssen, musste über die verlorene Zeit sprechen. Doch in allem einen Sinn zu suchen, erschien mir zu abwegig.

Hier saß ich nun in meiner Stadt, musste eintauchen in den Sumpf meiner Geschichte, musste hindurchwaten, konzentrierte mich darauf, was da nun kommen sollte. Jetzt war ich ganz der Alte, der alles kontrollierende Valerio, der Arzt aus Deutschland, der Tourist in der Heimatstadt.

Ich würde morgen mit Luciano zum Monte Nerone fahren, mit ihm reden. Ich würde ihm, dem Verleugner, schon zeigen, mit wem er es zu tun hatte. Ich fühlte mich stark und voller Tatendrang. Ich würde mein Leben in Deutschland so wie bisher weiterleben und doch ganz anders. Ich würde Raum schaffen in meinem Kopf für die Schönheiten des Daseins – ohne diese quälende Ambivalenz. Hier in Urbino bin ich glücklich gewesen – das zählte. Auch wenn ich die Wahrheiten, das Geheimnis der Vergangenheit und der Zukunft nicht kannte. Das Früher war nicht mehr das Jetzt - eine andere Zeit in einer anderen Gewissheit. Wolken und Schatten, Sonne und Licht – ein Gefühl, das sich fast beschwingt anfühlte.

Durch die große Glasscheibe in der Lobby blickte ich auf den vertrauten Corso Garibaldi. Ich lehnte mich zurück. Der Himmel verdunkelte sich. Die Straßenbeleuchtung ging langsam an. Die Lobby begann sich zu füllen. Der einäugige Tino schien viele Bewunderer zu haben. Es war ein gemischtes Publikum. Neben vielen jungen Leuten, in der Mehrzahl wohl Studenten, kamen auch ältere Ehepaare, die ihre Abende nicht vor dem Fernseher, sondern lieber in Gesellschaft verbringen wollten. Tino schien das Ereignis des Abends zu sein. Er setzte sich mit seiner Gitarre in die Mitte des Raumes, nicht ohne seine kleine russische Freundin hinter der Theke vorher noch einmal zu küssen. Dann begann er mit einem eindrucksvollen Gitarrensolo, um danach die ganze Palette der gängigen internationalen Schlager und italienischen Schnulzen von *Volare* über *Azzurro* bis *Ti amo* zu singen, in die alle Gäste einstimmten. Er brauchte keine Backgroundsänger. Er schaffte es allein, nur mit seiner Gitarre. Die Lobby bebte, Füße stampften im Takt auf den Boden, Tische wurden zu Trommeln. Christina klatschte leidenschaftlich mit. Ja, das war Italien. Hier brauchte man keine besonderen Anlässe. Jede Gelegenheit wurde zu einem fröhlichen und lauten Miteinander genutzt. Ich bestellte bei dem russischen Mädchen zwei Gläser Wein und ließ mich von der ausgelassenen Stimmung mitreißen.

Kapitel 22

Es war dunkel im Zimmer. Wie spät war es? Wie lange hatte ich geschlafen? Ich wischte mir den Schlaf aus den Augen, ging ans Fenster, zog die Gardinen auf und blickte auf die Piazza herunter. Der Himmel lichtete sich. Der Tag kündigte sich mit einem wolkenlosen Himmel an und versprach heiß zu werden. Heute würde ich mit meinem leiblichen Vater reden. Es fühlte sich merkwürdig an.

Ich ging ins Badezimmer und stellte mich unter die warme Dusche. Lange ließ ich das warme Wasser über meinen Rücken laufen, bevor ich mich abtrocknete und anzog.

Als ich aus dem Bad kam, blickte ich erstaunt auf den schön gedeckten kleinen Tisch am Fenster. Christina hatte in der Zwischenzeit aus der kleinen *Pasticceria* gegenüber Kopenhagener und Kaffee geholt.

Wir saßen noch beim Frühstück, als es klopfte.

„Ich bin's. Luciano. Bist du da Valerio?"

Christina öffnete ihm die Tür.

Luciano lächelte und betrachtete sie mit einem Blick von Kopf bis Fuß: „Oh, du bist dann wohl Valerios Frau, Christina!?"

Christina nickte: „Ich freue mich, Sie kennenzulernen."

Luciano nickte, gab ihr die Hand und sah an ihr vorbei. Für weitere Höflichkeitsfloskeln nahm er sich keine Zeit.

„*Ciao* Valerio, können wir los?", fragte er. Als er sah, dass ich nickte und aufstand, drehte er sich um und verließ mit einem „*Ciao,* Christina, *a dopo*" das Zimmer.

Wir liefen die Via Mazzini hinunter zum Mercatale. Dort parkte sein BMW. Die Italiener lieben die deutschen Nobelmarken, besonders die mit viel PS. Luciano fuhr, wie ich es erwartet hatte. Er nahm die Kurven rasant. Die Reifen quietschten. Aber er kannte die Straßen seiner Heimat und fuhr wie die meisten meiner Landsleute.

Er schlug vor, drei, vier Stunden zu wandern und die größte Mittagshitze im Ristorante Martinelli am Waldrand vor dem kleinen Ort Apecchio zu verbringen. Martinelli sei berühmt, für seine hausgemachten *tagliatelle*, seine *tagliata*, für sein *bistecca alla fiorentina* und natürlich für seine *dolci, fatti in casa*, erklärte er mir.

Luciano redete ununterbrochen. Ich kannte das, auch ich habe in Gesellschaft immer viel geredet. Besonders, wenn ich in unangenehmer Gesellschaft war. Ich hoffte, er würde nicht jetzt schon anfangen, Entschuldigungen und Erklärungen vorzubringen. Ich hatte Angst vor dem Zuhören-Müssen. Ihm schien die Situation jedoch nicht unangenehm, er schien nicht nervös.

Hinter der Brücke über den Metauro hielt er an.

„Lass uns zum Fluss gehen. Fließendes Wasser wirkt beruhigend. Das haben wir beide nötig."

Die gleichen Empfindungen hatte ich als Kind gehabt. Wenn ich unglücklich war, zog es mich zum Metauro. Wenn ich glücklich war, verstärkte das Plätschern des Wassers meine Glücksgefühle. Ein leicht fischiger Geruch lag über dem Fluss. Erinnerung auch das.

Sollte dieser arrogant wirkende Mann zu ähnlichen Gefühlen fähig sein? Hatte er in seinem Beruf gelernt, Gefühle zu verbergen? Ich wusste so wenig über ihn.

Wir setzten uns an die Uferböschung. Ich sah auf den quirligen Fluss. Heimatgefühle. Luciano sah mich an.

„So alt bin ich nun geworden bei der ewigen Suche nach Distanz zu persönlichen Problemen. Hier am Fluss schwindet die Distanz. Hier ist es ruhig. Vor dem Dunkelwerden komme ich oft hierher. Das Wasser ist in der Dämmerung dunkel, fast schwarz. Seine türkisfarbene, bräunliche Unruhe weicht dann der Stille. Nichts regt sich darin, nichts darüber, als gäbe es einen Platz für Leere, die sich speichert."

Er schwieg. Auch ich wusste nichts zu sagen. Wir schauten über den Metauro zum anderen Ufer hin. Ein leichter Wind zog auf. Er streichelte das grünliche Wasser und hauchte ihm noch mehr Leben ein - kleine Wellenkämme, in denen Bläschen silbern schimmerten. Dieser übliche, wohlbekannte Wind, der über die Hügel vom Meer unten kommend heraufstreift, dort unten die Adria aufwühlt und sich hier oben zwischen den Hügeln abschwächt. Ungewöhnlich am Vormittag. Sonst spürte man ihn am späten Nachmittag, bevor die Schatten in den Tälern deutlich tiefer wurden, die Schluchten dunkler und die Nacht sich breit machte.

Ich atmete durch und sah Luciano von der Seite an. „Noch ein paar Tage. Dann bin ich weg. Für immer."

„Was heißt das denn? Wollten wir uns nicht besser kennenlernen?" Er klang besonders sachlich.

„Wovon redest du? Haben wir die Gelegenheit nicht längst verpasst? Es ist vorbei, Luciano. Vater – Sohn , das spielt keine Rolle mehr."

Luciano sah mich irritiert an. „Das gefällt mir nicht, Valerio. Was redest du da? Ja, ich weiß natürlich, dass es für uns nicht gut gelaufen ist. Ich weiß auch, dass das meine Schuld war."

Tat es ihm wirklich leid? Empfand er Gewissensbisse? Verschwendete er überhaupt einen Gedanken daran, wie es mir erging?

„Es ist vorbei, merkst du das nicht? Das Ganze hier ist umsonst. Wiedergutmachen funktioniert nicht nach diesen Lügen."

„Wollen wir uns nicht erst ein bisschen besser kennenlernen? Oder weshalb bist du sonst hier?" Wieder dieser sachliche Ton.

„Dieses ganze Schmierentheater, dass du dessen nicht überdrüssig bist? Das ist mir ein Rätsel."

Verächtlich schüttelte ich den Kopf und sah ihn herausfordernd an.

Er hob die Hand, wollte mich berühren. Ich wich ihm aus.

„Beruhige dich. Ich bin bereit. Wir bekommen das zusammen hin. Du bist mein Sohn."

„Ha, späte Erkenntnis!"

Ich spürte im selben Atemzug Wut in mir aufsteigen. Es war unerhört. Luciano tat plötzlich so, als sei er an mir interessiert.

„Was lief da zwischen dir und meiner Mutter?"

„Was da lief?" Er lachte laut auf und sagte: „Ein beschissenes Versteckspiel lief da, und du bist das Ergebnis. Eine Katastrophe, als sie schwanger war. Und dann kam dein Vater zurück. Wir dachten beide, dass es richtig war, wenn niemand wüsste, dass ich dein Vater bin.

Richtig für deine Mutter, für Ernesto und, ja natürlich, auch für mich."

„Und was ist mit mir?" schrie ich ihn an. „War es auch für mich das Beste? Solche Menschen wie du tun doch immer nur das Beste für sich selbst."

Luciano senkte den Kopf. Er sprach ruhig, beherrscht.

„Sieh doch nicht alles negativ. Du hattest die Möglichkeit, etwas aus dir zu machen. Schau dir deine Halbbrüder an. Ihnen fehlte das, was du hattest: Willenskraft und Intelligenz."

„Ach, so ähnlich hat es Francesco auch schon ausgedrückt", rief ich empört. „Ihr Akademiker glaubt wohl, dass eure Kinder automatisch intelligent sind und die von Bauern grundsätzlich dumm? Wie ignorant!"

„Was willst du? Habe ich nicht recht? Schau sie dir doch an, deine Brüder!"

Ich senkte den Kopf. „Ja, meine Brüder. In diesem Fall stimmt es. Doch wenn wir schon über meine Brüder sprechen, habt ihr oberschlauen Akademiker, du und dein Bruder, nicht gemerkt, was in unserem Haus vorging? Hat meine Mutter nie eine Andeutung gemacht?"

„Was hätte sie denn andeuten sollen? Was hätten wir merken sollen?"

Er war sichtlich erstaunt.

Ich hielt es am Fluss nicht mehr aus. Ich wollte weiter, lief voraus und setzte mich ins Auto. Alles kam mir so fern vor. Damals, vor Jahren, in einer anderen Welt, wie es mir schien, war das alles geschehen und ließ mich dennoch nicht los.

Wir fuhren schweigend bis an den 1.525 m hohen Gipfel des Monte Nerone und stellten das Auto neben der Satellitenstation ab. Die Sonne schien inzwischen hell, und der Himmel hatte sich zu einem strahlenden Blau geöffnet. Die umliegenden Berge schienen zum Greifen nahe. Ich dachte an meinen Entschluss von gestern Abend. Ich wollte das Schöne sehen, um mich von meinen bedrückenden Gedanken abzubringen. Der atemberaubende Blick machte es mir leicht. Tief unten im Tal hingen noch ein paar Wolkenreste. Die darunterliegenden Dörfer wirkten verwunschen, wie versunken in einem Dornröschenschlaf. Von dort unten drang kein Laut nach hier oben, kein Plätschern des Flusses, kein Geräusch landwirtschaftlicher Arbeiten, kein Autolärm. Hier war auch die Fauna noch gesund. Es gab Dachse, Füchse und Wildkatzen. Sogar Wölfe hatten sich seit einigen Jahren wieder angesiedelt. Die riesigen Felswände und –spitzen tragen so unheimliche Namen wie *Pizzo del Diavolo* – Teufelsbart oder *Gola dell' Infernaccio* – Höllenschlund, sie stehen in ihrer Dramatik den Dolomiten in nichts nach.

Früher war ich häufig mit Francesco hier oben gewandert. Auch jetzt stieg mir der Duft hunderter Frühlingsblumen in die Nase. Erinnerung – immer wieder. Luciano ging weiter stumm neben mir her. Wir liefen auf einem der steinigen Wanderwege durch die blühenden Wiesen, ein bunt gewebter Teppich aus Wildblumen: Mohn, wilden Tulpen, Kornblumen, wilden Alpenblumen und Orchideen – ein botanisches Paradies. Ich blieb stehen und schaute mich um. Dies hier war eine der schönsten landschaftlichen

Ecken der Marken. Die Apenninen bildete die westliche Grenze der Region. Weite Landstriche waren mittlerweile zu Naturparks erklärt worden. Es gab hier eine der faszinierendsten Tierwelten Italiens. Über uns kreisten Bussarde. Als Junge hatte ich auf unseren Wanderungen manchmal sogar einen der seltenen Steinadler gesehen. Einmal war Francesco mit mir zu einer Nachtwanderung auf den Monte Nerone aufgebrochen. Mit Taschenlampen ausgestattet hatten wir uns auf den Weg gemacht. Ich weiß noch, dass ich mich schrecklich fürchtete. Und als plötzlich in einem Baum die runden Augen einer Eule aufleuchteten, flüchtete ich mich in die Arme Francescos. Beruhigend hatte er mir ins Ohr geflüstert, dass es ein großes Glück sei, eine dieser sehr seltenen Eulenarten zu sehen. „Sieh hin, schau sie dir genau an!"

Wie oft hatte ich in meiner einsamen Zeit in Deutschland an diese Ausflüge mit Francesco gedacht. Wie oft waren mir diese *guten* Erinnerungen Trost gewesen. Mit ihnen war es mir für kurze Zeit gelungen, die schlechten Augenblicke zu vergessen.

Ich blickte über die weite Landschaft. Hin und wieder standen auf den Wiesen kleine aus Sandsteinen gebaute Häuser, die von den Schäfern der Gegend bei Regenwetter oder im Winter als Unterkunft für Mensch und Tier genutzt wurden. Bunte Schmetterlinge tummelten sich auf Wiesenblumen. Auf einer Orchidee entdeckte ich den vom Aussterben bedrohten Maculinea alcon und dachte im gleichen Augenblick: Dieses Sehen, dieses Wissen habe ich Francesco zu verdanken. Er hat mir beigebracht, die Natur nicht nur als Ressource zu sehen, sondern mir bewusst gemacht, wie lebenswichtig eine intakte Natur für ein sinnerfülltes und gutes Leben ist, welch existenzieller Erfahrungsraum, welche Sinn-Instanz. Francesco hat mir Zusammenhänge in der Natur erklärt, Wissen über Pflanzen und Tiere vermittelt. Es war dieses Wissen, diese Freiheit, die mich beim Herumstreunen in Wiesen und Wäldern glücklich gemacht hatte. In der bäuerlichen Welt meines Elternhauses befasste man sich mit dem, was die Natur zum Überleben hergab, für andere Gedanken war weder Raum noch Zeit.

„Was wolltest du mir unten am Fluss sagen, Valerio?" Luciano nahm den Faden des am Fluss abgebrochenen Gesprächs wieder auf. Ich war noch nicht bereit dazu, antwortete ihm nicht. Schweigend gingen wir lange nebeneinander her. Er drängte mich nicht. An einem eingezäunten Gelände, zu dem eine schmale asphaltierte Straße führte, blieb er stehen. Ein altes Winterquartier für Schäfer aus Naturstein wurde hier renoviert. Auf der Südseite waren die neu errichteten Grundmauern eines Anbaus zu erkennen. Baufahrzeuge kamen uns entgegen.
Er setzte sich auf ein Felsstück am Wegesrand. Ich blieb stehen und wartete. Er deutete auf das verfallene Haus, das in der Mitte des etwa ein Hektar großen Geländes stand. Dahinter sah ich ein großes Areal mit alten verwilderten Weinstöcken – ein Bild aus der Galerie „verlassene Orte", die sich ihr eigenes Ambiente geschaffen haben.
„Was du hier vor dir siehst, ist mein Grundstück", sagte Luciano. „Ich habe es vor drei Jahren gekauft und in diesem Frühjahr mit der Renovierung begonnen. Die an

das eingezäunte Areal grenzenden Felder habe ich dazugekauft. Hier soll ein *Agriturismo,* ein Gasthaus mit einem Bauernhof entstehen." Er sah mich erwartungsvoll an. Als ich nicht reagierte, nur nickte, fuhr er fort: „Die Regierung unterstützt seit ein paar Jahren solche Projekte mit Fördergeldern. Man muss sich an besondere Rechtsvorschriften halten. Bestimmte Lebensmittel müssen selbst produziert werden. Den Gästen wird selbst angebauter Wein, auf eigenen Feldern gezogenes Gemüse und Fleisch von den Tieren angeboten, die auf dem Hof gehalten werden. Eine vernünftige Sache, meinst du nicht?"

Ich setzte mich zu ihm. Er hatte sich plötzlich verändert, war voller Enthusiasmus, wirkte seriös und ernsthaft. Ich war beeindruckt. In Italien schien sich viel verändert zu haben. Die Idee, einen Teil der Landwirtschaft mit dem Gastgewerbe und dem internationalen Tourismus zu verbinden, fand ich faszinierend, zumal viele alte Bauerngehöfte in traumhafter Landschaft lagen wie mein Elternhaus neben der alten Mühle.

Diese Seite hätte ich an Luciano nie vermutet. Dass er ein guter Rechtsanwalt war, wusste ich. Aber auch ein Träumer? Francesco hatte ihn als solchen beschrieben. Aber vielleicht war er nicht nur ein Träumer, sonst wäre er wohl von seiner guten Geschäftsidee nicht so überzeugt. Und er hat Recht, dachte ich. Dies hier war ein idealer Platz für ein solches Vorhaben. Während er erzählte, war jede Überheblichkeit aus seiner Stimme gewichen. Er redete wie zu sich selbst, als folge er einem inneren Gedankenpfad.

„Die meisten Einheimischen nehmen das gut an", fuhr er fort. „Auch ausländische Touristen. Ferien auf dem Bauernhof sind inzwischen sehr beliebt - besonders bei Deutschen. Die sind ja für das Rustikale."

Er sah mich an und grinste. „Seit sich die germanischen Barbaren aus ihren Höhlen getraut und zivilisiert haben, sind sie auch für kulinarische Genüsse zu haben."

Da war sie zurück, seine Überheblichkeit. Aber was sollte es, er hielt das wahrscheinlich für einen guten Witz. Ich musste ihn nehmen, wie er war.

„Na, was hältst du von meinem Projekt?"

„Bin beeindruckt", antwortete ich ehrlich. „Aber wer soll das hier mal übernehmen? Du kannst doch nicht einfach irgendwelche Bauern umsiedeln. Und du selbst wirst das deiner Familie doch nicht zumuten wollen", sagte ich mit einem ironischen Seitenblick.

Er schüttelte den Kopf. „Natürlich nicht. Ich will Ende des Jahres mit dem Bau fertig sein. Bis dahin werde ich auch Personal gefunden haben."

Hier auf dem Stein sitzend, den Blick auf die sich verändernde Umgebung gerichtet, hier wäre die Distanz gegeben, dachte ich. Hier könnte in Ruhe gesprochen werden. Hier könnte die Tür zwischen uns ein Stück geöffnet werden.

Luciano schaute mich einige Zeit schweigend von der Seite an. Die Stille war nicht vollkommen. Die Geräusche der Bauarbeiten auf dem Gelände bildeten Wellen, die zu uns herüberschwappten. Jetzt, wo diese Stille unvollkommen war, stellte ich fest, in welcher vollkommenen Stille wir die Zeitspanne auf dem Weg hierher verbracht hatten. Was hatte Luciano in dieser Stille gedacht, was wollte er?

Ich hoffte – und eine andere Möglichkeit schien mir nicht realistisch - wir könnten wenigstens das ganz Fremde zwischen uns beenden. Was vorher war, unwirklicher werden lassen. Ich wollte keine Flucht mehr. Ich wollte befreit sein und meiner selbst sicher. Würde ich diese Sicherheit bekommen? Es gab keine Freiheit ohne Sicherheit, keine Sicherheit ohne Freiheit. Nichts konnte ich kontrollieren, weil so viel im Spiel war. Es ging ja nicht nur um mein Verhältnis zu Luciano. Ich erhoffte mir von ihm auch einen Rat wegen Giuliana. Aber wie sollte ich ihm erklären, dass ich erst jetzt handeln wollte? Sollte ich ihm sagen, dass es nicht so einfach war, jemanden zu schützen? Ich hatte es bei Giuliana nicht geschafft. Bei mir selber bisher auch nicht, auch wenn ich immer wieder versucht hatte, die Vergangenheit zu verdrängen. Konnte Luciano überhaupt etwas tun? Meine Überlegungen waren getränkt von jener Wirklichkeit, die das Mögliche in sich einschließt und mit dem Künftigen vermischt. Aber Giuliana wollte diese Art Hilfe nicht. Und ich konnte sie verstehen. Sie wäre durch einen Prozess gegen meine Brüder in Canavaccio zur Aussätzigen geworden. Es würde nicht gelingen, den Skandal einzudämmen, der, durch Gerede genährt, bis nach Urbino vorgedrungen wäre. Aber es war nicht völlig ausgeschlossen, dass eine Offenbarung gegenüber Luciano weiterführte. Aus einem Ansatzpunkt ergäbe sich da ein weiterer Ansatzpunkt, aber wie weit führte der Ansatz?

Wie von fern hörte ich Luciano sagen: „Was hältst du von einem Burgfrieden zwischen uns? Wir brauchen Zeit, aber dann könnte es mit uns klappen." Sein Tonfall klang versöhnlich.

Vielleicht erschloss sich jetzt jener Zusammenhang, den ich hier suchte. Ich nickte, wenn auch zögernd. Ich war bereit.

„Es wird gehen. Schließlich ist es unsere Geschichte. Geschichten haben immer neue Anfänge. Manches habe ich seit meiner Rückkehr abgestreift. Meine Familie ist für mich erledigt, abgehakt - endgültig. Ich habe mich von Teilen meiner Vergangenheit getrennt. Warum nicht andere Teile neu aufnehmen?"

Luciano schien von meiner plötzlichen Offenheit verblüfft und erfreut. Anscheinend suchte er nach einer der Situation angemessenen Antwort, die ihm wohl nicht gleich einfiel. Stattdessen lächelte er, streckte seine Arme aus und umarmte mich. Noch spürte ich Widerwillen und hatte gleichzeitig das Gefühl, Fäden zwischen zwei Unbekannten zu spinnen, ein Gewebe von Ahnungen, was hätte sein können und was vielleicht werden könnte.

So verharrten wir einige Minuten. Als er mich losließ, sah er mich forschend an.

„Was hast du am Fluss gemeint? Was wir hätten merken müssen? - wir Akademiker", setzte er hinzu. Ich zögerte, unsicher noch.

Er lehnte sich zur Seite und zog ein sorgfältig gebügeltes Stofftaschentuch aus der Hosentasche und fuhr sich damit über die Stirn. Eine vertraute Geste, genau wie Francesco, dachte ich.

Er boxte mir kumpelhaft in die Rippen.

„*Credim* - glaube mir - bei mir hat sich schon so mancher beklagt. Schon von Berufs wegen bin ich ein guter Zuhörer, es sei denn, die Klage ginge über mich."

Mir war nicht zum Scherzen zumute. Würde dieser fremde Vater neben mir zu einem Lichtblick der Hoffnung? Hoffnung gegen die Vergeblichkeit. Vergeblich hatte ich bei meinen Brüdern den Hauch eines humanen Gedankens gesucht oder auch nur einen Anspruch, der Menschenwürde zu erkennen gegeben hätte, aber nichts: keiner hatte etwas zum Guten getan oder gesagt. Sie lebten in dem Haus bei der Mühle ihr normales Leben im Zeitalter der Zivilisation, ohne allerdings davon Gebrauch zu machen. Irgendwann in der Vergangenheit hatte die Entartung eingesetzt.

Wir saßen immer noch auf dem Felsstück. Ich stützte meinen Kopf in die Hände. Ansehen konnte ich Luciano nicht. Wie sollte ich beginnen? Mühsam meisterte ich das stockende Geständnis meines Versagens mit der Folge der Unabänderlichkeit, der Schande, die all das, was Geborgenheit und Innigkeit in der Familie ausmacht, unmöglich gemacht hatte.

Er hörte mich an, unterbrach mich nicht, ließ mich ausreden. Ich sprach viel durcheinander, bemühte mich um Chronologie, redete, wie ich selten mit jemandem gesprochen hatte, mit Ausnahme von Francesco und Christina. Während ich es tat, war ich nicht der wütende, verleugnete Sohn, kein finster dreinblickender Rächer für vergangene Versäumnisse. Es war so erleichternd, endlich in entblößender Weise über das Vergangene reden zu können – wie ich mich früher geirrt hatte in der Annahme, Giuliana helfen zu können. Ich schaute auf in den Himmel. Luciano saß einfach da. Auf seinem Gesicht lag nur der allerleiseste Schleier einer Verstörung. Er sagte kein Wort. Es war das erste Mal, dass ich ihn nach dem kleinen goldenen Kreuz greifen sah, das auch er, wie die meisten meiner Landsleute, an einer Kette um den Hals trug. Er sah vor sich hin, ließ sein Kreuz wieder auf die Brust fallen und streifte mit dem Zeigefinger über meinen Handrücken.

„Gehen wir erst einmal essen. Wir müssen in Ruhe nachdenken, und das kann man nur bei einem guten Essen."

Er erhob sich, machte ein paar Schritte und blieb dann nachdenklich stehen.

„Deine Mutter und Ernesto haben aus Gewissenlosigkeit oder Unwissenheit die Erziehung deiner Brüder vernachlässigt. Die furchtbaren Folgen sind nicht ausgeblieben. Der Rechtsanwalt in mir sagt mir natürlich, dass wir gegen deine Brüder vorgehen sollten. Aber können wir das, ohne deiner Schwester zu schaden? *Pazienza, pazienza.* Wir werden gut überlegen müssen."

Aber wie, fragte ich mich. Schließlich verbot sich eine Anklage. Ein Zurück gab es nun allerdings nicht mehr – zu spät. Ich hatte einen anderen Menschen eingeweiht: meinen leiblichen Vater. Wie weit konnte ich ihm vertrauen? Ich sollte die Möglichkeit nicht ausschließen, dass er plötzlich selbständig vorgehen würde, ohne sich mit mir abzustimmen. Seine Arroganz würde ihn vielleicht dazu verführen. Hoffentlich irrte ich mich nicht in ihm.

Aber nein, er würde sich auch mit Francesco besprechen. Er war sein Bruder. So wie Francesco mich von meinem Elternhaus befreit hat, würde Luciano zu mir halten und mir helfen.

Wir wanderten um die Spitze des Monte Nerone herum, redeten kaum. Jeder war mit seinen Gedanken beschäftigt. Auf der anderen Seite der Bergspitze lag im Wald auf einer kleinen Lichtung das Restaurant Martinelli.

Der Gastraum war voll. Wir waren nicht die einzigen Wanderer. Der Wirt begrüßte Luciano wie einen alten Freund und führte uns an einen ruhigen Tisch in einer Ecke. Er empfahl uns die hausgemachten *tagliatelle con porcini* und danach *tagliata di manzo con rucola*, eine saftige Rindfleischscheibe auf Rucola.

Auch während des Essens herrschte nachdenkliches Schweigen zwischen uns. Ich hatte Schwierigkeiten, das Gericht zu genießen. Meine Gedanken mahlten und kreisten, kreisten und mahlten. Erst als die *crema al mascarpone* serviert wurde, beugte sich Luciano zu mir und sagte leise: „Ich habe eine Vorstellung, wie wir, ohne vor Gericht oder an die Öffentlichkeit zu gehen, die Taten deiner Brüder sühnen und vergelten könnten."

„Ich verstehe nicht, wie du das ohne ein Gerichtsverfahren erreichen willst."

Er lächelte bedeutungsvoll und schlug vor, zurück nach Urbino zu fahren. Er müsse auf dem Rückweg noch ein wenig über die Einzelheiten nachdenken, bevor er uns bei Francesco seinen Plan erläutern würde.

„Wirst du Francesco von Giuliana erzählen?"

„Ich glaube, das ist deine Angelegenheit, Valerio. Ich werde ihm zwar meine Gedanken dazu erläutern, aber zuvor musst du ihn einweihen, auch wenn es dir schwerfällt."

„Ich bin mir nicht sicher, ob es klug wäre, Francesco in seiner jetzigen Verfassung damit zu belasten. Zwar ist er immer verständnisvoll gewesen – aber diese Unge-heuerlichkeit... Er wird nicht begreifen, dass ich ihm das verschwiegen habe."

„Francescos Gesundheit ist nicht gut, das stimmt. Aber er wird es ertragen. Es wird ihn nicht umbringen."

Auf dem Rückweg zum Auto stand die Sonne schon niedrig und tauchte die Wiesen in gold-oranges Licht. Ich fragte mich, warum ich erst heute alles so klar sah. Giuliana und ich, wir waren uns viel zu ähnlich. Sie hat ertragen und ich habe weggeschaut – keiner von uns hat gehandelt. Sie ist verletzt worden, so früh schon, gewaltsam und irreparabel. Aber es war kompliziert. Ich war all die Jahre zu feige gewesen. Aber es kann sich wohl niemand aussuchen, wer er ist. Ich hatte den einfachen Weg gewählt. Der Preis dafür war die Selbstverachtung.

Kapitel 23

Francesco und Christina saßen vor dem Kamin, jeder mit einem Glas Rotwein. Eine geöffnete, halbvolle Flasche Sangiovese stand auf dem Beistelltisch. Sie sahen uns erwartungsvoll an. Francesco schien gut gelaunt zu sein, ohne jede Müdigkeit. Christina hob mit einem strahlenden Lächeln ihr Glas und begrüßte Luciano mit den Worten: *„Buongiorno,* oh, habe ich jetzt endlich Gelegenheit, Valerios Vater kennenzulernen?"

Luciano ging auf Christina zu, beugte sich zu ihr und küsste sie auf beide Wangen. „Willkommen in der Familie, Schwiegertochter", sagte er mit einem umwerfend charmanten Lächeln.

Ich war deprimiert und massierte mir unbehaglich den Nacken. Es war mir peinlich, welche Abgründe ich gleich vor Francesco ausbreiten musste. In dem Gefühl, dass mich plötzlich alle erwartungsvoll ansahen, wandte ich mich um und starrte auf die Bilder Giorgo Morandis, während hinter mir Stille herrschte.

Francesco brach das Schweigen. „Valerio, du siehst ein bisschen sehr blass um die Nase aus, um nicht zu sagen: Du bist kalkweiß. Was ist los?"

Ich blinzelte wie aus dem Schlaf gerüttelt. Blass um die Nase - eine der typischen Redewendungen Francescos. Mit einem Stich erinnerte ich mich daran, dass er das immer dann zu mir gesagt hatte, wenn ich in meine düsteren Gedanken versunken an Giuliana gedacht hatte. In meinem aufgewühlten Zustand zweifelte ich keinen Moment daran, dass er mir mein Schweigen nie verzeihen würde.

Luciano sah mich an, hob das Kinn auf eine Weise, die für einen Moment wieder den arroganten Luciano erkennen ließ.

„Komm schon, Valerio ", sagte er und schlug mir so heftig mit der Hand auf die Schulter, dass ich zusammenzuckte. Bringen wir es hinter uns."

Francesco runzelte die Stirn. „Was wollt ihr hinter euch bringen", fragte er und kippte den Rest aus seinem Rotweinglas in einem Schluck herunter.

Ich setzte mich wieder zu ihnen und begann weitschweifig, monoton und so leise, dass Francesco sich vorbeugte, um mich zu verstehen.

„Meine Familie... Du weißt immer noch nicht alles. Selbst mit dir konnte ich nicht darüber sprechen." Ich verstummte.

„Valerio, ich wusste doch, dass du mit deiner Familie Probleme hattest. Gab es denn noch etwas, das ich hätte wissen müssen?"

„Meine Brüder...", sagte ich und starrte auf Francescos leeres Weinglas in seiner Hand. „Es fällt mir unsagbar schwer, darüber zu reden."

Francesco streckte den Arm nach mir aus und ergriff meine Hand.

„Valerio, wir beide wissen so viel voneinander. Was sollte es geben, das unser Vater-Sohn-Verhältnis trüben könnte? Was es auch sei, mich alten Mann kann nichts mehr erschüttern."

Ich war unglaublich gerührt, dass er mich Sohn nannte.

„Meine Brüder", sagte ich bitter und ließ seine Hand los. „Meine Brüder haben über viele Jahre Giuliana missbraucht – und ich habe es gewusst. Ich habe mich auch schuldig gemacht – durch mein Schweigen."

Ich verstummte, als ich die Erschütterung in Francescos Gesicht wahrnahm.

„Oh", Francesco atmete geräuschvoll aus. „Jetzt verstehe ich deine häufigen, extremen Stimmungsschwankungen."

Er schloss einen Moment lang seine Augen und öffnete sie wieder.

„Und", mischte sich Luciano ein, „das Verdammte daran ist natürlich, dass sie bis heute unbehelligt weiterleben, als wäre niemals etwas geschehen. Deshalb müssen wir etwas unternehmen", sagte er mit schmalem Mund und schlug energisch die Beine übereinander.

Ich rieb mir die feuchten Hände an den Schenkeln meiner Hose ab und sah Francesco mit gesenktem Kopf an. „Ich weiß, rückblickend ist es unverzeihlich, dass ich mich nicht wenigstens dir offenbart habe. Du hättest vielleicht etwas unternehmen können. Aber ich habe mich unendlich geschämt und war ein feiger Hund."

Ich erwartete nicht, dass einer der drei sagte, nein, das warst du nicht. Kopfschüttelnd schaute ich auf meine Hände. „Ich meine, *Dio mio,* das verzeihe ich mir nie, niemals."

„Ja", sagte Francesco, und über uns senkte sich ein bleiernes, anscheinend nicht zu brechendes Schweigen. Weil ich nicht wusste, was ich noch sagen sollte, legte ich meine Hand auf seine. Er entzog sie mir nicht und so saßen wir unbehaglich lange da.

Am Ende war es Luciano, der zuerst wieder sprach.

„Wie dem auch sei. Ich bin der Meinung, dass nicht nur die drei Brüder zur Verantwortung gezogen werden sollten, sondern auch die Eltern. Sie wussten Bescheid. Sie sind vor dem Gesetz ebenfalls schuldig. Auch sie würden, ginge man vor Gericht, bestraft werden."

Ich räusperte mich. „Giuliana wäre niemals einverstanden. Wir würden damit ihrem Leben den Rest geben. Wir können nicht vor Gericht."

Unter den Blicken Francescos kam ich mir unwürdig und klein vor. Christina, der meine Anspannung nicht entgangen war, auch nicht Francescos häufige Blicke in meine Richtung, bohrte nach. „Hast du denn einen Vorschlag, Luciano? Gibt es eine Möglichkeit der Wiedergutmachung für Giuliana?"

„Wiedergutmachung kann es nicht geben. Ich habe nachgedacht und könnte mir vorstellen, dass auf einem anderen Wege so etwas wie Sühne erwirkt werden könnte. Ich erkläre euch jetzt genau, was ich denke."

Wir sahen ihn an und warteten. Es schien, als versuchte er seine Gedanken so zu formulieren, dass wir sie sofort verstehen konnten. Er schürzte die Lippen und wandte sich an mich.

„Valerio, wir sollten versuchen, deiner Schwester ein sorgloses Leben zu ermöglichen. Das Trauma des Missbrauchs können wir ihr nicht nehmen, aber wir könnten ihr wirtschaftliche Unabhängigkeit ermöglichen. Das wäre das Mindeste, was ihre Eltern ihr schuldig sind. Ernesto und deine Mutter müssten ihr Haus- und Grundvermögen allein auf deine Schwester übertragen."

Er schaute uns der Reihe nach an und schien äußerst zufrieden mit sich und seinem Vorschlag zu sein.

Einen Moment lang schien mein Verstand den Sinn dessen nicht zu erfassen. In dem schattendunklen Zimmer drang ein letzter Strahl der untergehenden Sonne durch die geschlossene Terrassentür, fiel quer durch den Raum und fing sich in dem leeren geschliffenen Weinglas Francescos: flackernde Prismen, die über die Wand huschten und auf dem Kaminsims gebrochen wurden. Es roch stark nach dem Feuer im Kamin, harzig-holzig.

Durch meinen Körper gingen Wellen, wie so häufig in Stresssituationen, das alte Echo der Beben.

„Was soll das werden? Wiedergutmachung durch eine materielle Entschädigung? Was für ein oberflächlicher Gedanke. So geht das nicht! Meine Eltern haben es sich zwar immer leicht gemacht. Sie haben nie aus eigenem Antrieb gehandelt. Hierbei würden sie aber niemals stillhalten." Ich schüttelte den Kopf. „Sie werden ihrer Tochter nie und nimmer den ihren Söhnen zustehenden Platz überlassen. Und selbst wenn, meine Brüder würden sich das auf keinen Fall gefallen lassen."

Luciano bedachte mich mit einem knappen Lächeln und zog die Brauen hoch. Vielleicht lag es an diesem schmalen Lächeln, dass ich unerwartet heftig wurde.

„Wie soll das funktionieren?" rief ich ärgerlich. „Ich muss wirklich sagen – theoretisch kann man viel reden. An meinen Brüdern werden wir jedenfalls scheitern. Sie werden auf ihren Erbanspruch nicht freiwillig verzichten."

„Ja?" fragte Luciano und lehnte sich auf seinem Stuhl zurück. „Ich fürchte, da bin ich anderer Meinung. Sie werden sich fügen mit dem Hinweis auf einen anzustrengenden Prozess. Natürlich muss das alles notariell festgelegt werden. Und, lass dir das eine sagen: wer nicht mehr kämpft, der lebt nicht mehr."

„Gibt es nicht manchmal Situationen, wo sich das Abfinden mehr lohnt als das Kämpfen", fragte ich etwas lahm.

Er seufzte und sah genervt aus. Es folgte eine erwartungsvolle, scheinbar endlose Pause – als ob Luciano aus einem Drehbuch vorgelesen hätte und wir anderen voller Gewissheit darauf warteten, dass er den Rest seines Dialogs vortrug.

Francesco stellte sein Glas energisch auf den Tisch und blinzelte heftig, als habe ihm jemand ins Gesicht gepustet. Über Christinas Gesicht huschte ein respektvolles Lächeln. Auch mir gefiel Lucianos Idee ja eigentlich, auch wenn ich nicht an die Durchführbarkeit glaubte. Bei meiner Reaktion auf seine Worte hatte ich für einen Augenblick so etwas wie Überraschung über sein Gesicht huschen sehen. Doch es war ebenso schnell wieder verschwunden. Er zog aus seiner Jackentasche eine fast leere Packung Zigaretten und schaute Francesco fragend an. Als dieser nickte, zündete er sich eine an und warf die Packung mit schwungvoller Geste auf den Tisch zwischen die leeren Weingläser.

„Was sagt ihr zu meinem Vorschlag? Teilt ihr Valerios Bedenken?", fragte er und wedelte den Rauch vor seinem Gesicht beiseite.

Ich schüttelte den Kopf und richtete meinen Blick auf die in der beginnenden Dunkelheit blaugrau wirkenden

Zypressen im Garten. Zwangsläufig wanderten meine Gedanken zu meinen Brüdern. Wenn ihnen die Existenzgrundlage entzogen würde...? Ich saß ganz still und versuchte nachzudenken. Wie sie reagieren würden, konnte man nicht voraussehen.

Bevor die anderen Luciano antworten konnten, sagte ich: „Also, na ja, es ist sehr kompliziert, glaube ich. Selbst wenn sie sich darauf einlassen würden. Meine Brüder sind Bauern. Sie haben nichts gelernt. Sie würden auf der Straße enden und kriminell werden – ein kleiner Schritt nur bei ihrer Neigung."

„Du denkst: Auf seinem eigenen Misthaufen ist der Hahn der Mächtigste. Und wenn wir ihm den Misthaufen nehmen, läuft er Amok gegen seine Hennen. Denkst du das? Ganz so ist es nicht. Wir haben ja genug gegen sie in der Hand."

Ich war verlegen. „Nicht dass ich Mitleid mit ihnen hätte, aber..."

Luciano spähte scharf blinzelnd durch den Tabakqualm und legte seine Hand beruhigend auf meinen Arm.

„Kein Problem, Valerio. Auch für deine Brüder hätte ich eine Lösung. Ich brauche zum Ende des Jahres Leute für mein *Agriturismo*-Projekt und könnte deinen Brüdern Verträge über die Bewirtschaftung der Felder und des Gasthofes anbieten. Dass sie ihre Arbeit in der Landwirtschaft und im Weinbau verstehen, haben sie bewiesen. Vielleicht könnte ich sogar deine Mutter als Köchin gewinnen." Er lachte. „Ihre Kochkünste haben sich bis Urbino herumgesprochen."

„Was?" Ich blickte verwirrt auf. „Meine Mutter als deine Angestellte – unmöglich. Hast du denn gar keinen Anstand? Ernesto würde durchdrehen."

Luciano lachte dröhnend: „War ein Witz, Valerio!"

Aber, wenn ich ehrlich war, entzückte mich der Plan, zumindest was meine Brüder betraf. Wenn jemand sie würde lenken können, dann Luciano. Er hätte sie in der Hand. Als seine Angestellten würden sie in ihrem Bereich weiterarbeiten können, und ihr Lebensunterhalt wäre gesichert. - Wenn da nicht die Eltern wären.

Ich schüttelte wieder den Kopf. „Nein", sagte ich hastig. „Der Plan kann nicht gelingen. Ernesto würde das Erbe seiner Eltern nie auf eine Tochter übertragen, selbst wenn er die Schuld seiner Söhne eingesteht. Er würde sich weigern, Schwierigkeiten machen."

„Also gut. Und was schlägst du vor, wie wir damit umgehen sollen?" Luciano rieb sich ungeduldig die Augen und wedelte eine Rauchwolke beiseite. „Nun, Schwierigkeiten hin oder her. Wir müssen es versuchen. Und ich bin mir nicht so sicher, dass Ernesto ablehnt. Ich will keine Entschuldigung für ihn suchen, aber vielleicht hat auch er sich gequält. Genau wie deine Mutter ganz sicher unter den Vorfällen gelitten hat. Sie sind zu schwach. Deine Brüder sind stärkere und gröbere Menschen. Ernesto und deine Mutter hatten vermutlich nie eine Chance."

Es entstand ein Schweigen, das – je mehr es anschwoll – immer ernster wurde.

„Und welche Chance hatten Giuliana und ich?" fragte ich nach einer Weile matt.

Jetzt mischte sich Francesco ein. „Valerio, du warst sehr jung. Ich hätte merken müssen, dass da noch mehr war als die Gewalttätigkeit deiner Brüder. Mit deinen Ängsten warst du ganz auf dich allein gestellt. Aber du warst talentiert, so brillant, dass ich mich nur auf deine Erfolge in der Ausbildung konzentriert habe und dass es mir sehr, sehr gut gepasst hat, den Kopf in den Sand zu stecken. Denn irgendwie habe ich ja durch deine Stimmungsschwankungen gemerkt, dass dich mehr bedrückt, als ich wusste. Habe ich genauer nachgefragt? Nein. Glaube nicht. Nicht, dass ich wüsste. Ich hätte fragen müssen, immer wieder fragen müssen. Deshalb bin ich genauso verantwortlich wie du."

Luciano lachte, kurz, scharf. Er machte eine wegwerfende Geste. „Ganz ruhig."

Francescos Worte schienen ihn irgendwie gepackt zu haben. Sah er darin einen offenen Vorwurf seines Bruders? Luciano räusperte sich. Er sagte, und es schien ihn Überwindung zu kosten: „Nun zieh du dir nicht auch noch das Büßerhemd an, Francesco."

Er zog an seiner Zigarette. „Du warst die Chance für Valerio, eine Chance, die ich ihm hätte geben müssen. Wenn hier noch jemand Verantwortung zu tragen hat, dann bin ich es."

Luciano hustete und drückte seine Zigarette aus. Den Seitenblick für die Wirkung seiner Worte hielt er sich offen – ich verübelte ihm das nicht. Er war eben ein guter Redner und Taktiker. Aber hätte er neben dem Reden wenigstens gehandelt, sich gegen das Verschweigen entschieden oder an die Not meiner schwangeren Mutter gedacht? Vielleicht hätte er die krumme Saat von Unnatur und Vergehen, das Böse, das sich in meiner Familie ausbreitete, verhindern können.

Ich blickte ihn an. Alle Arroganz war aus seinem Blick gewichen. Er wirkte fast verlegen.

„Valerio, du gehörst auch zu meiner Familie..."

Ich glaubte, mich verhört zu haben. „Plötzlich gehöre ich zu deiner Familie", unterbrach ich ihn scharf. „Du hast mich belogen, mich verleugnet, dich einen Dreck um mich gekümmert – und jetzt gehöre ich zu deiner Familie? Was für eine Kehrtwendung. Da kann ich mich ja glücklich schätzen", sagte ich ironisch.

Christina legte mir beruhigend ihre Hand auf das Knie. Sie hatte mit höchster Aufmerksamkeit zugehört. Francesco warf mir einen mahnenden Blick zu und schüttelte unmerklich den Kopf.

Luciano sah mich beschwörend an. „Valerio, beruhige dich und höre mir erst zu. Bitte."

Ich nickte düster.

„Ich habe keine Begeisterung erwartet, denke aber, dass du aus Vernunft zustimmen wirst. Da du mich in diese Familientragödie eingeweiht hast, habe ich mir die Freiheit genommen, meine eigenen Mutmaßungen anzustellen. Es ist mein Beruf zu deuten und alle Möglichkeiten bis zur Wurzel zu verfolgen. Also passt auf – wir müssen es versuchen. Etwas anderes können wir nicht tun, wenn wir Giuliana nicht dem Gerede aussetzen wollen. *Sie* war immer die einzige, die wirklich keine Chance hatte. Deshalb sollten wir handeln. Nicht weil die Dinge zu schwierig sind, wagen wir sie nicht, sondern weil wir sie nicht wagen, sind sie schwierig."

Er lehnte sich zurück und lächelte aufmunternd. Ich empfand nichts und sagte nichts.

„Hör zu, ich möchte klarstellen: Die Verantwortung für den Plan liegt bei mir. Ich werde es in die Hand nehmen und die Forderung stellen. Dich werden wir ganz raushalten, wenn es eng wird. Ich will bloß, dass du das weißt."

„Sicher." Ich stand auf und ging ans Fenster. Reflexartig wandte ich ihm den Rücken zu. „Wenn wir etwas für Giuliana tun wollen, sollten wir uns nicht von Zweifeln leiten lassen, sonst werden wir ganz sicher scheitern. Trotzdem, wollen wir es für heute dabei belassen, ja? Wir könnten morgen weiter reden. In Ordnung?"

Schon wieder das Bestimmende. Er beschloss, er plante, er führte aus. Es ärgerte mich, dass er mich für illoyal und schwach hielt. Natürlich würde ich mich nicht drücken. Ich würde ihm helfen, wo ich konnte, auch wenn es meine letzten Reserven kostete. Irgendwie würde ich es schon schaffen. Lucianos Plan war eine Möglichkeit, meine Familie nach so langer Zeit doch noch zur Rechenschaft zu ziehen. Andererseits war ich noch nicht völlig davon überzeugt. Ich wusste, dass ich Zeit zum Überlegen brauchte. Ich musste mich erst von meinem Misstrauen, von meinen Zweifeln befreien. Was erwartete Luciano denn? Glaubte er, dass er an einem einzigen Tag mein Vertrauen gewinnen konnte?

Luciano ärgerte sich sichtlich über meine Unentschlossenheit. Er schaute Christina aus seinen fordernden graublauen Augen an.

„Auch wenn ich dich noch nicht gut genug kenne, machst du auf mich den Eindruck einer sehr pragmatisch denkenden Person." Er deutete mit dem Kopf in meine Richtung. „Rede mit ihm, dann sehen wir weiter."

Nun war es an Christina, verlegen zu sein. Sie sah mich an und zuckte mit den Schultern. Nur selten hatte ich bei ihr erlebt, dass sie eine Antwort schuldig blieb. Natürlich wusste ich, dass sie nach anfänglicher Skepsis von Lucianos Plan überzeugt war. Aber genauso gut wusste ich, dass sie mein Zögern verstand.

Und wofür hielt mich Luciano eigentlich? Für einen Feigling, dem der Mut zum Handeln fehlte? Ja, natürlich. Ich konnte es ihm nicht verdenken. Ich hatte aus Feigheit nicht gehandelt, es mich in meinem NON MI IMPORTA NIENTE bequem gemacht.

Ich würde mit Christina sprechen und auch noch einmal mit Francesco.

Kapitel 24

Ich wachte neben Christina auf, als sich die Dunkelheit im Zimmer lichtete. Durch das halb geöffnete Fenster strömte frische Morgenluft. Ich sah mich im Zimmer um, mit einer auf nichts Bestimmtes gerichteten Aufmerksamkeit. Hier hatten wir also schon seit zwei Nächten übernachtet. Alles schien mir fremd. Unter dem Fenster stand ein schmales, hart aussehendes, mit rostfarbenem Samt bezogenes Sofa und schneckenförmiger Arm- und geschnitzter Rückenlehne. Aber es verschwand unter den überflüssigen Kopfkissen aus dem Doppelbett und der Tagesdecke, die wir am Abend zuvor dort abgelegt hatten. Auf dem Teppich davor lag ein aufgeklapptes Buch mit den Seiten nach unten, in dem Christina noch gelesen hatte, bevor sie sich zu mir ins Bett gelegt hatte. Auf einem kleinen Tischchen daneben standen staubgraue Straußenfedern in einer der berühmten urbinischen Maiolicavasen und eine leere Teetasse. Diese blau-weiße Keramik, manchmal auch mit einem Hauch grün darin, war weltbekannt. Besonders bei Antiquitätenhändlern wurde man fündig, wenn man danach suchte. Mir war unbehaglich zumute in der traumartigen Unterwasserstimmung des halbdunklen, engen Zimmers, in dieser Stille.

Ich drehte mich zu Christina, schaute sie an und wartete. Sie schlief noch fest. Der gestrige Abend war vergangen und ich lag hier neben meiner wunderbaren Frau. Wie viel Glück hatte ich! Doch obwohl sich alles gut zu entwickeln schien, wie der Schlussakt eines trivialen Theaterstücks, war ich bedrückt. Warum genau ich mich so verloren fühlte, war mir schon klar. Meine Familiengeschichte war noch nicht zu Ende erzählt. Wie würde das Ende sein? Doch selbst wenn sich Lucianos Plan umsetzten ließe, würde ich mein Versagen nicht vergessen können. Trotzdem - ich wusste auch, dass mein unmittelbares Problem darin bestand, mich einem eskalierenden Familiendrama zu stellen. Am meisten Sorge bereitete mir nach wie vor Ernesto, auch wenn ich versuchte, seine Reaktion auf unsere Erpressung – denn nichts anderes war es – aus meinen Gedanken zu verdrängen. Ich wollte mir nicht ausmalen, was geschehen könnte, wenn Ernesto und meine Mutter sich auf nichts einließen, aber ebenso, wenn sie sich darauf einließen. Es quälte mich, wenn ich daran dachte. Es hatte mich die halbe Nacht wachliegen lassen. Ich fühlte mich, als habe man mich auf den Boden der Realität gestoßen. Eine Realität, die jedoch vergangenes Böses nicht in künftige Akzeptanz verwandeln würde.

Trotz allem war ich mir der Richtigkeit meiner Entscheidung sicher – denn ich hatte mich längst entschieden, mit Luciano diesen Weg zu gehen. Ich wusste, dass Christina mich unterstützen würde. Sie hatte mir von Anfang an ein Gefühl von familiärer Sicherheit und Geborgenheit gegeben, das bei mir seit Jahren ausgetrocknet war. Auch hierbei würde sie an meiner Seite stehen. Ihr Motto war: Kinn hoch und angesichts einer Tragödie weitermachen. Aber trotzdem. Aber trotzdem...

Also weiter – erst einmal den neuen Tag beginnen. Um mehr Zeit zu gewinnen und zwischendurch einmal abschalten zu können, hatten wir beschlossen, den alten

Luca Duranti und seine Frau Filomena zu besuchen. Den alten Luca mit seinem guten Wein und seine Frau Filomena, die für ihre hausgemachten Spaghetti und ihr Kaninchen mit Oliven und Fenchel in der Gegend berühmt war.

Auf der *Strada Rossa* nach Fermignano herrschte ungewöhnlich viel Verkehr für einen Sonntag. Vor der Stadtmitte stießen wir auf abgesperrte Straßen. Da fiel es mir ein: Heute wurde das *Festa della Rana* gefeiert. Als ich Christina davon erzählte, hob ihre Euphorie meine Stimmung. Sie wollte sich unbedingt dieses Straßenfest ansehen, in dem Frösche eine Hauptrolle spielten. Wir stellten das Auto ab und gingen zu Fuß zur Piazza. Es hatten sich die Mannschaften aus Fermignano und den umliegenden Ortschaften in historischen Gewändern zu einem Rennen aufgestellt. Wir gingen näher heran, um besser sehen zu können. Frösche wurden in Schubkarren gesetzt. In atemberaubendem Tempo rannten jeweils zwei Mannschaften von der Piazza die Hauptstraße entlang bis zum 500 m entfernten Ziel. Dabei durfte kein Frosch aus den Schubkarren springen. Der Mannschaft, der das gelang, gehörte der Sieg. Es war ein Trubel und ein Geschrei, wie auf einem mittelalterlichen Marktplatz. Christina beobachtete amüsiert das wilde Treiben. Wenig angetan war sie allerdings von den Verkaufsbuden, in denen Frösche gegrillt oder gebraten und von den begeisterten Zuschauern verspeist wurden. Sie hatte genug. Wortlos drehte sie sich um und ging zum Auto.

„Tut mir leid, aber mir ist schlecht. Frösche – igitt... Lass uns schnell zu den Durantis fahren, auf einen normalen Bauernhof mit Kühen und Geflügel, bei deren Anblick mir nicht schlecht wird."

„Ich wusste nicht, dass du dich vor Fröschen so ekelst", sagte ich grinsend. „Bisher ist mir nur aufgefallen, dass du dich vor Insekten, wie Spinnen und Käfern aller Art, eher *nicht* ekelst. Die nimmst du doch sogar in die Hand und beförderst sie aus der Wohnung ins Freie, damit ihnen kein Leid geschieht. Na, jedenfalls beruhigend, dass auch du irgendwo deine Ekelschwelle hast."

Sie lachte und boxte mir übermütig in die Seite.

Ich brauchte den Weg zu den Durantis nicht zu suchen. Die Gegend hier kannte ich noch ganz genau. Es hatte sich ja auch nichts verändert. Wir fuhren auf einem schalen Weg den Berg empor.

Christina schaute sich noch einmal nach Fermignano um, das jetzt schon etwa hundert Meter unter uns lag und sagte: „Ihr Italiener seid ganz schön gaga. Deine Tante Rosanna hatte schon Recht. Es sind eindeutige Symptome von Irrsinn, wenn in Gubbio die Zünfte mit zentnerschweren Kerzen die steilen Straßen hinauf rennen oder hier in Fermignano Rennen mit Fröschen in Schubkarren veranstaltet werden."

„Ach nee! Und was ist in Deutschland zu Karneval los? Da lebt sich doch der ganze germanische Wahnsinn auf den Straßen aus. Oder das Oktoberfest in München, wo literweise Bier zu irren Preisen gesoffen und dann zu gruseliger Musik eingehakt geschunkelt wird. Und wenn es dann für den einen oder anderen zu viel des Guten wird, landet er in der Ausnüchterungszelle der Polizei direkt auf der Wiesn."

„Na ja.!" Christina lachte. „Jede Nation hat eben ihre Macken."

Wir parkten das Auto vor dem Gehöft der Durantis in den Hügeln über Fermignano. An das Wohnhaus schlossen sich ein Stall und ein Heuschober an. Aus einem Taubenschlag über dem Stall starteten zwei Tauben in den wolkenlosen Himmel.

Filomena sprang von ihrem Stuhl vor der Eingangstür auf. Hier hatte sie auch schon in früheren Jahren in ihrer freien Zeit gesessen, mit einer Handarbeit beschäftigt. In Erinnerung war sie mir als farblose Frau geblieben, trübselig und dürr. Als sie jetzt vor uns stand, erschrak ich ein wenig. Die Zeit hatte ein übriges getan und ihre Spuren hinterlassen. Ihre Haare waren überwiegend grau und lange nicht mehr in Form geschnitten. Falten durchzogen ihre braune Gesichtshaut wie Meereswellen. Die tiefen violetten Schatten um die Augen sahen aus, als sei ihr Nasenbein gebrochen. Ihr Alter war nicht zu bestimmen. Sie passten gut zusammen – sie und der alte zerknitterte Luca.

Filomena umarmte mich und gab mir feuchte Küsse auf beide Wangen. Sie verzog ihren Mund zu einem breiten Lächeln, was den dicken Belag auf ihrem ruinierten Gebiss erkennen ließ. Zahnbürsten schienen im Hause Duranti nicht zu existieren.

„Ciao, che sorpresa, che bello, Valerio. *È un piacere."*

Ich stellte Christina vor. Auch sie kam um die feuchten Küsse nicht herum. Als ich ihren Gesichtsausdruck sah, wünschte ich für einen Augenblick, wir wären nicht gekommen. Filomena schien mein Zögern zu bemerken. Sie ergriff meinen Arm zog mich vor die Eingangstür und sagte: „*Avanti*, Valerio, *avanti*!"

Von einem Plastikstuhl vor der Haustür erhob sich Aurelia. Sie war mit Pepe, dem ältesten Sohn der Durantis verheiratet. Eine dicke, kräftige Frau von etwa dreißig Jahren, mit wässrig blauen Augen und roten Haaren. Ihre obersten Blusenknöpfe waren noch offen und der Kragen legte sich lose und schmuddelig um ihren Hals. Sie hatte wohl gerade ihr Kind gestillt und hielt es eng an ihre Brust gepresst. Um ihre Beine gackerte eine Schar Hühner.

Ich wollte die verlegene Stille unterbrechen und fragte Filomena im Dialekt: „Sag mal, wann lädst du mich wieder einmal zu deinem Kaninchen mit Fenchel und Oliven ein?"

„Wann du willst, Valerio, und deine *bella donna* natürlich auch. Wenn du nur vorher Bescheid geben willst..."

„Wir müssen demnächst wirklich etwas verabreden, bevor wir wieder nach Deutschland zurückfliegen."

Aus den Augenwinkeln sah ich, dass Christina die Augen verdrehte und war überrascht, dass sie das Gespräch im Dialekt verstanden hatte.

Ich sagte: „Du musst wissen, Filomenas Kaninchen ist einfach phantastisch."

Filomena lachte und wandte sich sichtlich geschmeichelt an Christina: „Signora, wollen Sie einen Blick in den Stall werfen? Wir haben gut und gern sechs Kühe."

Wir folgten ihr auf dem gestampften Weg zwischen Wohnhaus und Stall. Trotz ihres Alters bewegte sie sich anmutig, fast tänzerisch. Ihre Haltung hatte etwas mühelos Schwebendes, trotz der abgetretenen, schmutzigen Pantoffeln an ihren Füßen. Aus der Tasche ihrer bunten Schürze zog sie einen großen Schlüssel und trat beiseite, um uns vorbeizulassen. Ich bemerkte, wie sie einen verstohlenen Blick auf Christina warf, voller Besorgnis, wie mir schien, und zugleich voller geheimer Freude.

Die Abgeschlossenheit lastete überschwer auf dem Stall. Die Ausdünstungen der sechs angeketteten Kühe machten die Luft beinahe zu schwer zum Atmen. Die Tiere wurden unruhig, hofften wohl, aus dem stickigen Stall auf die saftige Wiese in die Sonne geführt zu werden. Filomena ging voraus und tätschelte der in der Nähe der Tür stehenden Kuh den Kopf. Christina und ich blieben allerdings am Eingang stehen.

„Das ist Aurora. Gibt nicht mehr viel Milch. Trächtig wird sie auch nicht mehr. Im November ist es aus mit ihr. Das gibt viel gutes Fleisch."

Die Kühe standen bis zu den Klauen im braunen klebrigen Stroh. Jetzt sah ich, dass es zwischen den Pfosten der Pferche hin und wieder zuckte. Etwas huschte den Pfahl hinauf und hinab, es pfiff, es hüpfte. Etwas kroch aus dem Stroh und wurde wieder unsichtbar: Mäuse. Ich schaute Christina an. Auch sie hatte es bemerkt. Ein Huschen und dazwischen ein Piepsen.

Filomena sagte: „Ach, die Mäuse!" und lachte rau, tief verklingend.

Es schien in diesem Stall vor Mäusen nur so zu wimmeln. Und vielleicht auch vor anderem Getier. Christina machte kehrt. Filomena und ich folgten ihr. Draußen umringten uns Hühner und Puten, aber jedenfalls keine Mäuse.

„Wo ist denn Luca heute unterwegs?" fragte ich.

Filomena lachte ihr raues Lachen. „*Festa della Rana.* Das lässt der sich doch nicht entgehen, und Pepe auch nicht. Werden *completamente ubriachi* zurückkommen. Sitzen doch sowieso nur in der Bar herum und saufen."

Christina stieß mich an. „Müssen wir nicht los? Francesco de Carlo wartet doch auf uns."

Filomena blinzelte heftig und starrte mich an, als sei ihr soeben etwas Entscheidendes über mich klar geworden.

„*Oh Dio, il Dottore. Il Dottore* de Carlo. Er ist der Beste. So einen Arzt findest du nur einmal. Der heilt jede Krankheit. Aber auch jede. Mich hat er kuriert und meine Kinder und Luca auch. *Ah si,* jetzt erinnere ich mich, Valerio. Du hast ja die letzten Jahre bei dem *Dottore* gewohnt, bevor du nach *Germania* gegangen bist."

Nicht sehr höflich schaute ich weg. Ihre penetrante Art fing an, mir auf die Nerven zu gehen.

„Habt ihr schon etwas gegessen?" fragte sie unerwartet.

Ich wusste, Essen war das Letzte, was Christina im Sinn hatte, nachdem sie den Zustand des Hofes und seiner Bewohner gesehen hatte.

„Wir haben keinen Hunger", sagte ich so grob, dass es mir gleich wieder leidtat. Seit ich zurück in Italien war, schienen alle immer nur eins im Kopf zu haben: mich mit gutem italienischen Essen vollzustopfen, weil es in

„*Germania*" ja nichts Vernünftiges, vor allem nichts so Gutes gab.

„Nein, nein, natürlich nicht." Sie wedelte mit der Hand in Christinas Richtung. „Aber kommt trotzdem mit ins Haus. Mir zuliebe."

Mit einem schiefen Lächeln sah ich Christina an. Uns blieb wohl nichts anderes übrig.

Filomena stieß die Tür auf und wir folgten ihr in einen engen Korridor. Erstaunlich, denn in Italien waren die alten Bauernhäuser so gebaut, dass man durch die Eingangstür sofort die Küche betrat. Hier war es also ein Korridor. Rechts und links des schmalen Ganges waren Haken angebracht, an denen neben bäuerlichem Werkzeug auch Arbeitsjacken hingen. Gummistiefel und mit Lehm verdreckte grobe Arbeitsschuhe standen an den Wänden. Für Bilder oder andere Dekoration war kein Zentimeter Platz. Eine Tür am Ende des Ganges war nur angelehnt. Sie stieß die Tür zu einer vollgestopften Küche auf. Es gab dort einen alten italienischen mit Holz zu beheizenden Herd mit einer unpolierten Messingstange an der Front. Auf dem Boden daneben stapelten sich alte Zeitungen, Zeitschriften und Holzscheite zum Befeuern des Ofens. Auf Regalborden stand teilweise angeschlagenes Steingutgeschirr, dicht an dicht, ein halbes Dutzend unterschiedliche Dekore. Neben dem Fenster hing eine grellbunte Darstellung der Kreuzigung Jesu. Im Spülbecken türmte sich Geschirr. Auf einer Arbeitsplatte und auf der Fensterbank standen Medizinfläschchen in unterschiedlichen Größen und Formen. Neben schmutzigen Tassen und verstaubten künstlichen Blumen stapelte sich ungeöffnete Post.

Filomena ließ uns am Tisch Platz nehmen und schob Rechnungen und alte Ausgaben des *Corriere dello Sport* zur Seite.

„*Caffè?*", fragte sie und machte sich am Herd zu schaffen. Wir würden wohl nicht umhin kommen. Christina strich mit dem Daumen über das Blumenmuster der Tischdecke und betrachtete die braunen Ringe, die Kaffeetassen auf der Decke hinterlassen hatten.

Als das Gebräu in dem kleinen *Bialetti*-Kocher übersprudelte, schenkte Filomena uns den dunklen, starken Kaffee ein und stellte eine Dose mit verklebtem Zucker daneben. Zumindest die Tassen machten einen sauberen Eindruck. Während wir unseren Kaffee schlürften, setzte sie sich uns gegenüber, stützte ihr Kinn in die verarbeiteten Hände und sah mich an.

„Und jetzt, Valerio? Wie lebst du in *Germania*. Magst du die Menschen? Und was ist mit dem Essen. Das soll ja dort schrecklich sein."

Ich warf einen kurzen Blick auf Christina. Mag sein, dass sie Filomenas im Dialekt gestellt Frage nicht verstanden oder nicht hingehört hatte. Jedenfalls schaute sie sich ziemlich unbeteiligt in der Küche um.

„Ich fühle mich in Deutschland sehr wohl, und das Essen", sagte ich einigermaßen genervt, „das Essen ist gut. Internationale Küche. Seit Ende des Krieges haben sich die Deutschen zu Gourmets entwickelt."

Sie lachte ungläubig – das Lachen einer dürren Frau, das dennoch seltsam voll und rau klang.

„Na, wie auch immer. Hauptsache du fühlst dich wohl."
Sie beugte sich über den Tisch und fragte flüsternd – sie
nahm wohl an, dann würde Christina nichts hören – und
die deutschen Frauen? Sollen ja keine guten Mütter sein."
Ich seufzte und antwortete nicht. Ein langgezogenes
Schweigen, falsches Lächeln, ein Ort, an dem Worte nicht
funktionierten. Ich spürte die Fremdheit dieses Lebens und
des Ortes, zu denen ich nicht mehr passte.
„Verzeihung Filomena, aber wir müssen jetzt...", sagte ich
und erhob mich. Christina bedachte mich mit einem
dankbaren Blick. Ich schob die Tasse beiseite. „Danke für
den Kaffee", sagte ich pflichtschuldig, und mein Blick
wanderte zur Tür.

Als wir wieder im Auto saßen, ließ Christina die Luft
zischend zwischen ihren Zähnen entweichen. „Und da hast
du früher das „berühmte" Kaninchen mit Fenchel und
Oliven gegessen?" Sie fasste sich mit beiden Händen an
den Kopf. „Da kann ich nur sagen: Oh, *DIO*."
„Ist ja gut", murmelte ich.
Ich war nicht scharf darauf, dieses Gespräch fortzusetzen.

Kapitel 25

Der alte Sanchioni öffnete die Tür schneller als erwartet, während wir noch die Rosen in der Einfahrt betrachteten. Wir atmeten tief ihren Duft ein, um den Geruch aus Filomenas Küche aus der Nase zu bekommen.

Auch der alte Sanchioni roch, aber angenehm und frisch nach Seife. Sein graues Haar war ordentlich glatt hinter die Ohren gekämmt. Als er uns in Francescos Arbeitszimmer führte, hob dieser seine Augenbrauen, offenbar überrascht, uns heute schon wiederzusehen.

„Kommen wir ungelegen?", fragte ich und schaute auf die aufgeschlagenen medizinischen Fachbücher auf seinem Schreibtisch.

„Überhaupt nicht. Im Gegenteil. Ich hatte gehofft, ihr würdet heute wieder vorbeikommen. Eure Gesellschaft ist anregend. Ich habe mich nach langer Zeit wieder ein wenig in meine Bücher vertieft."

Francesco sah heute elegant aus. Er trug einen seiner geliebten hellen Anzüge mit einem bunt gemusterten Seidentuch im offenen Hemdkragen und Valle-Verde-Halbschuhe.

„*Ciao, ciao*, kommt herein."

„Wolltest du ausgehen?" fragte ich. In dem Anzug erschien er mir wie früher. Ein anderer Mensch als am Tag meiner Rückkehr. Nicht mehr dem Tode näher als dem Leben, nicht so melancholisch und abwesend. Er schien aufgeblüht. Fast schwungvoll stand er auf, und umarmte uns.

„No, no, no, ausgehen wollte ich nicht. Ich habe mir nur gedacht, dass es so nicht mit mir weitergehen kann. Jetzt werde ich ja auch gebraucht." Er lächelte vergnügt. „Welche Verspätung, mit dem Leben anzufangen, wenn man schon glaubte, aufhören zu müssen." Mit einem leisen Lachen ließ er sich auf seinen Schreibtischstuhl zurückfallen. „Ihr wollt meinen Rat. Habe ich Recht? Aber erzählt mir doch erst, wie es euch geht und was ihr heute gemacht habt?"

Ich glaube, uns geht es gut", sagte ich mit einem Seitenblick auf Christina.

Wir setzten uns in die Sessel vor dem Kamin und ich wiederholte: „Uns geht es prima, alles läuft gut."

„Ach ja?" Francesco lehnte sich auf seinem Stuhl zurück und ließ seinen eleganten Schuh wippen. Er sah mich lange skeptisch an, ohne etwas zu sagen.

Er hatte mich natürlich wieder einmal durchschaut. Es ging mir ja auch nicht gut. Ich fand keine Worte für das, was ich empfand. Es war, als sei ich aus einem Haus, das ich um mich herum errichtet hatte, durch einen Spalt in gleißende Sonne und durchdringende Kälte gezogen worden. Ich zuckte die Achseln und kratzte mir die Wange. Wie sollte ich beginnen?

Francesco drückte den Klingelknopf unter seiner Schreibtischplatte. „Ich habe mir eine Klingel in die Küche legen lassen", sagte er und lächelte entschuldigend.

„Was möchtet ihr? Wein, Kaffee oder Tee? Donatella wird gleich da sein."

Noch während er das sagte, öffnete Donatella die Tür. Sie bedachte Christina mit ihrem liebenswürdigsten Lächeln, kam auf mich zu und zog mich in ihre weichen Arme. Sie lachte zufrieden: „Valerio, *mio sole*."

Dann begrüßte sie Christina. „Endlich lerne ich Sie kennen. Das wird aber auch Zeit. Ich hatte einige Tage frei, und deshalb hat mich meine Enkeltochter hier vertreten. Sie haben sie ja kennengelernt. Ich freue mich, dass mein Valerio eine so schöne Frau geheiratet hat. *Che bella.*"

„Donatella, bitte bring uns... Ja was denn eigentlich?" fragte Francesco und sah uns an.

„Ich denke, ich nehme einen Rotwein und du Christina?" Christina nickte. „Den haben wir uns heute nach dem Besuch bei Filomena Duranti verdient", lachte sie.

Donatella sah Francesco fragend an. Der nickte. „Für mich auch, meine Liebe und ein paar von deinen köstlichen *antipasti*."

Die Wärme in seiner Stimme war hauptsächlich für sie bestimmt, aber ich spürte, dass diese Wärme auch uns galt. Er schaute Christina an. „So, so, bei Filomena Duranti seid ihr heute gewesen. Ich kann mir vorstellen, wie es euch gefallen hat. Ich kenne sie als meine Patientin. Bestimmt hat sie sich euretwegen ein Bein ausgerissen."

„Hat sie", sagte Christina und rieb sich ein Auge. „Aber ums Essen sind wir dank Valerio herumgekommen."

„Wisst ihr", er beugte sich vor und fuhr mit seinen ausdrucksvollen Händen über seinen Schreibtisch, als streichle er das Holz. „Ihr ältester Sohn Pepe ist nicht von ihrem Mann Luca, mit dem sie noch eine jüngere Tochter und einen Sohn hat. Luca hat auch kaum je einen Gedanken an Pepe verschwendet. Nur zum Trinken nimmt er ihn mit in die Bar. Und weil Pepe von seinem Vater anerkannt werden möchte, säuft er mit ihm um die Wette."

„Oh."

„Pepe war jedenfalls der Prinz seiner Mutter. Ihr Augenstern und so weiter. Er konnte sich alles erlauben. Bevor er Aurora geheiratet hat, trieb er es mit Kellnerinnen in Fermignano und mit einigen Töchtern von den umliegenden Bauernhöfen, jede Nacht mit einer anderen. Der alte Luca hat das alles hingenommen ohne einzuschreiten. Es war ja nicht sein Sohn. Wahrscheinlich sieht er deshalb so zerknittert aus, weil er sich über die ganzen Jahre zusammenreißen und seine Wut in sich hineinfressen musste."

Ich konnte mir vorstellen, dass Filomena es mit den Bäuerinnen in der Nachbarschaft nicht leicht gehabt hatte. Freundinnen hatte sie bestimmt keine. Der Zeigefinger am erhobenen Arm blieb auf sie gerichtet, sie war gefallen.

„Die Eltern von Filomena habe ich auch noch gekannt. Sie konnten nicht lesen und schreiben. Aber, was sage ich", lachte er, „auch sprechen konnten sie nicht. Da, wo sie lebten, gab es auch nichts zu sprechen. Sie wohnten weiter entfernt von Fermignano als die anderen Bauern, inmitten von Pinienwäldern."

Francesco verstummte und blickte sinnend hinaus in die Dämmerung des Gartens.

Und ich dachte an die Pinienwälder meiner Kindheit, spüre das weitläufige Labyrinth zwischen den geraden Stämmen, den weichen Boden aus Nadeln, den Duft meiner Heimat. Dieser Duft! Er fiel mich an in diesem baumlosen Zimmer.

„Wir schweifen aber vom Thema ab", sagte Francesco und sah mich im diffusen Licht der kommenden Dunkelheit mit erstaunlich schwarz wirkenden Augen an.

Ich knipste die Stehlampe hinter seinem Stuhl an und ließ mich wieder in den Sessel vor dem Kamin fallen. Der Pinienduft hatte mich verlassen.

Francesco erhob sich geschmeidig von seinem Schreibtischstuhl und kam zu uns herüber an den Kamin. Ich räumte meinen Sessel für ihn und zog mir einen Stuhl an den Tisch heran.

Donatella hatte indessen den Wein gebracht. Francesco versuchte die Flasche zu öffnen, traf aber mit der Spitze des Korkenziehers nicht in die Mitte des Korkens. Ich nahm ihm Korkenzieher und Flasche aus der Hand, öffnete, goss die dunkelrote Flüssigkeit in die bereitstehenden Gläser. Für Francesco wenig, er merkte es nicht – und plötzlich beschämt, goss ich sein Glas voll – ich war nicht hier, um dafür zu sorgen, dass Francesco weniger trank oder überhaupt das Richtige tat. Auch er hatte ein Schicksal, einen Schmerz. Ich war nicht der einzige. Vielleicht war Lucianos Plan das Zeichen, ein Ausweg für uns alle. Mein Entschluss war gefasst, ich hatte gewählt. Mir blieb eigentlich kein anderer Weg. Ich hatte ihn anfangs nicht gehen wollen, und doch habe ich in ihm den einzigen Faden gefunden, den weiterzuspinnen es lohnte. Ich setzte auf ihn. Denn die Rückkehr nach Deutschland leuchtete vor mir auf. Eine Rückkehr ohne drückende Last. Hier würde ich nicht mehr lange bleiben. Es hielt mich nicht mehr viel an diesem Ort – nur

Francesco und Giuliana und eine noch zu klärende Angelegenheit.

Aber war das nicht genug? Und musste ich nicht gelten lassen, dass die Gerüche, die Farben und Geräusche meiner Heimat mir fehlen würden? Die Augenblicke, die mein Leben bestimmt hatten, werde ich ewig spüren, die abgewandten Blicke, den verhaltenen Atem, die Flüche, die Tränen, das schwelende Entsetzen und die Vorwürfe. Was sollte also eine Flucht?

Versöhnlich sagte ich: „*Zio,* du und kein anderer bist für mich Vater gewesen und Lehrer. Der Vater, den ich mir immer gewünscht, und den ich geliebt habe. Und so soll es auch bleiben. Deine Meinung zu den Fakten ist mir wichtig. So war es früher und daran hat sich nichts geändert. Alles andere ist jetzt nicht mehr wichtig. Deshalb sprich bitte mit uns. Was sagst du zu Lucianos Plan? Deshalb sind wir ja jetzt hier."

Francesco blieb still in seinem Sessel. Im Raum herrschte Stille. Er presste die Augen zusammen als versuche er, seine Gedanken zu sammeln. Dann klapperte er mit den Lidern.

„Natürlich", sagte er sehr leise, sein Blick wirkte starr und abgelenkt. Er gab sich einen Ruck. „Natürlich", wiederholte er. „Valerio, ich muss aber noch einmal auf mein Schweigen zurückkommen." Er sprach jetzt wie zu sich selbst. „An unseren Gedanken leiden wir mehr als an den Tatsachen. Ich muss gestehen, ich hatte damals Angst, dich zu verlieren – damals vor deiner Abreise nach Deutschland. Deshalb habe ich geschwiegen."

Er streckte seine Hand nach mir aus. Ich setzte mich auf die Lehne seines Sessels und nahm ihn in den Arm. So saßen wir eine Weile stumm beieinander. Als ich mich von ihm löste, wirkte er erleichtert und seine Stimmung schien sich zu bessern.

„Ja, dann müssen wir jetzt also über den Plan meines Bruders sprechen", sagte er weich mit einer Stimme, die trotz allem bewirkte, dass mir meine Situation im Allgemeinen wieder ein bisschen leichter erschien.

„Was deine Brüder Giuliana angetan haben", er schüttelte den Kopf, „... ungeheuerlich. Wie hätte ich das ahnen können. Ich konnte es kaum glauben. All die Jahre hast du dich damit gequält. Ich verstehe deine Scham."

Er lächelte entschuldigend. „Ich bin Lucianos Meinung. Deine Brüder können nicht vor Gericht gestellt werden, ohne Giuliana zu schaden. Dieser Plan Lucianos ist aber eine Möglichkeit, sie wenigstens ein wenig zur Rechenschaft zu ziehen. Besonders klug sind sie ja nicht und du bist Zeuge ihrer Taten. Ebenso deine Eltern."

Ich fühlte mich furchtbar müde. Er hatte Recht. Aber ich wusste auch, dass ich ihm noch einiges erklären musste. So gut ich konnte, berichtete ich ihm in kurzen Sätzen sachlich von Giulianas Martyrium, ohne den Versuch einer Rechtfertigung oder einer Erklärung für mein Schweigen. Als ich fertig war, saßen Francesco und Christina einfach da. Ich war verunsichert von ihrem Schweigen, fühlte mich angreifbar. In der Bibliothek war es still bis auf das Knacken der Holzscheite im Kamin. Endlich atmete Christina hörbar aus. Francesco lehne sich zurück und verschränkte die Arme.

„Manchmal nimmt das Leben einen tragischen Lauf, nicht wahr", sagte er. „Alles Weitere wird davon beeinflusst."
Ich schwieg. Was sollte ich auch sagen?
„Ich meine nur" er rieb sich die Stirn, „ich verstehe es erst, seit ich älter geworden bin. Wie merkwürdig das Schicksal ist. Wie viel Elend und Unwägbarkeiten es bereithält, aber auch Glück und Freude. Das ist ein Rätsel, das sich ausdehnt im Leben, weiter und weiter und immer weiter. Alles dreht sich darum: Träume, Vorzeichen, Vergangenheit und Zukunft, Glück und Unausweichliches. Ich bin ja selbst betroffen, wenn ich an Tiziana und Loretta denke. Das Leben ist eben kein fantastisches, lohnendes Geschenk, sondern Kampf auf dem Weg voran zu Alter und Verlust, und doch..."
Er verzog schmerzlich berührt das Gesicht und legte eine Hand an die Schläfe.
„Entschuldigung, ich versuche immer noch, das alles zu begreifen. Warum hast du nie etwas gesagt? Das hättest du doch gekonnt. Das wusstest du", sagte er, als ich den Kopf schüttelte.
„Ja sicher, aber ich hatte Angst vor Ausgrenzung, Angst vor den Folgen eines Skandals, Angst, von dir weggeschickt zu werden."
„Ach, ich hätte mir etwas einfallen lassen und vielleicht hätte ich damals schon Luciano eingeschaltet. Auch er hätte sich dann bekennen müssen."
Von meinem Sessel aus hatte ich freie Sicht auf Giogio Morandis melancholische, mit klarem Strich gemalten Stillleben. An ihnen hielt ich mich immer wieder fest, seit ich zurück war. Es war, als gäben sie mir Halt in ihrer

Klarheit und statischen Gradlinigkeit. Zum ersten Mal erahnte ich den geradezu zwischenmenschlichen Bezug seiner Objekte. Hier saß meine Erinnerung, jenseits aller Worte. Die Erinnerung an die ausgefüllten Tage in dieser Bibliothek, die Erinnerung an die Wertschätzung, an die Freundlichkeit und das Interesse an mir. Das alles hatte ich in diesem Haus erfahren. Und ich habe gelernt, dass es Dinge gab, die mir wirklich am Herzen lagen: die Liebe und Achtung, die ich für Francesco und zu den Menschen in diesem Haus empfand, das Interesse und die Liebe zu seinen Büchern, zu den Gemälden, zu den weichen Teppichen, der geschmackvollen Einrichtung. Plötzlich hatte alles in diesem Haus ein ganz eigenes Leben bekommen, und ich hatte erkannt, dass es Sinn der schönen Dinge ist, das Herz weit aufzureißen. Das alles hatte mein Sehen verändert, mein Denken, mein Fühlen. Es war wie ein Flüstern aus dem Nebulösen, ein individuelles Aufrütteln des Herzens. Dieses Sehen, diese Erkenntnis hatte ich Francesco zu verdanken.

Der Entschluss war gefasst. Wir würden Luciano morgen in Fano vor dem dortigen Gerichtsgebäude treffen, nach einem seiner Gerichtstermine. Ich würde ihm sagen, dass ich bereit war. In mir hatte eine Verschiebung stattgefunden zwischen Wollen und Nichtwollen, Interesse und Desinteresse. Bis heute hatte ich meine Ohren verstopft, das dringende Bedürfnis meines Herzens ignoriert. Nun hatte ich mich auf Kurs gebracht, in der Hoffnung, neu zu beginnen. Ich wollte keine belastenden Geheimnisse mehr, keine falsche Fassade, die ich der Welt zeigte. Ich würde werden und wissen, was und wer ich bin. Und wenn ich in die Vergangenheit zurückgehen könnte? Ich wünschte mir Würde, kindliche Würde, eine Spur mehr Mut und Tapferkeit, Entschlossenheit.

Kapitel 26

Da war der Strand - ganz nah das Meer. Nicht das raue aufgewühlte Wasser der nordischen Meere. Hier an der Adria-Küste war das Meer blau, beinahe völlig ruhig. Ich erinnerte mich aber auch hier an aufgewühlte Wogen, dunkelgrau und unheimlich, wenn der Wind und der Regen die Wellen gegen den Strand peitschten. Aber heute standen wir in der Vormittagssonne im Sand, das Meer wie eine sanfte Einladung vor uns. Wir hatten den ganzen Morgen Zeit, am Strand entlang zu gehen - stundenlang. Erst gegen Mittag sollten wir uns mit Luciano zum *Brodetto di Fano* in der Trattoria Quinta am Hafen treffen.

Die Strahlen der vormittäglichen Maisonne entflammten Christinas rosige Hautfarbe, ihr honigblondes Haar, die blauen Augen. Das typisch Germanische, so offensichtlich zwischen dem Olivbraunen und Rabenschwarzen meiner Landsleute. Gerade dieses offensichtlich Deutsche, das üppige blonde Schöne wurde bewundert. Doch gleichzeitig beobachteten die Italiener misstrauisch die nach ihrer Auffassung vorherrschenden unangenehmen germanischen Wesenszüge wie Autoritätsgehabe, Strenge ohne Toleranz, den Hang zum abstrakten Denken und eine damit verbundene Arroganz. Die eigene italienische Sinnlichkeit wurde deshalb hervorgehoben, die Genussfähigkeit, die gute italienische Küche, die keinem anderen Volk gegeben war, schon gar nicht den Deutschen. Dahinter verbarg sich natürlich die Unzufriedenheit darüber, wie wenig es im Land voran ging. Die Unzufriedenheit darüber, dass die

Regierenden ihre eigenen Taschen mit Geldern stopften, die für den Ausbau der Infrastruktur und soziale Zwecke vorgesehen waren. Warum verdienten Staatssekretäre in Rom mehr als doppelt so viel wie der amerikanische Präsident? All das sah die Bevölkerung. Italien war im Sumpf der Korruption und mafiöser Strukturen steckengeblieben. Wut und Enttäuschung herrschte über die eigene Unfähigkeit, daran etwas zu ändern. Ich hoffte, dass eine junge Politikergeneration irgendwann diese alte festgefahrene Politikerriege ablösen würde. Wenn aber selbst beruflich erfolgreiche Frauen aus dem Bildungsbürgertum Silvio Berlusconi zum Ministerpräsidenten wählten und ihm bescheinigten, dass es niemanden etwas anginge, was er hinter verschlossenen Türen tat, wie konnte man da hoffen?

Doch ich verscheuchte diese unguten Gedanken an diesem herrlichen Morgen am Meer und legte den Arm um Christinas Schultern. Ich richtete meinen Blick auf den feinen goldenen Sand, den das Wasser, wenn die Wellen auf ihn trafen, dunkel werden ließ.

Die ersten Liegestühle der *bagni* warteten auf ihre Gäste. Das Wasser war zum Baden zwar noch zu kalt, aber die Sonne hatte schon genug Kraft, um die vereinzelten Schläfer in den Liegestühlen zu wärmen.

Wir zogen Schuhe und Strümpfe aus und wateten ein paar Schritte ins Meer hinein. Christina breitete die Arme aus, zog die frische Luft in ihre Lungen und drehte sich mit glucksenden Glücksgeräuschen mehrmals um die eigene Achse. Fast hätte sie das Gleichgewicht verloren. Ich hielt sie fest. Eng umschlungen lachten wir beide laut los, als wollten wir das Meeresrauschen übertönen. Wir gingen barfuß durch den nassen Sand, dicht neben den auflaufenden Wellen. Unsere Fußspuren wurden hinter uns vom Wasser sofort wieder überspült. Als der Sandstrand in groben Kies überging und danach von felsigem Ufer abgelöst wurde, suchten wir einen Platz im Schatten eines Felsens und ließen uns in den Sand sinken.

„Da drüben, sieh dir das an." Christina streckte den Arm aus und zeigte auf das Treiben am Strand. „Das ist so ganz anders als an den nordischen Meeren. Der gesamte Küstenstreifen ist in Bewegung."

Jogger liefen am Meer entlang, Fußballspieler wirbelten den Sand auf, Fliegende Händler mit Taschen und Uhren waren unterwegs und Windsurfer versuchten, die leichte Brise auf dem Meer zu nutzen. Dort hinten lag die Mole, die zum Meer hin mit schweren Steinquadern geschützt war. Hinter der Mole pulsierte das Leben. Fano hatte den Charme einer azurblauen Küstenstadt, deren Anfänge bis in die vorrömische Zeit zurückreichten.

„Früher war ich häufig mit Francesco und Tiziana in Fano" sagte ich und sah in den strahlend blauen Himmel. „Diese langen Strände sind phantastisch. Mehr als 20 km Strand gibt es hier von Pesaro bis Marotta. Und Fano selbst ist beeindruckend. Nachher wirst du einen ganz anderen Teil der Stadt, das alte Fano, sehen. Es wird dir gefallen."

Lange hielten wir es unter unserem Felsen nicht aus. Die Maisonne brannte schon zu heiß. Wir ließen den Strand hinter uns und gingen zur Mole. Von hier sah der Küstenbogen vielfarbig aus. Azurblau das Meer, der von der Sonne beschienene Strand golden mit den Menschen als bunten Punkten darauf. Die leichte Brise strich angenehm über unsere Haut.

Vor uns tauchten die imposanten uralten Mauern der Stadt auf. Durch den Augustusbogen, der von der Via Flaminia von Rom kommend den Zugang zur Altstadt bildete, betraten wir den historischen Stadtkern.

„Siehst du, hier hinter dem Augustusbogen findet am zweiten Wochenende jeden Monats ein Antiquitätenmarkt statt, ein Eldorado für Sammler seltener Dinge und Kuriositäten."

Christina blieb an fast jedem Schaufenster der Geschäfte in den historischen Gebäuden stehen. Mir schien, als interessiere sie sich mehr für das mediterrane Angebot in diesen aneinander gereihten Läden als für die Architektur Fanos. Doch dann entdeckte sie einen durch einen Toreingang zu begehenden Hinterhof in einem beigefarben verputzten Haus, mit Fensterläden und Rundbogengiebeln, mit Simsen und Säulen. Um die Säulen und über die Giebel hatte sich eine in voller Blüte stehende Glyzinie gewunden. Sie hatte ihre Triebe bis zu dem schmiedeeisernen Tor am Eingang des Hofes geschickt und überspannte mit ihren traubenbehangenen Zweigen nahezu den ganzen Hof. Fasziniert blieb Christina unter der blühenden Pracht stehen. Die gedämpften Farben im Hof schienen an den Gegenständen ein Eigenleben zu entfalten, eine Stimmung aus lichtdurchfluteter Luftigkeit. Die Glyzinie schien das Licht in diesem Hof magisch zu verwandeln.

Christina schluckte einen Freudenschrei herunter.

„Oh, Valerio, ich bin noch nie an so einem wundervollen Ort gewesen."

Erst jetzt fiel mir die kleine Trattoria unter dem Glyzienstamm auf, mit zwei runden Tischchen und vier Stühlen. Wir setzten uns an einen der Tische und bestellten uns als Aperitif zwei alkoholfreie *crodini*. Die junge Kellnerin brachte uns Schälchen mit Nüssen, Kartoffelchips, Oliven und winzige Pizzen. Der samtig-bittere Geschmack der *crodini* breitete sich auf unseren Zungen aus und die beigestellten Tappas rundeten den kleinen Vormittagsgenuss ab. Ich war froh, dass Christina mir gegenüber saß, sonst hätte in dieser wunderschönen Umgebung die Melancholie wieder von mir Besitz ergriffen. So saßen wir und beobachteten die Menschen, die sich, wie wir, an dem Anblick erfreuten. Als wir ausgetrunken hatten, beeilte ich mich mit der Bezahlung. Wir wären gern noch sitzen geblieben, aber unsere Verabredung mit Luciano rückte näher. Christina drehte sich noch ein letztes Mal um, wie eine Frau, die ihren Eroberungen noch einen letzten Blick über die Schulter zuwarf.

Wir warteten am Brunnen vor dem Gerichtsgebäude. Heute am Donnerstag war die Piazza relativ leer. Mittwoch und Samstag waren die Markttage. Da standen Verkaufsstände dicht an dicht und die Menschen drängelten sich in undurchdringlichem Gewühl.

Auf der breiten Treppe vor dem Gericht erschien Luciano. Er winkte uns zu, klemmte seine Aktentasche unter den Arm und kam uns mit schnellen Schritten entgegen.

„Wo seid ihr gewesen? Was habt ihr euch schon angesehen?" fragte er aufgekratzt. Ohne auf unsere Antwort zu warten, fuhr er fort: „Mein Gerichtstermin ist bestens gelaufen. Habe allen Grund, euch zum Essen einzuladen. In der Quinta habe ich schon telefonisch einen Tisch reserviert."

Während wir zum Hafen gingen, erzählte er von der Verhandlung. Er hatte für die streitenden Parteien einen Vergleich erzielt, mit dem sein Mandant und er sehr zufrieden waren. Er sprach mit einer Selbstsicherheit, als habe er für alles genau die richtige Lösung, ohne lange überlegen zu müssen. Auch jetzt beherrschte er die Stimmung wieder so stark, dass ich irritiert einen Moment vor dem nächsten Schaufenster stehenblieb. Schnell schloss ich mich den beiden aber wieder an. Wir waren inzwischen am Hafen angekommen. Luciano und Christina warteten vor der Quinta. Das Haus lag dem Jachthafen gegenüber. Die Tür zur Trattoria war verschlossen. Kurz nachdem Luciano den Klingelknopf neben dem Eingang gedrückt hatte, näherten sich Schritte und die Tür wurde geöffnet. Wir standen einer etwa 70-jährigen, sehr kleinen Frau gegenüber. Mit einer sehr hohen, fast kindlichen Stimme fragte sie etwas kurz angebunden: „Oh, Signore Advocato. *Ha una prenotazione* – haben Sie vorbestellt?"

Luciano erwiderte liebenswürdig, dass er heute angerufen und einen Tisch für drei Personen bestellt habe. Seine Mimik und seine Art zu reden waren knapp und elegant. Ich war erstaunt, dass er der Signora gegenüber seine übliche Arroganz abgelegt hatte und sie stattdessen fast ehrfürchtig behandelte. Natürlich kannten sich beide gut, taten aber alles, um das übliche italienische Begrüßungszeremoniell nicht allzu sehr auszudehnen.

Die Signora lächelte jetzt freundlich. *„Va bene, va bene, Signor de Carlo.“* Und mit einem Blick auf uns: *„Avanti, avanti.“*

Unter anderen Umständen hätte ich Luciano als meinen Vater vielleicht lieben gelernt, aber sein Auftreten, das er jeder Situation zu seinem Vorteil anpasste, stieß mich heute noch mehr ab als früher, als ich von seiner Vaterschaft noch nichts wusste. Mir wurde klar, dass ich mich mit diesem Vater nie besonders gut verstehen würde. Aber das war im Augenblick nicht wichtig. Ich würde mich mit seiner Art arrangieren müssen, wenn ich wollte, dass er mir mit Giuliana half.

Das Restaurant war voll besetzt. Die Jalousien waren heruntergezogen, und die hoch stehende Sonne ließ streifige Schatten auf Tische und Gäste fallen. Wir nahmen Platz.

„Wir speisen hier in einer Trattoria, die schon oft für ihre besonders gute regionale Küche ausgezeichnet wurde“, sagte Luciano und machte ein äußerst zufriedenes Gesicht.

Er bestellte eine Karaffe Wein und den berühmten *Brodetto di Fano,* der hier in unvergleichlicher Weise zubereitet wurde, wie Luciano sagte. Mein nervöser Magen machte sich bemerkbar. Hoffentlich würde ich das Essen genießen können. Die Gerüche waren überwältigend: Wein, Knoblauch, brutzelnde Platten mit Fisch, die eilig aus der Küche getragen wurden. Jetzt kam ein Kellner auf unseren Tisch zu; eine kurze, sich steigernde Spannung. Er trug zwei Teller elegant in der einen Hand und in der anderen einen dritten Teller und ein Körbchen mit frischem Brot. Ich kannte den *brodetto*, eine Fischsuppe, in der mehr Fisch zu finden war als Suppe. Mit Francesco und Tiziana hatte ich sie häufig bestellt. Ein gutes Gericht, willkommen. Anderes hätte mein Magen heute mit mehr Vorsicht begrüßt als diesen leichten *brodetto*. Ich nahm ein Stück von dem warmen Weißbrot, tunkte es in die mit feinem Olivenöl und Knoblauch zubereitete Suppe und war zufrieden. Christina schien es auch zu schmecken, daran gemessen, wie konzentriert sie sich ihrem Essen widmete. Wir aßen und tranken wie Mitglieder einer Familie, die sich ein Leben lang kannten und sich bereits alles gesagt hatten.

Als Luciano gerade eine weitere Karaffe Wein bestellen wollte, kam die Signora an unseren Tisch. Sie ging ständig zwischen den Tischen hin und her und erkundigte sich nach der Zufriedenheit ihrer Gäste. Nun stand sie bei uns.

„Signori, *tutto bene?*"

„*Ottimo*", antwortete Luciano, formte Daumen und Zeigefinger zu einem O. Eine Geste, die ich noch von früher kannte, die optimalen Genuss ausdrücken sollte. Er bestellte eine Fischplatte, die wir uns zu dritt teilten. Mein Magen spielte mit. Der Fisch war köstlich: gegrillte Dorade garniert mit Frühlingszwiebeln. Die silberne Haut des Fisches war auf dem Grill knusprig geworden. An einigen Stellen war sie geplatzt und ließ das weiße Fleisch durchscheinen.

Die Gäste sprachen ungeniert in einer Lautstärke miteinander, die es fast unmöglich machte, sich über ein ernstes Thema zu unterhalten. Unschlüssig überlegte ich, wie ich einen Übergang zu meinen Fragen hier in dieser Umgebung finden könnte. Doch Luciano begann selbst, das Thema anzusprechen. Wir verstanden einander nur, wenn wir unsere Köpfe über dem Tisch zusammensteckten und die Unterhaltung nur kurz unterbrachen, um ein Stück Fisch in den Mund zu schieben.

„Wie habt ihr entschieden? Wie sollen wir vorgehen?" fragte Luciano und winkte mit einer Geste den Kellner heran.

„Dolce! Was wollt ihr zum Nachtisch?" fragte er, an den Resten seines Fisches kauend.

Wir entschieden uns für die Empfehlung des Kellners: *Sorbetto al limone,* eine leichte Verdauungshilfe für den Fisch.

„Wir werden nach deinem Plan vorgehen", sagte ich.

„Zuerst muss ich aber mit Giuliana reden. Sie muss zustimmen, sonst wird daraus nichts."

Luciano verzog das Gesicht. Er machte ein Geräusch: „Pfft, na dann mal sehen".

Er sagte es derart höhnisch und provozierend, dass ich scharf wurde. „Es betrifft Giuliana! Nur sie allein muss entscheiden."

„Nun, ich meine. Sie sollte nicht zögern. Es wäre ja nur zu ihrem Vorteil."

„Ich werde morgen mit ihr reden und dir dann eine endgültige Antwort geben."

Christina hatte unserem Gespräch zugehört, sich aber jeden Kommentars enthalten.

Luciano zuckte mit den Achseln. „Va bene, va bene, warten wir es ab." Dann setzte er nach einigem Zögern noch hinzu: „Du fühlst dich nicht wohl in deiner Haut, wie? Ist nicht zu übersehen. Dein schlechtes Gewissen plagt dich. Aber du tust das Richtige." Er beugte sich zu mir über den Tisch und grinste. „Weißt du, Valerio, die meisten Menschen verbringen ihr Leben mit einem schlechten Gewissen und einem verdorbenen Magen. Ersteres werden wir dir nehmen und mit einem verdorbenen Magen brauchen wir hier in der „Quinta" nicht zu rechnen."

Ich musste lächeln. Er wollte mich doch tatsächlich trösten.

„Trotzdem, ich habe kein gutes Gefühl. Aber lassen wir Giuliana entscheiden."

Er wurde ernst. „Man zögert und wartet und wartet und zögert. Nichts ändert sich. Die Versöhnung mit sich und der Welt lässt auf sich warten, das Glück ist nicht perfekt, eine Besserung nicht in Sicht. Glaub mir, Valerio, nicht nur für Giuliana wäre es besser zu handeln. Auch für dich und mich wäre es eine Chance."

Luciano stand auf und bezahlte die Rechnung bei der Signora, die jetzt am Eingang an der Kasse saß.

Draußen im Hafengelände blieben wir stehen und überlegten, ob wir in der nächsten Bar noch einen Kaffee trinken sollten. Schließlich setzten wir uns ohne Kaffee auf die Hafenmole und sahen dem geschäftigen Treiben auf den Fischerbooten zu. Ein schönes Bild. Wir blickten auf die kleine Bucht neben der Mole. Das Meer war an den seichten Stellen hellgrün, in der Ferne aber verwandelte es sich in ein dunkles Blau, das ganz hinten mit dem hellen

Blau des Himmels zu verschmelzen schien. Am Horizont bewegte sich ein einsames Schiff. Einen Moment schauten wir stumm hinaus auf das Meer. Luciano sagte plötzlich völlig zusammenhanglos: „Das Essen war gut, aber Trüffel, ja Trüffel!" Er sah uns an. „Ich habe gesehen, ihr beide esst und trinkt gern. Ihr seid Genießer. Wenn wir die unangenehmen Dinge mit deiner Familie erledigt haben, Valerio, lade ich euch nach Acqualagna ein. In der Trattoria del Parco kann man exzellent Trüffel essen."

Er wandte sich an Christina. „Trüffel sind für uns hier in der Gegend die Diamanten der Wälder. Wir Italiener suchen mit Hunden danach, die Franzosen mit Trüffelschweinen. Jetzt im Mai werden wir allerdings nur die schwarzen Trüffel serviert bekommen – aber auch sie sind vorzüglich." Jetzt dozierte er ein wenig. „Die besten, die weißen Trüffel, werden Ende Oktober, Anfang November aus der Erde geholt. Bei der Trüffelmesse für Großhändler in der ersten Woche im November in Acqualagna, du wirst es kaum glauben - Körbe voll mit den kostbaren weißen Trüffeln. Wenn es ein gutes Jahr mit einer guten Ernte war, kann man schon 100 Gramm für 250 bis 300 Euro bekommen."

Francesco hatte mich das erste Mal mit 18 Jahren zum Trüffelessen mitgenommen, mir aber vorher alles beigebracht, was es über Trüffel zu wissen gab. Er hatte mir das alles sehr ruhig, in seiner deutlichen Sprache erklärt. Ich habe es bis heute nicht vergessen und ich erzählte es den beiden. Jetzt gab ich mich als Trüffelspezialist zu erkennen.

„In Acqualagna wurden 2/3 der italienischen Trüffel gehandelt. Weiße und schwarze Trüffel gibt es überall da auf der Welt, wo das Klima und die Bodenverhältnisse ähnlich sind wie an den bekannten Trüffelfundorten im Perigord, im Piemont, in Istrien oder bei uns in den Marken. Auch mein ungeübter Gaumen konnte sich damals an den kulinarischen Wonnen der Trüffelmahlzeit im Stil der Marken erfreuen. Ich saß mit Francesco und Tiziana an langen Tafeln. Uns wurden nach den Antipasti mit vorzüglichem Schinken, duftender Trüffelsalami und Oliven für jeden weiteren Gang hauchdünne Trüffelscheiben auf die Gerichte gehobelt, deren Duft mich fast ohnmächtig hatte werden lassen." Ich lächelte bei der Erinnerung still vor mich hin. „Francesco hatte mich bei einer späteren Reise im Piemont auch den allerbesten Alba-Trüffel kosten lassen. Der weiße Trüffel der Marken, der Tuber magnatum, hat vielleicht nicht die ganz betäubende Wucht der Trüffel aus der Gegend von Alba, überwältigend ist er in frischem Zustand allemal. Aber auch der schwarze Trüffel, der Tuber melanosporum unserer Region, ist zu Großem fähig", sagte ich voller Überzeugung. „In Deutschland lohnt es sich aber nicht, Trüffel zu kaufen. Als ich mir von meinem ersten Arzt-Gehalt in der Gourmet-Abteilung eines Hamburger Kaufhauses einen 20 g schweren Trüffel gekauft habe, war ich sehr enttäuscht. Er war vertrocknet und damit perfekt geschmacksneutral. Mit Trüffelwurst habe ich ähnlich enttäuschende Erfahrungen gemacht. Die Trüffel darin haben meist nur die Funktion eines Placebos." Ich schaue Christina an. „Weißt du, hier in den Marken können die frischen Trüffel kleine Geschmackswunder vollbringen. Dazu einen der feinen Weißweine der Gegend aus den beiden klassischen Verdicchio-Regionen – Castelli di Jesi und Matelica , und der Genuss ist überirdisch."

Luciano nickte zustimmend. Er war hingerissen von seiner Idee. Christina hatte noch nie Trüffel gegessen und ließ sich von unserer Begeisterung anstecken.

Ich dachte wieder daran, was wir noch alles zu erledigen hatten. „Wir können zusammen noch einiges unternehmen", sagte ich deshalb nüchtern, „sobald alles geregelt ist."

„Vielleicht können wir Francesco dazu überreden, uns zu begleiten. Und was ist mit deiner Familie? Wissen deine Frau und deine Kinder inzwischen Bescheid"?, fragte Christina. „Es wäre doch schön, wenn wir uns alle kennenlernen würden."

Unsere Blicke konzentrierten sich auf Lucianos Mimik. Er wirkte unsicher und wiegelte ab. Die Richtung, die das Gespräch nahm, gefiel im offensichtlich nicht.

„Sollten wir drei uns nicht erst einmal besser kennenlernen?"

Ich war wütend. Mein Verhältnis zu Luciano hatte inzwischen etwas Unberechenbares, Manisches an sich. Er konnte sagen, was er wollte, es deprimierte mich. Und doch war da eine starke Energie zwischen uns, eine zusammendriftende Strömung, eine Hochspannung. Es war nicht so, dass ich seine Entschuldigung für sein Nichtinteresse an mir nicht angenommen hätte. Im Gegenteil, ich hätte nie ein weiteres Wort darüber verloren. Nur – war ich für ihn immer noch eine *persona non grata*?

Ich hatte das Gefühl, er reagierte auf mich mit vorsichtiger, ängstlicher Höflichkeit, die er mit seiner Arroganz und gespielter Zuneigung zu überdecken suchte. Seine Familie musste doch längst eingeweiht sein. Aber darüber sprach er nicht, ging einem Zusammentreffen ganz offenbar noch immer aus dem Weg.

Mit einem eisigen Lächeln nickte ich. Es war ja nicht so, dass ich mit diesem Verhalten nie gerechnet hatte. Ich kam schrecklich gut damit zurecht. Ich fegte keine Teller vom Tisch, schlug nicht mit der Faust gegen die Wand und brüllte nicht herum, was Menschen tun könnten, denen es ergangen war wie mir. Doch manchmal überspülte mich der Schmerz in Wellen, dass es mir den Atem verschlug.

Christina schenkte mir jetzt überreichliche Mengen an Aufmerksamkeit. Sie legte den Arm um mich. Ein Ausdruck von Mitgefühl flackerte über ihr Gesicht.

„Oh, ich verstehe", sagte sie, als verstehe sie in Wirklichkeit keineswegs und habe auch kein Verlangen danach.

Luciano reagierte sofort. „Die Sache ist also die, wisst ihr – und ich bin sicher, bei eurem nächsten Besuch können wir ein Familientreffen veranstalten – aber im Moment ist es nicht machbar. Lorena geht es nicht so gut, und Stefano und Laura sind gerade in Prüfungsvorbereitungen."

In meinem Kopf summte es unangenehm. Mir hätte ja ohnehin vor einem Heile-Familie-Theater gegraut. Aber so deutlich gesagt zu bekommen, dass er kein Interesse hatte, seine Familie und mich zusammenzubringen, war eine ganz andere Sache. Ich hatte genug damit zu tun, meine Wut zu unterdrücken, konnte ihm nicht antworten, obwohl sich harte Worte in meinem Kopf formten. Aber die Gedanken wehten davon und waren glücklicherweise verschwunden, bevor diese meine Zunge erreichten.

Christina hatte sich sofort wieder gefasst und antwortete souverän an meiner Stelle. „Wunderbar, Luciano, lass uns das aufs nächste Mal verschieben. Für heute sollten wir es dabei belassen und zurück nach Urbino fahren." Sie stand auf. „Vielen Dank für deine Einladung. Das Essen war köstlich. Wir werden uns melden, wenn Valerio mit Giuliana gesprochen hat."

Ich stand auch auf und stellte mich in einigem Abstand von den beiden an das Ende der Mole. Das Hellgrün des Meeres war einem dunklen Grau gewichen wie in den Alpträumen, die mich in regelmäßigen Abständen aus dem Schlaf aufschrecken ließen. In ihnen war die Oberfläche des Meeres bewegt - und ich sank und sank. Nach ein paar Metern schon herrschte Stille und ich stieß hinab in Unheimliches, in leblose, riesige Algen, deren oberste Arme mich auffingen und tiefer zogen, bis mich glitschige Schlangenarme zur Beute von Meeresungeheuern machten oder spitze Korallen aufspießten.

Als ich spürte, dass Christina hinter mir stand, drehte ich mich um und legte den Arm um sie. Luciano stand an der Strandpromenade und beobachtete ein paar junge Touristen. Laut schreiende Kids mit bunten Rucksäcken diskutierten darüber, welches die beste Gelateria in Fano wäre – „Eh, Leute, ich hab's im Reiseführer gelesen, die Gelateria del Corso, unbedingt..."

„...Ne, ne, warte mal – Gelateria Italia, direkt am Strand. Weiß ich von meiner italienischen Freundin."

Sie liefen davon – acht oder zehn Leute mit Stirnbändern und Baseball-Caps -, sie lachten, setzten ihre Rucksäcke auf und stritten sich über den kürzesten Weg zu ihrer Gelateria.

„Kommt", sagte Christina, wir sollten jetzt los. „Morgen ist auch noch ein Tag."

Luciano streckte uns die Hand entgegen. Er umarmte Christina mit einer aufrichtig wirkenden Wärme, die mich verblüffte. Mir schlug er kumpelhaft auf die Schulter. *„Allora, ragazzi, a domani!,* drehte sich um und verschwand in einer Seitenstraße.

Kapitel 27

Am nächsten Tag stand ich am späten Nachmittag vor Francos und Giulianas Haus. Christina war in Urbino geblieben. Sie hatte Giuliana immer noch nicht kennengelernt. Dafür war heute nicht die richtige Gelegenheit. Ich musste mit Giuliana allein sprechen und sie überzeugen. Ich zweifelte nicht am Gelingen unseres Vorhabens, auch wenn ich an meinem Vater verzweifelte. Für Giuliana konnte Luciano noch etwas tun, etwas erreichen, für mich nichts mehr. Sein Verhalten, seine gleichgültigen, nicht zu deutenden Blicke, mit denen er mich ansah, zeigten die komplette Abwesenheit jedes Gefühls der Blutsverwandtschaft zwischen uns. Ich hatte nicht viel erwartet, aber es wäre doch nett gewesen, wenn er mich mit einer kleinen Geste ehrlicher Zuneigung überrascht hätte. Aber so war es nun einmal, und davon ging die Welt nicht unter, nicht meine Welt. Giulianas Welt aber, ihr Leben, würden durch Luciano, wenn alles gut ginge, zumindest einfacher, ihre Zukunft gesicherter.

Im Haus rührte sich nichts. Niemand öffnete. Ratlos setzte ich mich auf die kleine Holzbank im Vorgarten neben einen Holunderbusch. Ich wartete und fragte mich plötzlich, warum ich hergekommen war. Unser Vorhaben hätte ich auch ohne ein weiteres schmerzhaftes Gespräch mit Giuliana durchsetzen können, ohne sie wieder an die schlimmste Zeit ihres Lebens erinnern zu müssen. Suchte ich hier nicht vielmehr Entlastung und Vergebung für mich? Nach einigen Minuten verfluchte ich mich. Jetzt würde ich unverrichteter Dinge zurück nach Urbino fahren müssen. Ich stand auf und ging zurück zum Auto. Gegen die untergehende Sonne nahm ich die Umrisse einer weiblichen Gestalt wahr, die einen Kinderwagen schob. Beim Näherkommen erkannte ich Giuliana. Sie ging ohne ein Wort an mir vorbei, schloss die Tür auf, zog den Kinderwagen hinter sich her und schlug die Tür vor mir zu. Sie reagierte nicht auf mein Klopfen. Wütend wollte ich kehrt machen, überlegte es mir aber anders und rief durch die Tür: „Giuliana, ich fliege in ein paar Tagen zurück nach Deutschland. Ein letztes *Ciao*, eine letzte Umarmung, bitte! Mit dir reden. Bitte höre mich an."

Mein Herz hämmerte. Würde sie mich überhaupt anhören? Zögernd wurde die Tür geöffnet. Ich atmete auf.

Als ich vor ihr stand, ergriff sie mein Gesicht mit beiden Händen und schaute mich düster an.

„Ach, Valerio, *fratellino mio,* warum können wir nicht fröhlich miteinander sein? Warum nicht glücklich? Als du eben vor mir standst, kam alles wieder hoch. Ich wollte dich einfach nicht sehen. Entschuldige!"

Was sollte ich antworten? Dass ich selbst nicht wusste, wie wir der Vergangenheit entkommen sollten? Aber ich war doch nicht gekommen, um darüber zu sprechen, was unsere Leben zu dem Leben gemachte hatte, das wir jetzt führten. Das wusste sie selbst. Nein, ich wollte ihr erklären, was noch möglich war in diesem verkorksten Leben. Aber ich verstand auch, dass bereits zu viel in ihr verhärtet war, was ihr den Blick nach vorne verschüttete. Sie hatte schon aufgehört zu leben, ehe sie angefangen hatte. Die Versuchung war zu groß, den Blick nur auf das hinter ihr Liegende zu richten, in dem irrigen Glauben, etwas ändern oder rückgängig machen zu können.

Es war das Bild, wie sie vor mir stand, was mich verstörte. Wir blieben stumm. Giuliana war nicht der Mensch, der viele Worte machte. Daran hatte sich in den vergangenen Jahren nichts geändert. Aber ich, ich musste reden und nicht nur reden. Ich musste überzeugen, liebevoll überzeugen. Ich nahm sie in den Arm. „Giuliana, wir können..."

Sie unterbrach mich. „Diese Nächte, Valerio. Diese Nächte. Das bleibt für immer", sagte sie. Ich nickte, drückte sie noch fester an mich und strich ihr über die Haare.

„Das bleibt, ich weiß", sagte ich leise. „Aber wir können die Zeit nicht zurückdrehen, weder du noch ich. Wir haben eine gemeinsame Geschichte, die uns beide geprägt hat. Wir können nur versuchen, deine Zukunft erträglicher zu machen."

Sie winkte ab. „Wie kann ich Begegnungen mit meinen aufgeblasenen Brüdern erträglicher machen? Im Ort kann ich ihnen doch kaum aus dem Weg gehen. Ich glaube, du würdest dich wundern, wie sie mich in der Öffentlichkeit behandeln. Sie tun, als wären sie die besorgten Brüder, die ihrer Schwester in jeder Lebenslage beistehen. Und wie kann ich vergessen, dass mir meine Eltern ihre Liebe und Hilfe verweigert haben?"

Während ich ihr angespannt zuhörte, fragte ich mich, wie ich vorgehen sollte, wie ich das Thema auf irgendeine indirekte Weise ansprechen könnte, um ihre Reaktion zu ertasten. Wie sollte ich anfangen? Ich war verzweifelt bemüht, die richtigen Worte zu finden. Und die ganze Zeit spürte ich Giulianas fragenden Blick auf mich gerichtet. Ich widerstand dem Impuls aufzugeben und gab mir einen Ruck.

„Ich habe eine Möglichkeit gefunden, wie ich es wiedergutmachen kann, mein Versagen."

Giuliana wurde für einen Augenblick sehr still. Sie setzte sich auf einen Stuhl in der Küche und schlug die Hände vors Gesicht. Eine Weile stand ich schweigend vor ihr und wartete, bis sie mich wieder ansah.

„Wiedergutmachen, ja? Wiedergutmachen. Man kann nichts wiedergutmachen, was zu meinem beschissenen Leben geführt hat, merk dir das", sagte sie schroff.

Sie hatte diesen starren Blick, den ich von früher kannte.

„Giuliana, bitte", versuchte ich sie zu beruhigen.

„Was, bitte was? Wer hat mich denn in diese verdammte, ekelhafte Situation gebracht? Nicht ich selbst, nicht du, sondern unsere in ihrer Selbstgewissheit ach so rechtschaffenen älteren Brüder. Und wenn du dir so schlau vorkommst, dann überlege dir doch einen Plan, wie *das* wiedergutgemacht werden soll. Das funktioniert nämlich nicht. Denn, wenn du etwas unternimmst, werde ich - und nur ich - wieder die Folgen ausbaden müssen."

Giuliana sah mich mit Verachtung an und schüttelte unentwegt den Kopf.

Etwas hatte sich doch verändert. Sie sparte nicht mehr mit Worten. Sie drückte ihre Gefühle, ihre Hilflosigkeit aus.

„Ich kann sie immer noch riechen, ihre Ausdünstungen, habe manchmal noch ihren Geschmack im Mund. Dann schrubbe ich mir die Hände und spüle meinen Mund aus, aber ich schaffe es nie, diesen Geruch und Geschmack wegzuschrubben, wegzuspülen, auszuspucken. Es gelingt mir einfach nicht."

Ohne dass ich es mir bewusst gemacht hätte, nahm ich durchaus wahr, begriff ich, dass es aus ihrer Hölle kein Entkommen, kein Entrinnen gab, sondern nur eine Möglichkeit: sich nicht in das Schicksal zu fügen.

Plötzlich sprang sie auf und rief: „Ich öffne jetzt ne Flasche Wein und dann höre ich dir zu. Erklär mir deinen Plan!"́

„Ich weiß nicht, Giuliana, ob das so eine gute Idee ist?"

„Was? Der Wein oder der Plan?"

„Mit klarem Kopf lassen sich Entschlüsse besser fassen."

„Ach was, ich verspreche dir – ein Glas und nicht mehr."

Ich gab mich geschlagen. Vielleicht war es sogar eine ganz gute Idee. Vielleicht würde es für mich leichter werden zu sprechen und für sie leichter zuzuhören.

Als sie mit der Flasche wiederkam, war ihre Stimmung wieder gekippt. Sie schluchzte wie ein kleines Kind. Ihre Hände zitterten so sehr, dass ich Angst hatte, sie ließe sie fallen. Ich nahm ihr die Flasche aus der Hand und nahm sie solange in den Arm, bis ihre Tränen versiegt waren. In diesem Augenblick war ich ihr so nahe.

Ich goss uns zwei Gläser ein und setzte mich an den Küchentisch. Die kleine Esther schlief noch immer in ihrem Kinderwagen, Franco war noch nicht zu Hause und seine Mutter aus dem Haus. So konnte ich ungestört reden und ihr Lucianos Pläne erläutern, ihr das Elternhaus zu überschreiben und die Brüder in seinem *Agriturismo* auf dem Monte Nerone zu beschäftigen.

Giuliana hörte aufmerksam zu, schaute mich aber an, als erwarte sie noch mehr oder verstehe nicht ganz.

In der Stille, die dann folgte, hörte ich die Geräusche des schlafenden Kindes.

Giuliana räusperte sich und stellte Fragen, immer wieder die gleichen, nur in veränderter Reihenfolge. Wie würden sich die Eltern verhalten? Was würden die Brüder sagen? Würden sie sich nicht vehement dagegen wehren?

Ich konnte auf jede Frage nur antworten: „Ich weiß es nicht."

„Was weißt du nicht?"

„Ich weiß nicht, wie sie sich verhalten werden. Aber wir müssen es probieren", wiederholte ich noch einmal. Das Schweigen, das jetzt folgte, war so lang und unbehaglich, dass ich fürchtete: Jetzt ist es vorbei. Sie wird nicht zustimmen. Ich spürte die Atmosphäre von Ungeduld. Sie war abgelenkt.

„Manchmal werden Franco und Esther wach, weil ich mich im Schlaf hin und her werfe und in Albträumen schreie. In diesen Träumen versuche ich, in einen Pinienwald zu flüchten, in dem Wildschweine in der Dunkelheit herumstreifen. Voller Angst suche ich mir Verstecke in Gebüschen und sehe überall Männer, die den Brüdern ähneln und mich aufspüren wollen. Oder ich bin kurz vor einem sicheren Versteck, doch eine Sekunde zu spät, denn da warten sie schon vor dem Schlupfloch. Lauter knapp verpasste Chancen, ihnen zu entkommen, bevor Franco mich weckt oder ich mit einem scharfen, trockenen

Atemgeräusch aufwache, nassgeschwitzt und mit flauem Magen. Dann tröstet mich Franco, ahnt aber nicht, wovon ich träume. Er fragt und fragt und fragt. Und ich denke mir dann irgendwelche Geschichten aus."

„Bitte, Giuliana! Kennt Franco denn nicht die Wahrheit?" Meine Verzweiflung musste hörbar gewesen sein. Aber sie achtete nicht auf mich, überhörte meine Frage.

„Das sind die Nächte, in denen der Alkohol mein Retter ist. Weil Franco sich Sorgen macht, er mich vom Alkohol abhalten möchte, hat er mir Schlaftabletten besorgt. Wenn dann der Schlaf kommt, ist es, als stürze ich in ein dunkles Loch. Und morgens kann ich danach kaum aufwachen. Starker Kaffee - das ist dann meine Rettung für den Tag."

Sie sah aus dem Fenster, hinüber zu der Brücke über den kleinen Bach. Das Gespräch hatte sie gründlich verstört. Ein Berg aus Empfindungen hatte sich vor ihr aufgetürmt aus durchgestandenen früheren Nächten in unserem Elternhaus. Durch mich waren sie wieder über sie hereingebrochen und schnürten ihr die Kehle zu.

„Das Schlimme bei den Pillen ist, dass ich den komaähnlichen Schlaf mit einem unruhigen Tag bezahle. An manchen Tagen tigere ich wie eine Getriebene durchs Haus, kann mich nicht einmal mehr um mein Kind kümmern. Dann sind der Alkohol und meine Schwiegermutter meine Retter. Ich glaube, meine Schwiegermutter weiß mehr, als mir lieb ist. Sie verliert nie ein Wort darüber und nie die Geduld."

Ich hatte das schmerzhafte Gefühl, dass mir alles aus den Händen glitt. Ich saß Giuliana gegenüber auf dem Küchenstuhl und wollte mich nicht rühren. Ihre Worte hatten die Nächte unserer Kindheit auch in meinem Kopf auferstehen lassen und in die Gegenwart katapultiert. Glücklicherweise besaß ich genug Übung darin, unliebsame Gedanken zu verbannen.

Giuliana schob sich zwei Haarsträhnen aus dem Gesicht und sah mich ausdruckslos an. Doch dann huschte ein kleines Lächeln über ihr Gesicht. Eine wage Hoffnung keimte in mir.

„Ach, Valerio, *fratellino*", sie langte mit der Hand über den Tisch, drückte meinen Arm und hielt ihn fest.

„Natürlich. Wahrscheinlich hast du Recht. Es gäbe meiner Familie natürlich Sicherheit für die Zukunft - wenn der Plan denn funktionieren sollte. Und Luciano würde das für uns tun?"

„Er hat es versprochen", sagte ich so mühelos, dass ich selbst überrascht war. „Allerdings habe ich es von deiner Zustimmung abhängig gemacht."

„Wirklich?" sie schien nicht so recht daran glauben zu können. „Meinst du...?"

„Er würde es tun", sagte ich mit Nachdruck. „Sobald du deine Zustimmung gibst, müssen wir die Eltern überzeugen. Die Brüder müssen begreifen, dass es für sie besser wäre, auf ihr Erbe zu verzichten, sonst kämen sie um einen Prozess nicht herum."

„Ich weiß nicht. Das ist Erpressung. Stellen wir uns damit nicht auf eine Stufe mit ihnen?"

Ich schwieg. Sie hatte ja Recht. Aber Erpressung? In diesem Fall sollte man es vielleicht nicht so nennen.

„Außerdem, stell dir vor: die Eltern willigen nicht ein. Du musst zurück nach Deutschland, aber ich muss hier leben.

Glaube nicht, dass sie es mich nicht spüren lassen würden."

Sie schaute wieder aus dem Fenster, diesmal unschlüssig. Wie zu sich selbst sagte sie: „Zu leben heißt, den Kompromiss zu lernen."

Mit einer wegwerfenden Handbewegung wechselte sie das Thema.

„Ich würde deine Frau gern kennenlernen. Vielleicht möchtest du sie hierher einladen? Weiß sie eigentlich über unsere Brüder Bescheid?"

„Ach, ich habe es ihr erst jetzt erzählt. Habe mich zu sehr geschämt, konnte einfach nicht früher mit ihr darüber sprechen."

„Verstehe! Franco weiß es ja bis heute nicht. Ich habe nur gesagt, dass sie mich gequält haben." Sie lachte herb. „Wenn er alles wüsste, ich glaube, er würde sie umbringen."

„Das ist ja furchtbar!" Ich war schockiert. „Ich dachte, er wüsste Bescheid." Jetzt geriet ich noch mehr aus dem Gleichgewicht. „Damit haben wir nun natürlich ein neues Problem."

Sie zog die Augenbrauen zusammen. „Darüber müssen wir tatsächlich nachdenken. Wie soll ich ihm die Wahrheit sagen?"

Ich wusste nicht, wie ich reagieren sollte. Ich zog den Kopf zwischen die Schultern. Giuliana knabberte an ihrem Daumennagel.

Nachdenklich sagte ich: „Wir haben bisher nicht gewagt, etwas gegen die Brüder zu unternehmen. Es kam uns immer zu unmöglich, zu schwer vor. Aber es ist nur schwer, weil wir es nie gewagt haben."

„Was hält eigentlich Christina von eurem Plan?" fragte sie.

„Christina ist davon überzeugt. Am liebsten wäre sie mitgekommen... Na ja, sie schaut sich eben heute Raffaelos Geburtshaus in Urbino an.

Giuliana verzog das Gesicht. „Ist besser so. Aber schade ist es trotzdem. Vielleicht morgen?"

Ich war erleichtert, dass das Gespräch eine andere Wendung genommen hatte.

„Morgen passt gut. Ich werde heute noch mit Luciano sprechen, wenn du einverstanden bist."

Auf der Fahrt zurück nach Urbino hatte ich genug damit zu tun zu überlegen, wie sich der morgige Tag wohl entwickeln würde.

Kapitel 28

Am Morgen schlug das Wetter um. Der Frühling versteckte sich hinter grauen Wolken, und mit einem Mal war die Luft voller Feuchtigkeit. Eine Nässe, bei der man den Eindruck hatte, man könne durch eine Handbewegung eine kleine Sturzsee auslösen.

Entgegen meiner Erwartung hatte ich doch ein wenig geschlafen. Zwar nie länger als immer wieder mal zehn Minuten, um danach gleich wieder aufzuschrecken. Bei einem Blick aus dem Fenster war ich nicht erstaunt über die dünne, schlüpfrige Schicht aus Tau und Nässe, die sich auf Straßen und Wegen gebildet hatte. Trotzdem fühlte sich der Morgen frisch an, hoffnungsvoll und viel versprechend. Studenten waren auf dem Weg zur Universität, manche schnellen Schrittes, wie auf der Flucht vor der Feuchtigkeit, einige Pärchen Arm in Arm. Sie knutschten und schienen es nicht besonders eilig zu haben. Ich lächelte bei ihrem Anblick und fühlte mich für eine kurze Weile von meiner Melancholie befreit. Ich setzte mich nackt auf das Bett neben Christina. Noch nicht ganz wach, fasste sie nach meiner Hand. Dieser frische Morgen, der seine feuchte Luft in einer leichten Brise durchs Fenster schickte, und Christina, die meine Hand im Halbschlaf leicht drückte, als wolle sie mich aufmuntern. Es war schön. Gestern hatte ich nach meiner Rückkehr von Giuliana noch mit Luciano gesprochen. Ich atmete die feuchte Luft.

Vielleicht hätte es an diesem Morgen einen Moment eine Möglichkeit gegeben, all das Nachfolgende zu verhindern. Hätten auch meine Brüder die vom leichten Sprühregen gereinigte Luft eingeatmet und sie als *Zeichen* verstanden, ohne Gewalt und ohne Rachegedanken eine gemeinsame Lösung zu suchen, wären alle Beteiligten wieder nach Hause gegangen ohne Alpträume und ohne Trauer. Mir dämmerte langsam, ganz allmählich, welche Folgen Lucianos Plan haben könnte. Was bis zu diesem Zeitpunkt nur ein Plan, eine Fantasie, eine Übung in der Manipulation meiner Familie gewesen war, heute würde die Übung zur Realität werden. Der Gedanke daran ließ mich erzittern. Ich erwiderte den leichten Druck von Christinas Hand und meine Lippen formten ein stummes: *Reiß dich zusammen – wird schon gut gehen.* Ich ging ins Bad und stellte mich unter die warme Dusche. Christina würde noch eine Weile im Bett dösen, bevor sie das Bad für sich beanspruchte. Die heiße Dusche tat mir gut. Ich zog mich lautlos an, um Christina nicht endgültig zu wecken, und ging wieder zum Fenster. Der Himmel war in ein tiefes Dunkelgrau getaucht, das allmählich in ein kräftiges Blau überging. Es musste gegen sieben Uhr sein, vielleicht Viertel nach sieben, mehr oder weniger. Meine Uhr lag auf dem Nachttisch. Ich schaute nicht nach.

Vor dem Albergo hielt ein städtischer Müllwagen und leerte die Container. Der Blick auf die dicken Mauern des Palazzo ließ die Straße eng erscheinen. Ich sehnte mich nach einer Tasse Kaffee zu Hause in Hamburg am Frühstückstisch, zusammen mit Christina. Das war unser Ritual, bevor wir beide unseren Dienst im Krankenhaus antraten. Wir frühstückten ausgiebig und tauschten uns über gemeinsame Patienten aus.

Aber ich war in Urbino. Wie würde dieser Tag enden? Christina streckte sich. „Was starrst du aus dem Fenster? Das Regenwetter ist doch nicht besonders einladend."

Ich setzte mich wieder zu ihr aufs Bett. Meine plötzliche Unsicherheit ließ ich mir nicht anmerken.

„Besteht die Möglichkeit, dass wir in einer halben Stunde in der Bar gegenüber frühstücken können?" fragte ich.

Mit einem Satz war Christina aus dem Bett und im Bad verschwunden. Tatsächlich saßen wir dann eine Stunde später in der Bar an einem kleinen Bistrotisch bei *caffè* und *panini*.

Wir hatten verabredet, dass uns Luciano in der Bar treffen würde, damit wir die Einzelheiten noch einmal durchsprechen könnten. Christina würde uns heute zu Giuliana begleiten. Gegen Mittag würden wir dann nach Ca´Mulino hinauffahren. Zum *pranzo* versammelte sich die ganze Familie in der Küche, bevor sie am Nachmittag wieder auf den Feldern arbeiteten. Es war die beste Zeit, Eltern und Brüder anzutreffen.

Kapitel 29

Giuliana saß mit ausdruckslosem Gesicht auf dem Sofa und sah fern. Hinter ihr wanderte Franco mit Esther auf dem Arm auf und ab. Von der Küche zum Sofa und zurück zur Küche. Luciano, Christina und ich saßen in der Küche und beobachteten Giuliana durch die offene Tür. Sie schaltete von einem Kanal zum anderen, sah aber nicht länger als ein paar Sekunden hin. Der Fernseher stand im Wohnzimmer der Familie auf einer mit einer Spitzendecke abgedeckten Kommode.

Wir waren gegen halb elf von Urbino direkt hierher gefahren, hatten geklingelt und nochmal geklingelt, bevor Giuliana uns die Tür öffnete. Sie begrüßte uns fahrig und ein wenig konfus. Nicht einmal Christina schenkte sie große Beachtung.

„Ich habe Franco alles gebeichtet. Er ist heute nicht zur Arbeit gegangen", sagte sie und zeigte in die Küche, wo Franco bleich am Tisch saß und seine geröteten Augen mit einem Arm zu verbergen suchte, mit dem anderen hielt er die kleine Esther fest. Wir blieben in der Küchentür stehen. Keiner von uns wagte etwas zu sagen, bis Franco blinzelte, wie in Trance aufstand und uns, so gut er es fertig brachte, begrüßte. Er war aschfahl und konnte nicht aufhören, den Kopf zu schütteln.

„Sie hat es mir gestern Abend gesagt. Ich habe es nicht gewusst... Ich dachte immer, sie waren nur gewalttätig, diese Schweine." Er brach in Tränen aus.

Giuliana drehte sich um, ging ins Wohnzimmer und schaltete wieder den Fernseher an.

Ich legte Franco den Arm um die Schulter und hielt ihn eine Weile. Mir schwirrte der Kopf. Ich kannte Franco ja kaum. Ich hatte nur Erinnerung an das Kind Franco, einen etwas dicklichen 15-jährigen Jungen, schüchtern und zurückhaltend, der immer dann stehen geblieben war, wenn Giuliana und ich an ihm vorbeigingen, der uns nachgeschaut hatte, bis wir um die nächste Ecke verschwunden waren. Nie hatten wir miteinander gesprochen. Wie sollte ich ihn jetzt trösten, wie mit ihm reden? Im Krankenhaus hatte ich gelernt, mit Patienten umzugehen, die ich kaum kannte, sie zu trösten, ihnen Mut zuzureden. Das tat ich jetzt in der Hoffnung, dass es auch hier in diesem bedrückenden Moment wirken würde.

Franco war außer sich. Er drückte das Kinn nach unten und sah mich aus seinen dunkelbraunen Augen an, in denen Tränen schwammen. Es war offensichtlich, wie schwer es ihm fiel zu verstehen, wie hart er rang und kämpfte. Kein Todesfall, kein Unglück hatten anrichten können, was ein paar Sätze angerichtet hatten.

„Ach, Franco, es tut mir so leid. Wir können nur versuchen, alles, was geschehen ist, für euch erträglicher zu machen. Wir werden die Familie heute zur Rede stellen. Hat Giuliana dir erzählt, was wir vorhaben?"

Er nickte, löste sich aus meinen Armen und begann mit seiner Wanderung von der Küche ins Wohnzimmer, vom Wohnzimmer in die Küche. „Ich wusste doch von nichts. Ihr hättet es mir sagen müssen. Jetzt verstehe ich, warum jemand auf den Gedanken kommen kann zu morden."

Ich ging nicht darauf ein, wollte seine Gedanken in eine andere Richtung lenken. „Franco, folgendes wird passieren: Luciano, Giuliana und ich wir werden hochfahren nach Ca`Mulino. Luciano und ich, wir übernehmen das Reden, nur Reden. Wir werden erreichen, was wir wollen und dann wieder gehen."

Wieder nickte er und blieb vor dem Küchentisch stehen. Ich bat ihn, sich zu uns zu setzen. „Giuliana wirkt, als hätte sie etwas genommen", sagte ich.

Er musterte mich aus schmalen Augen und nickte. Mit angestrengtem Stirnrunzeln sagte er: „Sie hat heute Morgen ein paar Tabletten genommen."

„Was für Tabletten?"

„Etwas für die Nerven und eine Tablette gegen hohen Blutdruck. Das ist auch gut so, sonst dreht sie mir durch."

„Es ist aber wichtig, dass sie dabei ist und ganz klar im Kopf, wenn wir die Familie mit den Tatsachen..."

Luciano unterbrach mich: „Wir wissen, dass es für Giuliana nicht einfach sein wird. Sie muss aber versuchen, das durchzustehen. Sie sollte dabei sein."

Franco fuhr hoch. „Das wird sie nicht! Ich werde mitkommen und diese Kriminellen zu Brei schlagen!" schrie er. Es war, als kristallisiere und verstärke sich die ganze schlechte Energie, die in der Luft vibrierte durch seinen Ausbruch.

Luciano legte ihm beruhigend die Hand auf die Schulter. „Das Letzte, was wir gebrauchen können, ist eine tätliche Auseinandersetzung. Wir müssen das alles so ruhig wie möglich abwickeln."

Christina stand auf und setzte sich neben Giuliana auf das Sofa. Sie nahm ihr die Fernbedienung aus der Hand und stellte den Ton aus.

„Giuliana, möchtest du lieber hier bleiben? Ich könnte auch bei euch bleiben. Ich denke, Luciano und Valerio können die Sache auch allein regeln. Was meinst du?"

Giuliana nickte. „Ich kann das nicht! Wirklich nicht. Lasst es uns einfach vergessen."

Luciano setzte sich dazu. „Tu das nicht. Du hast Angst, aber vertraue mir bitte. Ich weiß, wie man so etwas macht, das ist mein Beruf", erklärte er ungeduldig.

„Er hat recht", sagte ich, als Giuliana zögerte. „Nur Ruhe."

Franco lief, wie ein Tiger im Käfig, auf und ab. Mein Blick ging zu Luciano. Er schien völlig leidenschaftslos. Er beobachtete Giuliana und Christina neben sich. Die gleiche professionelle Kühle strahlte er vermutlich aus, wenn sich Ehepaare kurz vor der Scheidung in seiner Kanzlei stritten.

Ich ging zum Fenster und wandte den anderen den Rücken zu. Während ich hinaussah, brach alles mit Übelkeit erregendem Tosen über mich herein. Auf was für eine gottverdammte Geschichte ließen wir uns da ein? Doch jetzt war ich in Zugzwang geraten. In letzter Minute konnte ich keinen Rückzieher machen. Aber es wäre wohl doch besser, Giuliana nicht mitzunehmen und Franco und sie in Christinas Obhut zu lassen.

Ich drehte mich zu ihnen um. „Keine Sorge, Giuliana. Du kannst hier bleiben. Christina hat recht. Luciano und ich, wir werden es alleine schaffen. Unsere Argumente müssen genügen und überzeugen."

Vor Erleichterung schlang Giuliana ihre Arme um Christina und brach in Tränen aus. Christina wiegte sie wie ein Kind und streichelte ihren Kopf.

Ärgerlich stand Luciano auf und schaute stumm zwischen Franco und mir hin und her.

„Na ja, ich meine...", verteidigte ich meinen Standpunkt und setzte mich an den Tisch. "Ist das nicht am sichersten und am einfachsten?"

Franco schlug mit der Faust auf den Tisch. „Ich werde nicht hier bleiben. Das ist meine Angelegenheit. Es ist meine Frau, der das angetan wurde." Seine Stimme überschlug sich.

Luciano strich sich mit beiden Händen die Haare zurück und setzte sich zu uns.

„In Ordnung, Franco. Kann ich verstehen. Aber, Valerio hat schon recht. Es ist viel besser, wenn er und ich das alleine erledigen, verstehst du? Dann können wir die ganze Sache in Ruhe verhandeln. Warum das Risiko eingehen, dass Giuliana uns zusammenklappt oder du die Nerven verlierst?" Er lehnte sich auf seinem Stuhl zurück und sah mich an.

„Das ist genau meine Meinung." Ich war aufgewühlt und etwas desorientiert, musste mich aber zusammenreißen und rieb mir energisch die Nase.

„*Bene*, dann sind wir ja klar", sagte er, beugte sich herüber und schlang den Arm um meine Schulter. Ich versuchte, mich von ihm zu lösen, ohne dass es so aussah.

„Und du, Franco?"

Franco nickte resigniert. „Wahrscheinlich ist es besser so. Geht alleine."

„*Bene, bene*", sagte Luciano noch einmal und stand entschlossen auf, „dann lass uns jetzt losfahren. Die *bella famiglia* wird sich bald zum *pranzo* versammeln" Er gab mir einen Klaps auf den Hinterkopf. „Hör auf, dir Sorgen zu machen, Valerio. Sitz da nicht rum und mach ein unglückliches Gesicht! Wir werden gewinnen! Alles wird gut!"

Die Straßen von Canavaccio waren nass. Reflexe von einzelnen durch die Wolken dringenden Sonnenstrahlen tanzten und schimmerten auf den Pfützen.

„Alles wird einfach und bequem ablaufen", sagte Luciano und drückte am Radio herum, vorbei an den Nachrichten, auf der Suche nach Musik. Er dachte wohl, dass mich irgendein Gesang beruhigen würde. Wir ließen die asphaltierte Straße hinter uns und bogen auf die *strada bianca* ein. Die Hügel, die Büsche und Bäume neben der Straße, das alles schien nichts mehr mit mir zu tun zu haben. Nur noch eine kurze Strecke... Ich kannte ja buchstäblich jeden Stein, jede Vertiefung in der Schotterstraße und sah mich schon vor meinen Eltern und Brüdern stehen. Mir war übel zumute.

„Verstehst du, was ich dir sagen will?" Luciano ließ vom Radio ab und schaute mich von der Seite an. „Ich will dir sagen, du sollst dir keine Sorgen machen." Er streckte die Hand aus, um mir aufmunternd die Schulter zu kneten.

„Hoffentlich läuft das Ganze friedlich ab."

„Absolut! Und warum? Weil wir beide über ihr widerliches Treiben Bescheid wissen."

Wir fuhren an den vereinzelten Bauerngehöften mit ihren Weinbergen vorbei. Die Blätter der Rebstöcke leuchteten in der Sonne filigran und regennass silbrig. Die feuchte Tristesse war einer mittäglichen sonnigen Helligkeit gewichen. Meine Stimmung besserte sich dadurch nicht. Weinberge, lang gestreckte, teilweise unverputzte flache Gebäude mit landwirtschaftlichen Geräten darin. Ein Gefühl, als passierte das alles nicht – oder es passierte jemandem, der nicht ich war. Immer wieder hatte ich dieses *Reiß dich zusammen, es ist richtig, was wir tun* im Kopf. *Da kann nichts außer Kontrolle geraten.*

Kapitel 30

Ca`Mulino lag vor uns. Ein Traktor ratterte über ein Feld darauf zu. Ich glaubte, meinen Bruder Giuseppe am Steuer zu erkennen. Wir hielten unter der großen Pappel vor dem Tor zum Hof. Luciano nahm seine Aktentasche und verstaute eine Kopie des vorbereiteten Vertrages im Handschuhfach. „Zur Unterschrift kann es heute sowieso noch nicht kommen, weil Giuliana fehlt", sagte er ohne auf mich zu achten.

Ich war inzwischen ausgestiegen. Es roch bis hierher nach Essen. Offenbar war alles zum *pranzo* vorbereitet. Es erinnerte mich daran, dass ich zum Frühstück kaum einen Bissen heruntergebracht hatte.

Luciano roch es natürlich auch. „Ich habe auch Hunger", sagte er ziemlich förmlich. „Wir gehen nachher zusammen essen, sobald wir das hier erledigt haben." Er schaute auf seine Armbanduhr. „Ich schätze, wir brauchen eine Stunde. Nicht mehr."

Wie sicher er sich war und wie ruhig. Ich aber war damit beschäftigt, meine Erregung in den Griff zu bekommen.

Der Traktor hielt vor dem Tor. Giuseppe sprang herunter, blieb mit seinem Schlüsselbund in der linken Hand davor stehen und schaute mit seinen hervorstehenden Augen an Luciano vorbei. Er musterte mich mit zusammen-gekniffenen Lippen und schien zu überlegen, ob er uns hereinlassen sollte. Wie üblich hielt er den Kopf nach vorn geschoben und rückte seine Genitalien mit der rechten Hand zurecht – eine Geste, die so in Fleisch und Blut

345

übergegangen war, dass er sie selbst wohl nicht einmal mehr bemerkte. Aus der Küche erschien jetzt Alberto und stellte sich breitbeinig mit verschränkten Armen neben seinen älteren Bruder. Er grinste und behielt uns wachsam im Auge. Giuseppe warf sein Schlüsselbund in die Höhe und fing es wieder auf. Keiner sagte ein Wort. Und plötzlich wies der eine den anderen mit einem kleinen Stoß seines Ellenbogens auf Luciano hin. Mit krauser Stirn und sichtlichem Widerstreben plärrte Giuseppe: „Wollt ihr zu uns? Ich dachte, der feine Herr wollte sein Elternhaus nicht mehr betreten?"

Alberto grunzte gereizt: „Und was will der Kerl hier? Der kommt uns nicht ins Haus!"

Luciano blieb ruhig, ging ein paar Schritte auf die beiden zu und streckte ihnen die Hand entgegen. „Wir sind gekommen, um eine wichtige Angelegenheit mit euch zu besprechen."

Giuseppe lachte wiehernd. „Wichtige Angelegenheit? Was könnte das schon sein?"

In der Küchentür erschien Ernesto. Er wandte uns gleich wieder den Rücken zu und rief etwas in die Küche hinein. Gleich darauf kam auch die Mutter heraus, und hinter ihr drängte sich Bruno nach vorn.

Die Mutter wischte sich die Hände an ihrer Schürze ab und blieb unschlüssig vor der Küche stehen.

„Was ist hier los", fragte Ernesto. Er kam auf mich zu, umarmte mich, als sei nie etwas zwischen uns gewesen und begrüßte danach Luciano mit ausdrucklosem Gesicht. Er führte uns in die Küche. Am Küchentisch saß über ein Buch gebeugt mein Onkel mit dem gelassenen

Gesichtsausdruck des Priesters, der die Messe gelesen, seinen Dienst an Gott und den Menschen getan hatte und nun auf sein wohlverdientes Mittagessen wartete. Unser Erscheinen riss ihn aus seinen Gedanken. Der Anblick von Luciano schien ihn an unselige Dinge zu erinnern, seine Gelassenheit wich einem lauernden Blick. Er stand auf, umarmte mich und begrüßte Luciano zurückhaltend freundlich, konnte es sich aber nicht verkneifen hinzuzufügen: „Schau an, Luciano. Kommst du zur Beichte?"

Luciano lächelte: „Eigentlich, Don Giancarlo, müsste das gar nicht sein. Ihr wisst doch schon alles."

Die Antwort ärgerte meinen Onkel. „Luciano, die Wirksamkeit der Beichte besteht nicht nur im Bekennen der Schuld, sondern im Bereuen des Bösen." Er blies pedantisch ein Haar von seinem Ärmel.

„Exakt deshalb sind wir hier", sagte Luciano.

Die Mutter ging zum Herd, auf dem das Mittagessen warm gehalten wurde und drehte uns den Rücken zu.

Es herrschte eindeutig Unruhe. Unbehagen. Giuseppe und Alberto wirkten wütend – nein, gereizt und aggressiv. Alberto beobachtete uns, beunruhigend reglos wie eine Viper. Ich bemühte mich um ein möglichst ausdrucksloses Gesicht und überließ es Luciano, das Gespräch zu eröffnen. Die Mutter kam zurück und setzte sich an den Küchentisch. Ernesto forderte Luciano und mich auf, uns ebenfalls zu setzen. Onkel Giancarlo klemmte sein Buch unter den Arm und verließ die Küche, nicht ohne uns in der Tür noch einen Blick zuzuwerfen, in den er alle Verachtung legte, zu der er fähig war. Die drei Brüder waren an der Tür stehen geblieben und beobachteten misstrauisch die Szene am Tisch. Bruno stieß mit dem Fuß an irgendetwas Vertrocknetes auf dem Boden. Eine tote Maus oder war es nur ein zerkautes Katzenspielzeug? Heute waren nur wenige Katzen in der Küche. Ich sah nur drei. Auch den alten zerzausten Kater konnte ich nirgends ausmachen.

Luciano griff in seine Aktentasche und zog ein Exemplar des Vertrages heraus, warf sichtlich entspannt noch einen Blick darauf, bevor er es vor sich auf den Tisch legte. Er räusperte sich.

„Mir ist bewusst, dass ich in diesem Haus nicht erwünscht bin. Jeder hier weiß, dass ich Valerios Vater bin, wenn auch nie offen darüber gesprochen worden ist."

Alberto machte einen langen Hals und rümpfte die Nase. Weil er aus der Entfernung nicht erkennen konnte, was da auf dem Tisch lag, gab er etwas von sich, was gereizt klang. Er schaute Giuseppe an, der ganz ungerührt blieb. Die drei entschlossen sich aber, näher an den Tisch heranzutreten. Alberto schleuderte sich mit einer schnellen Kopfbewegung die Haare aus dem Gesicht, schnaubte verächtlich und wollte anscheinend eine sarkastische Bemerkung machen. In diesem Moment jedoch sagte Ernesto: „Wir alle hier wissen, wer und was du bist. Was willst du bei uns?" Dann schaute er mich an. „Valerio, warum bist du mit ihm gekommen?"

„Ernesto, ich..."

Hastig unterbrach mich Luciano. „Um es ganz klar und unumwunden zu sagen: Wir sind wegen Giuliana hier. Sie ist von euren Söhnen Giuseppe und Alberto jahrelang missbraucht worden. Valerio hat Giulianas Martyrium als Kind miterlebt. Du, Anna Maria, und du, Ernesto, ihr habt davon gewusst und dieses Verbrechen geduldet und gedeckt. Ich gehe davon aus, dass auch Bruno Bescheid wusste."

In der Küche herrschte eine Zeitlang atemlose Stille. Ernesto und meine Mutter hielten den Kopf gesenkt. Als Ernesto aufsah, schüttelte er den Kopf. „Gegen deine eigene Familie... Was tust du, Valerio?"

„Es muss sein. Ich habe lange genug geschwiegen. Als Kind konnte ich mich gegen meine gewalttätigen Brüder nicht wehren. Ich..., ich tue das nicht gern" stotterte ich. „Aber es verfolgt mich, und Giuliana hat es zerstört."

Die Mutter stand auf und sah mich mit unstetem Blick an. Ich fragte mich, was in ihr vorging, als mir bewusst wurde, dass es wieder sehr still in der Küche geworden war, zu still. Aber gerade als ich mich zu den Brüdern umdrehen wollte, traf mich ein Schlag auf den Hinterkopf. Alberto war von hinten flink an mich herangetreten, verpasste mir mit der einen Hand eine Kopfnuss und schlug mit der anderen flachen Hand auf den immer noch unberührt auf dem Tisch liegenden Vertrag.

„Was ist das hier?" schrie er mich an und holte zum erneuten Schlag auf meinen Kopf aus. Ich erstarrte, unsere Blicke trafen sich für einen kurzen Moment. Ich konnte den Hass in seinen Augen lesen.

„Halt, halt, Alberto." Luciano war aufgesprungen und stellte sich zwischen uns. Auch Ernesto stand nun zwischen Alberto und mir. Giuseppe dagegen lehnte sich wieder träge an die Wand neben der Küchentür. Alle anderen waren über Albertos plötzlichen Angriff offenbar genauso erschrocken wie ich.

Lucianos Stimme war rau vor Erregung. „Beruhigt euch alle. Wir haben einen Vorschlag, den ihr euch erst einmal ruhig anhören solltet. Danach können wir darüber diskutieren – aber in Ruhe."

Ernesto hielt immer noch Albertos Arm fest. „Setz dich, und bleib ruhig." Er deutete mit dem Kopf nach unten.

Gehorsam ließ Alberto sich auf den Stuhl fallen. Aber er machte nicht den Eindruck, als sei er beeindruckt oder erschrocken. „Das wird dir noch leidtun", sagte er mit gedämpfter Stimme.

Ernesto setzte sich neben Alberto, und auch Luciano nahm seinen Platz wieder ein. Die Mutter schluchzte neben dem Kamin und hielt sich ein Taschentuch vor den Mund.

Jeder Muskel in mir hatte sich verkrampft. Wie sollte das enden? Wir hatten noch nicht einmal unsere Absichten angesprochen und schon war Alberto ausgerastet. Ich war inzwischen sicher, dass wir bei den Brüdern mit unserem Plan auf Granit beißen würden. Meine Zweifel wurden wieder übermächtig. Konnte man Gewalt mit Gewalt vertreiben? Auch wenn wir uns hier keiner körperlichen, sondern einer psychischen bedienten?

Jetzt war es Ernesto, der als erster sprach. „Was wollt ihr von uns? Und, wenn es um Giuliana geht, warum ist sie nicht mitgekommen?"

„Wie hätte sie sich dem hier aussetzen können, nach allem, was sie in diesem Haus schon ertragen musste", antwortete ich, ohne ihn anzusehen.

„Was macht sie jetzt wohl?" fragte Giuseppe höhnisch, immer noch an die Wand gelehnt.

„Wahrscheinlich steht sie zu Haus unter der Dusche", feixte Alberto.

„Liest in der Bibel."

„Oder guckt Kindersendungen im Fernsehen."

„*Allora basta*- Schluss jetzt", schrie die Mutter, verließ ihre Kaminecke und kam zurück zum Tisch. Sie wischte sich die Tränen aus dem Gesicht, putzte sich die Nase und sagte erstaunlich ruhig: „Wir wollen uns jetzt anhören, was Luciano und Valerio zu sagen haben."

Luciano sammelte sich ein paar Sekunden und begann dann sehr ruhig und in einfachen Worten zu erklären, welche Strafen das Gesetz für den Missbrauch von Minderjährigen vorsieht. Alberto grunzte verächtlich und sah Giuseppe und Bruno an, die sich zu uns an den Tisch gesetzt hatten. Giuseppe wischte sich den Schweiß von der Stirn, und Bruno knetete mit gesenktem Kopf seine Hände. Sein Gesicht erschien noch schmaler und spitzer als sonst.

„Heißt das, Ihr wollt uns anzeigen?" fragte Ernesto. „Ich kann es nicht glauben, Valerio, ich habe dich doch immer wie meinen eigenen Sohn behandelt. Und der da", er zeigte verächtlich auf Luciano, „hat dich doch dein Leben lang verleugnet."

„Es geht hier nicht um mich, Ernesto. Es geht um Giuliana. Ihr Leben ist zerstört. Es geht auch nicht darum, euch alle ins Gefängnis zu bringen. Obwohl Giuseppe und Alberto es tatsächlich verdient hätten. Und ihr, na ja..."

„Ihr Leben zerstört?" zischte Giuseppe. Sie hat doch alles, was sie braucht. Hat ´nen Mann, hat ´n Kind, sogar ´ne

351

Schwiegermutter hat sie." Er grinste anzüglich. „Was will sie denn noch?"

„Halt den Mund, Giuseppe", herrschte Ernesto ihn an.

Ich sah Luciano an. „Sag was. Erkläre es ihnen!"

Was nun kam, hätte ich Luciano nicht zugetraut. Er hielt eine Plädoyer – anders konnte man es nicht nennen –, das ihn mir in einem anderen Licht erscheinen ließ und meine Einstellung zu ihm schlagartig änderte.

Zuerst machte er meiner Familie klar, welcher Verbrechen sie sich schuldig gemacht hatten, sowohl meine Brüder als auch meine Eltern. Doch dann wählte er versöhnliche, sehr persönliche Worte. Er sprach davon, wie er von den positiven Einflüssen seines älteren Bruders Francesco in seiner Kindheit geprägt worden war und dennoch so viele Fehler im Leben gemacht hatte. Der größte Fehler sei es gewesen, sich nie zu mir bekannt zu haben und auch nie das Gespräch mit Anna-Maria und Ernesto gesucht zu haben. Vielleicht hätte sich in beiden Familien manches anders entwickelt.

„Ich sehe durchaus auch meine Schuld. Francesco habe ich meine Vaterschaft erst dann gebeichtet, als Valerio schon einige Zeit bei Francesco lebte. Mein Bruder ist ein Philosoph. Er sagte mir: Du musst dir Zeit nehmen, erst die Zeit offenbart die Wahrheit. Du wirst wissen, wann es soweit sein wird. Aber ich habe mir zu viel Zeit gelassen. Er hat mir nämlich auch gesagt, dass man seinem Stand verpflichtet sei. Das habe ich missverstanden, denn ich glaubte, meinem Ruf und meiner Familie Schaden zuzufügen, wenn ich mich zu Valerio bekannt hätte." Er räusperte sich und schwieg einen Moment. „Francesco hat mich oft genug an meine Pflicht erinnert, aber ich habe mich der Verantwortung entzogen."

Ich sah mich um. Die Eltern saßen stumm auf ihren Stühlen, nur die Brüder rutschten unruhig hin und her. Die schwarze Katze, die bei dem vorangegangenen Tumult aus der Küche geflüchtet war, hatte es sich wieder auf der Fensterbank bequem gemacht und schnurrte leise.

Luciano sprach jetzt lässiger und ungezwungener weiter. Seine ganze Art zeigte mehr Zuversicht als Zweifel.

„Wir wollen euch nicht vor Gericht bringen, und wir wollen nichts beschließen, ohne euch gehört zu haben. Weder wollen wir euch anzeigen, noch zu etwas zwingen. Ein Prozess würde auch Giuliana schaden. Sie muss weiter in Canavaccio leben und jeder wüsste Bescheid. Sie würde das nicht aushalten."

„Ja, was wollt ihr denn dann?" rief Giuseppe.

„Nun, ich habe eine Möglichkeit gefunden, an eurer Tochter und Schwester ein wenig wieder gutzumachen. Ich schlage vor, dass ihr euer Haus- und Grundvermögen auf Giuliana überschreibt. Giuseppe, Alberto und Bruno müssten auf ihr Erbe verzichten."

Er nahm den Vertrag in die Hand und hielt ihn hoch. „Einen entsprechenden Vertrag habe ich aufgesetzt. Die Übertragung müsste natürlich notariell beglaubigt werden."

Alberto sprang auf, der Küchenstuhl knallte hinter ihm auf den Boden. *„Pezzo di merda,* das wird dir und deinem *bastardo* noch leidtun." Rückwärts bewegte er sich aus der Küche. Unbändige Wut sprach aus seinem Gesicht.

Giuseppe kam auf mich zu, blieb vor mir stehen und

fauchte: *Figlio di puttana,* du glaubst doch nicht etwa, dass du damit durchkommst?" Dann lief er Alberto hinterher.

Eine pfeilschnelle Bewegung in meinen Augenwinkeln: die Katze, schwarz wie ein lebendiger Schatten sprang vom Fensterbrett und suchte Schutz auf dem Schoß der Mutter.

In der Küche war es stumm geworden.

Kapitel 31

Diese Küche war einmal mein Zuhause gewesen, aber ob ich es jemals als das empfunden hatte, wusste ich selbst nicht. Dieses Zuhause, das sich harmlos gegeben hatte, aber Schreckliches verbarg, wie die nahen Schluchten zwischen den Hügeln, die in der Dämmerung dunkler und dunkler wurden, in der Nacht brüteten und die Schatten noch tiefer werden ließen. Wie diese Straße, die von allen nur *strada bianca* genannt wurde, über die ich nachts oft geflüchtet bin. Still verbargen sie alles. Nichts bewegte sich oder schien auch nur beweglich, nur ein Schattenspiel auf einsamer Straße, mein Schatten im Mondlicht. Hier wurde niemand erwartet, doch kam auch niemand unerwartet. Hier trug man keine Verantwortung, lud nicht ein, wartete aber auch nicht. Wir aber waren unerwartet gekommen.

Alle am Tisch schwiegen. Giuseppe und Alberto waren nicht wiedergekommen. Ich wollte etwas sagen, etwas Versöhnliches, konnte aber nichts herausbringen.
Es war Luciano, der mich aus diesem Zustand erlöste.
„Nun gut, dann wird uns wohl kein anderer Weg bleiben, als das Verbrechen vor Gericht zu bringen", sagte er kalt.
Langsam nahm er seine Aktentasche, griff nach dem Vertrag und schob ihn in aller Ruhe in eines der Fächer.
„Zugegeben: Es ist nicht das, was wir wollten. Es hätte auch für eure Söhne eine Möglichkeit gegeben, ihr bisheriges Leben weiterzuführen, zwar nicht an diesem

Ort, aber auch für sie zufriedenstellend." Er zuckte mit den Schultern.

Wie konnte er nur so ruhig bleiben? Unser Vorhaben war doch auf ganzer Linie gescheitert. Er nickte mir zu, erhob sich und sagte: „Komm Valerio, hier können wir wohl nichts weiter ausrichten."

„Halt", rief Ernesto. „Lasst hören!" Seine Hände zitterten ein bisschen, und sein Gesicht, vor allem die Nase, glühte in einem ausgeprägten, gestressten Rot. Die Mutter weinte wieder und Bruno starrte immer noch auf seine Hände.

„Ah, gut", sagte Luciano liebenswürdig und setzte sich wieder an den Tisch. „Dann will ich euch mal ein paar Einzelheiten erklären. Ich habe den Vertrag so aufgesetzt, dass ihr ein lebenslanges Wohnrecht in dem Haus behaltet, eure Söhne aber nicht hier bleiben können. Trotz der Schwere ihrer Taten habe ich auch für sie eine annehmbare Lösung gefunden, sodass ihnen nicht der Boden unter den Füßen weggezogen wird."

„Was soll das heißen, sie müssen hier weg? Ihr wollt Wiedergutmachung auf unsere Kosten, auf Kosten meiner Söhne. Wovon sollen sie denn leben. Sie sind Bauern, und Bauern ohne Land haben keine Chance zu überleben. Ist das eure Gerechtigkeit? " Ernesto war außer Atem. Er wischte sich mit der Hand über die Stirn. Leise, kaum hörbar, setzte er hinzu: „Und wer wird die Enterbten besänftigen?"

Bruno und die Mutter schauten sich entsetzt an. Bruno hob in einer unbeholfenen Geste die Schultern.

„Ich glaube, ihr solltet darüber nachdenken. Das ist es sicherlich wert. Ich werde nämlich zum Ende des Jahres am Monte Nerone ein *Agriturismo* eröffnen und würde die drei als meine Angestellten dort beschäftigen. Sie würden das Land bestellen, sich um den Wein und die Tiere kümmern – alles Dinge, die sie bisher auch getan haben, nur dass sie jetzt dafür bezahlt würden. Wäre das nicht eine salomonische Lösung, die beste Lösung für alle?"

Ernesto nahm Luciano den Vertrag aus der Hand und wollte eben zu lesen anfangen, als hinter uns Albertos Stimme ertönte, gelassen, fast freundlich. „Na, habt ihr den Richterspruch über uns gefällt?"

Ich drehte mich um. In der Tür standen Alberto und Giuseppe, jeder mit einem Gewehr in der Hand. Sie kamen lächelnd langsam auf uns zu. Ich schaute zu Ernesto hinüber und sah, wie er kreideweiß und still dasaß.

„Tut mir leid, dass wir dir und deinem *bastardo* das antun müssen." Alberto blieb vor Luciano stehen und wirkte sehr zufrieden.

Ernesto – den Vertrag noch in der Hand – saß wie erstarrt auf seinem Stuhl. „Alberto, Giuseppe!"

Verwirrt sah ich zu Bruno hinüber, aber der sah aus, als hätte man ihm mit dem Hammer auf den Kopf geschlagen. Er hatte genauso viel Angst wie ich.

„Ich weiß, damit hast du nicht gerechnet", sagte Alberto. „Aber nun..." Er sagte es so sanft, aber seine Augen waren funkelnde Schlitze. „*Merda*, mir gefällt das hier auch nicht. Ich hatte auf ein gutes Mittagessen gehofft und ein kurzes Schläfchen. Aber daraus wird wohl heute nichts."

„Was soll das?", fragte Luciano. Er verhielt sich sehr still, aber die Angst stand ihm ins Gesicht geschrieben.

„Was glaubst du?" Ein gleichgültiges Achselzucken, eine kurze Bewegung mit dem Gewehr. Entsetzen legte sich wie eine eiserne Klammer um meine Brust, als ich sah, dass der Lauf des Gewehrs auf Lucianos Kopf gerichtet war.

„Nein!", rief Ernesto in scharfem Ton und schlug mit der Faust auf den Tisch.

Alberto schürzte die Lippen. „Was hast du gesagt?"

„Nein!"

„Was?" Alberto lachte schrill. „Nein? Machst du Witze? Die beiden hier wollen uns vernichten, und du sagst Nein?" Albertos Gesicht war zu einer Maske der Wut verzerrt.

Luciano warf mir einen unmissverständlichen Blick zu, klar und deutlich – *lauf Valerio.*

Doch wie hätte ich laufen können? Hinter Alberto stand Giuseppe mit seinem Gewehr, der zwar bei weitem nicht so aggressiv wie Alberto auftrat. Seine Bewegungen und sein Gesichtsausdruck wirkten eher unsicher. Aber an ihm wäre ich nicht vorbeigekommen.

„Alberto", sagte ich ungläubig, „bitte, du willst die Sache doch nicht noch schlimmer..."

In diesem Moment sprang Bruno auf. Wir hatten uns alle auf Alberto konzentriert und Bruno nicht beachtet. Alberto schrie auf, als Brunos Faust ihn von der Seite am Kinn traf. Er stolperte rückwärts und riss das Gewehr hoch. Ich starrte verständnislos auf den fallenden Alberto, als es knallte. Eine ohrenbetäubende Explosion, die mich zusammenzucken ließ und mein Trommelfell fast zum Platzen brachte. Wir zogen die Köpfe ein. Die Mutter rutschte unter den Tisch. Ich presste die Augen zu – nur für einen Moment. Als ich sie wieder öffnete, sah ich, dass Giuseppe entsetzt zurückwich. Er stellte sein Gewehr wie in Trance neben die Küchentür und ging mit schwerfälligen Schritten auf seine beiden am Boden liegenden Brüder zu. Alberto hielt noch immer das Gewehr in der Hand und versuchte mühsam sich aufzurichten. Ich konnte nicht erkennen, ob er verletzt war. Giuseppe nahm Alberto das Gewehr aus der Hand und legte es auf den Küchentisch. Von Bruno sah ich nur die Beine. Er lag halb unter dem Tisch und rührte sich nicht. Ich sprang auf und lief um den Tisch herum. Giuseppe kniete zusammengekrümmt vor Bruno, die Hände auf die Oberschenkel gestützt. Er weinte und die Mutter schrie. Ich beugte mich vornüber, da sah ich es. Aus einer Wunde unterhalb von Brunos rechtem Schlüsselbein floss Blut - es sickerte nicht. Der Fleck auf seinem Hemd wurde schnell größer. In diesem Moment veränderte sich mein Zustand. Starre und Angst wichen. Mit einem Blick hatte ich die Situation erfasst. Bruno war ohnmächtig, aber er lebte. Auch wenn die Wunde nicht lebensgefährlich war, musste er so schnell wie möglich auf den OP-Tisch, sonst würde er verbluten.

Ich rief: „Schnell, ich brauche ein sauberes Geschirrtuch und ein Bettlaken!"

Aus den Augenwinkeln sah ich, dass Luciano mit seinem Mobilphon telefonierte. Ich konnte ihn nicht verstehen, nahm aber an, dass er den Notarzt anforderte.

Da kam die Mutter schon mit dem Bettlaken zurück. Ich zerriss es in Streifen und legte mit dem Geschirrtuch, so gut es ging, einen Druckverband an. Mir war klar, jetzt musste alles schnell gehen. Die Kugel musste raus.

Giuseppe redete neben mir anscheinend ununterbrochen auf Bruno ein. Ich sah es an seinen Lippenbewegungen, erfasste aber keines seiner Worte. Es schienen für mich sinnlose Laute, übertönt von einem durch den Knall ausgelösten Tinnitus in meinen Ohren. Ich fühlte mich wie in einem schalldichten Raum.

Alberto saß immer noch auf dem Küchenboden und starrte verständnislos auf seinen am Boden liegenden Bruder.

Ich wusste nicht, was genau passiert war, wer geschossen hatte – Alberto oder Giuseppe. Mein Blick fiel auf Ernesto. Es schien eine Ewigkeit zu vergehen, bevor Leben in ihn kam. Er stand auf, schob Giuseppe beiseite und beugte sich neben mir über Bruno. Als er begriff, dass er lebte und ich ihn versorgte, ließ er sich schwitzend und totenbleich auf den nächsten Stuhl fallen.

Trotz meiner wie im Traum ausgeführten geübten Handgriffe, fühlte ich noch immer die Wirkung des Schocks.

Ich drehte mich zu Luciano um. Er telefonierte nicht mehr. Der Rettungswagen würde also bald da sein. Langsam beruhigte sich auch der Tinnitus in meinen Ohren. Doch noch immer hatte ich ein Gefühl, als befände ich mich unter Wasser. Lucianos Stimme drang wie dumpfe Schallwellen an mein Ohr. „*Fatto*, erledigt, sie kommen." Er atmete lange aus und wiederholte: „Sie kommen!"

Es war ein Albtraum. Die Mutter saß jetzt neben Bruno, hielt seine Hand und sah auf ihn herab wie auf ein Kind,

das in seinem Bettchen lag und auf eine Gutenacht-
geschichte wartete.

Albertos Blick war flach und starr. Er redete
ununterbrochen, schnell und stammelnd. Er brachte die
Worte kaum der Reihe nach hervor, die Stimme brüchig, in
abgehacktem Stakkato. Zwischendurch hörte ich immer
wieder ein hohles *Verzeih mir, Bruno.* In seinen Augen
glitzerte nicht mehr die Wut, er stöhnte klanglos: „Was
habe ich getan? Was habe ich getan?"

„Was machen wir jetzt?" fragte Ernesto mit schwerer,
fiebrig benommener Stimme.

Luciano sah uns der Reihe nach an. „Wir warten."

Ich nickte und sagte völlig ruhig: „Das ist unsere Schuld."

„Nein, ist es nicht!" Auch Luciano hatte sich wieder
gefasst. In seinem Beruf musste er, ebenso wie ich, gelernt
haben, auch in brenzligen Situationen schnell die Fassung
zurückzugewinnen.

Ich konnte und wollte nicht antworten. Ich schüttelte nur
heftig den Kopf und atmete tief ein. Unter Giuseppes
Gewehr lag immer noch der Vertrag auf dem Tisch.
Vertrag, Vertrag, Vertrag. Ich hatte nur einen Gedanken:
Hätten wir diesen Vertrag nicht aufgesetzt, wäre das alles
nicht passiert. Es hatte sich wieder einmal gezeigt, wie
töricht es war, Zukunftspläne zu machen, wenn man noch
nicht einmal Herr des kommenden Tages war. Ich setzte
mich auf die Bank, auf der sonst immer die Katzen lagen,
fühlte mich körperlos, ohne Halt.

Plötzlich erklang Don Giancarlos Stimme. Die Explosion
des Schusses hatte ihn alarmiert.

„Gott wird Gerechtigkeit üben", sagte er mit gewaltiger Stimme, so als predige er zu Hunderten. „Gott heilt die körperlich Blinden. Wird er auch die geistig Blinden heilen? Beichtet! Ich sage euch beichtet! Vergebung, Vergebung." Er bekreuzigte sich.

Draußen hörte man die Sirenen. Das Geräusch wurde lauter. Der Rettungswagen hielt vor dem Tor, der Notarzt dahinter.

Luciano stand auf und ging hinaus. Ernesto folgte ihm. Sie kamen mit einem Arzt und zwei Sanitätern zurück.

Kapitel 32

Die folgenden Stunden waren schrecklich. Meine oberste Lebensregel, tue nichts, was du nicht rückgängig machen kannst, galt nicht mehr. Das vorangegangene Geschehen lief in meinem Kopf wie ein rückwärts laufender Film ab - die schwarze Katze flog rückwärts vom Schoß meiner Mutter und landete lautlos auf dem Fensterbrett, Alberto ging mit erhobenem Gewehr rückwärts aus der Tür, Brunos Faust löste sich in Zeitlupe von Albertos Kinn. Da waren nur Bewegungen - kein Knall. Fünf Sekunden – eine Ewigkeit. Es war, als ob die Zeit danach nicht existierte oder alles gleichzeitig geschah.

Der Arzt kniete neben Bruno. „Wer hat den Druckverband angelegt?" fragte er nach einer ersten schnellen Untersuchung.
Ich wusste, dass ich mich von der negativen Energie meiner Gedanken frei machen, funktionieren musste. „Ich bin Arzt", sagte ich. „Der Verletzte ist mein Bruder."
Der Arzt nickte. Er half den Sanitätern, Bruno auf die Trage zu legen. In diesem Moment kam Bruno wieder zu sich. Er stöhnte. Die Mutter lief zu ihm und hielt wieder seine Hand.
„Sind Sie die Mutter"? fragte der Arzt. „Gut, dann können Sie mitfahren. Wir müssen so schnell wie möglich die Kugel entfernen."
Ich wurde nicht ruhiger und empfand eine Leere, die so dunkel war, dass sie alles zerstörte, was ich am Morgen

noch als Hoffnung empfunden hatte. Nicht darüber nachdenken, dachte ich, sonst drehst du durch.

Die Sanitäter verließen mit Bruno und der Mutter die Küche. Der Arzt wandte sich an mich. „Es handelt sich um eine Schussverletzung. Sie wissen, in diesem Fall muss ich die *carabinieri* einschalten." Er nickte mir zu und verließ die Küche, ohne auf eine Antwort zu warten.

Erregt ging ich ans Fenster. Der Arzt – ich kannte nicht einmal seinen Namen – telefonierte vor dem Krankenwagen, während die Sanitäter Bruno einluden. Die Sonne stand schon nicht mehr im Zenit. Und dennoch. Mir schien, als ließe sie, die wahre Herrscherin Italiens, die gewalttätige, unbarmherzige Sonne, in der alles und jedes in sklavischer Reglosigkeit erstarrte, diese Sonne ließ die *strada bianca* in ihrem gleißenden Weiß noch öder und abweisender wirken. Der Wind blies wollige Samen der Platanen durch die Luft, wirbelte sie auf und ab. Die Straße, die wirbelnden Samen, der böige Wind, Unruhe draußen wie in meinem Kopf. Nur in der Küche herrschte Stille, eine Stille, die ich kaum ertrug. Das Warten war das Schlimmste. Bald kämen die *carabinieri*. Sicher war jetzt nur eins: Die Zeit des Ausweichens, des Lügens, des Taktierens war vorbei. Wir würden für alles geradestehen müssen, nichts könnte mehr unter den Tisch gekehrt werden. Was würde das für Giuliana bedeuten? Es war die Erkenntnis, die überraschende Einsicht, die man erst im allerletzten Augenblick hat, wenn alle anderen Auswege nicht mehr möglich sind: Giuliana musste geschützt werden.

Ich verließ das Fenster und ging zu den anderen. Giuseppe und Alberto standen stumm, bleichgesichtig, mit rotverquollenen Augen vor dem Kamin. Ich hatte beide vorher noch nie weinen gesehen. Die Tür zum Flur stand offen. Ernesto und Luciano saßen auf den Stufen der Treppe zum Obergeschoss, dicht beieinander. Meine beiden Väter im Unglück vereint, schoss es mir durch den Kopf.

Don Giancarlo hatte sich an den Tisch gesetzt und spielte mit dem Kreuz vor seiner Brust. Er schaute immer wieder kopfschüttelnd und händeringend an die Decke, als kommuniziere er stumm mit seinem Gott, irgendwo dort oben zwischen den Deckenbalken.

Ich hatte mir gerade zurechtgelegt, wie ich die anderen davon überzeugen wollte, dass wir uns eine Geschichte einfallen lassen müssten, bevor die *carabinieri* Fragen stellten. Da verließ Luciano seinen Platz auf der Treppenstufe, rückte seinen Gürtel zurecht und stützte sich mit beiden Händen auf den Tisch, auf dem immer noch Giuseppes Gewehr über dem verfluchten Vertrag lag.

„Wir werden sagen, dass es ein Unfall war. Damit können wir das Schlimmste verhindern. Wenn nur irgendeiner von euch den *carabinieri* erzählt, was hier wirklich passierte ist, wird auch die Sache mit Giuliana auf den Tisch kommen – *e buona notte.* Unsere Bemühungen um einen Ausweg wären umsonst. Ihr beide", er deutete mit einer Handbewegung auf Alberto und Giuseppe, „ihr werdet nicht nur wegen Körperverletzung, sondern auch wegen Missbrauchs hinter Gitter kommen. Anna-Maria und Ernesto werden wegen unterlassener Hilfeleistung und

365

Vertuschung einer Straftat vor Gericht kommen." Er schlug mit der flachen Hand auf den Tisch. „Auch Sie, hochverehrter Don Giancarlo, werden nicht ungeschoren davonkommen. Sie werden wegen Duldung des Missbrauchs ebenfalls angeklagt werden. Ich schätze, Ihrer Kirche würde das gar nicht gefallen."

Ich starrte ihn völlig perplex an. Er hatte denselben Gedanken. Ein Unfall! So war es ja eigentlich auch. Es war ein Unfall. Eine unwillkürliche Woge der Erleichterung erfasste mich, aber gleichzeitig spürte ich ein hohles Gefühl im Bauch. Das Schweigen, das nun folgte, nahm kein Ende. Giuseppe und Alberto sahen sich an. Sie brauchten eine Weile, bevor sie stumm nickten. Doch dann entspannten sich ihre Gesichter. Die Erleichterung war ihnen anzusehen.

Luciano goss mir ein Glas Quellwasser aus der Fünf-Liter-Flasche ein, die noch unberührt auf dem Tisch stand.

„Ich glaube, das hast du jetzt nötig", sagte er und hielt mir das Glas hin.

Das kühle Wasser floss mir die Kehle hinunter. Ich bekam Gänsehaut. Beides löste eine geradezu körperliche Erinnerung an meine Kindheit in diesem Haus aus.

Ernesto saß immer noch regungslos auf der Treppenstufe.

Luciano stellte sich in die Mitte der Küche und lenkte die Aufmerksamkeit auf sich.

„Ernesto, komm zu dir! Wir müssen das jetzt besprechen. Ich vermute, Bruno wird in den nächsten Stunden nicht ansprechbar sein und sich zur Sache nicht äußern können. Und wie ich Anna-Maria einschätze, steht sie immer noch unter Schock. Sie wird, jedenfalls für den Moment, keine Aussage machen können."

Ernesto erhob sich schwerfällig. „Wieso willst du wissen, wie sich Anna-Marie verhalten wird?", fragte er aufgebracht. „Wenn sie die Wahrheit sagt, wird alles noch schlimmer."

„Ernesto." Luciano verschränkte die Arme und sah ihn kalt an. „In dem Punkt wirst du mir einfach vertrauen müssen. Ja, wir alle müssen einfach hoffen, dass es so ist." Er nickte knapp mit dem Kopf. Mit diesem eiskalten Blick verunsicherte er vor Gericht jeden Gegner – das konnte ich mir gut vorstellen.

„Valerio, mach den Mund auf. Was denkst du? Viel Zeit zum Diskutieren bleibt uns nicht mehr. Also los!" Luciano zündete sich eine Zigarette an und wartete ungeduldig auf meine Antwort.

Es dauerte einen Moment. Ich stand, wollte mich aber wieder setzen, mich soweit erholen, dass ich die Sache nüchtern durchdenken, meinen Verstand wieder gebrauchen konnte.

„Ich glaube, dass es das Beste für alle ist, wenn wir uns auf den Unfall einigen. Wie und wieso, das muss dir einfallen, Luciano."

Alberto mischte sich ein: „Ich würde..."

„Du sollst den Mund halten, ganz demütig und dankbar sein. Denn", Luciano hob das Kinn und sah beide Brüder an, „wisst ihr was? Wisst ihr, wie viel Glück ihr habt, wenn es als Unfall durchgeht?"

Guiseppe und Alberto sahen sich an und nickten. Zum ersten Mal in meinem Leben hatte ich den Eindruck, dass die beiden zerknirscht waren, voller Gewissensbisse.

„So", sagte Luciano. „Jetzt hört alle genau zu: Giuseppe und Alberto wollten am späten Nachmittag auf die Jagd gehen. Alberto wollte vor dem Essen prüfen, ob er die Gewehre noch einmal ölen müsste, und brachte sie deshalb in die Küche. Er wusste nicht, dass sich in einem der Gewehre noch eine Patrone befand, die beim letzten Mal nicht abgefeuert worden war. Plötzlich hat es dann einen Knall gegeben, und Bruno war von der Kugel getroffen umgefallen."

Luciano warf den Stummel seiner Zigarette in den Kamin und sah uns der Reihe nach eindringlich an. Er zuckte die Achseln und zündete sich eine neue Zigarette an. „Wenn wir es richtig machen, passt alles zusammen."

Ernesto seufzte. „Luciano hat Recht. Nur so können wir Schlimmeres verhindern. Das, was geschehen ist, ist schlimm genug – auch vorher schon. Und jetzt..., beinahe hätte Alberto Bruno getötet. Wir müssen zur Besinnung kommen."

Er wandte sich an Luciano und mich. „Wenn das hier ohne Polizei und Gericht zu Ende gebracht werden kann, unterschreiben wir den Vertrag – und zwar alle. Eine andere Möglichkeit gibt es jetzt nicht mehr", sagte er und schaute dabei seine Söhne an.

Ich war erleichtert, hatte so viel zu sagen, konnte es im Moment aber nicht. Ich hatte nur ein diffuses Gefühl von Dankbarkeit, denn der Preis war hoch. Bruno war lebensgefährlich verletzt. Wir forderten Vergeltung, indem wir Zwang ausübten und ein Verbrechen vertuschen wollten. Ja, es stimmte, meine Brüder waren schlecht, gemein und verantwortungslos. Vielleicht wären sie irgendwann an der eigenen Bosheit zugrunde gegangen. Nun würden wir sie ihrer Verantwortung entheben. Manche Dinge konnten eben nicht auf das reine Gut oder Böse reduziert werden. So einfach war es nicht. Es war komplizierter. *Niemand ist durch Zufall gut. Die Tugend muss erlernt werden.* Ein Satz, den ich oft genug von Francesco gehört hatte. So war es sicherlich, aber manchmal ist eben auch der falsche Weg der richtige, der zum Guten führte – möglicherweise würden meine Brüder lernen.

Luciano schaute mich an, und ich dachte plötzlich, dass ich ihn trotz seiner Fehler gern hatte. Er hatte sich für Giuliana eingesetzt. Auch wenn es ein unrühmlicher Weg war, den wir beschritten, vielleicht sogar ein gefährlicher. Wir hatten die *carabinieri* noch nicht überzeugt.

Unter meinen Achseln hatten sich auf meinem Hemd riesige nasse Flecken gebildet. Die Erregung hing wie eine Glocke über uns. Unsere Ausdünstungen hatten die Luft in der Küche ranzig und überhitzt werden lassen. Kein Übel ist so groß wie die Angst davor. Das wusste ich - und dennoch...

Vor dem Haus hielt ein Auto. Luciano ging ans Fenster. „Sie sind da. Ihr wisst alle, was ihr zu sagen habt."

Sie waren zu dritt. Luciano ging auf sie zu. „*Ciao* Pietro, *ciao* Stefano, *ciao* Eduardo."

Ich konnte unser Glück kaum fassen. Luciano kannte alle drei und begrüßte sie wie alte Freunde.

„*Ciao,* Luciano. Was machst du hier?" Der, den Luciano Stefano genannt hatte, klopfte ihm freundschaftlich auf die Schulter. „Das Krankenhaus hat uns benachrichtigt. Hier im Haus soll Bruno Gemelli angeschossen worden sein. Bist du als Anwalt hier? Was war hier los?"

„No, no, Stefano, ich bin hier nicht als Anwalt. Ich habe Valerio Gemelli begleitet. Er ist aus Deutschland zu Besuch. Du weißt doch, er ist das Mündel meines Bruders."

„*Ho capito*", sagte Stefano.

Die *carabinieri* verneigten sich vor Onkel Don Giancarlo – Hochwürden – und begrüßten danach Ernesto und meine Brüder.

Stefano holte einen Notizblock und einen Kugelschreiber aus seiner Umhängetasche. „Zuerst brauchen wir die Namen aller anwesenden Personen, und dann mal los, erzählt mal. Am besten, das machst du Luciano."

Ich stand bewegungslos da. War das alles?

Luciano erzählte unsere Version des „Unfalls" so perfekt und selbstsicher, dass es keinen Grund geben konnte, daran zu zweifeln. Die drei *carabinieri* jedenfalls nickten und Stefano notierte sich Lucianos Darstellung sorgfältig. Er fragte uns nacheinander, ob einer von uns den Vorfall anders darstellen würde. Als wir verneinten, sagte er: „Wir müssen von Ihnen allen natürlich noch eine eidesstattliche Erklärung haben, dass sich der Unfall tatsächlich so ereignet hat.

„Das wird kein Problem sein", erwiderte Luciano und sah uns auffordernd an. „Ich gehe davon aus, dass alle hier im Raum ein Interesse daran haben, dass diese unglückliche

Angelegenheit so schnell wie möglich abgeschlossen wird. Wir werden morgen auf dem Revier die Erklärung abgeben. Anna-Maria wird auch dabei sein. Sie hat Bruno im Krankenwagen begleitet."

Stefano packte seinen Block und Kugelschreiber wieder sorgfältig in seine Umhängetasche zurück, und die *carabinieri* verabschiedeten sich mit einem: *„Ciao a tutti, a domani!"* von uns. In der Tür drehte sich Stefano noch einmal um. „Gute Besserung für Bruno." Damit verschwanden die drei wieder.

Ich war so erleichtert, dass ich den Lärm, den Alberto und Guiseppe nun machten, in einem Strom von unverständlichem Geplapper über mich hinwegrauschen lassen konnte.

Lucianos Stimme holte mich zurück. „Gut gemacht", sagte er.

Dennoch hatte ich das Gefühl, als hätte ich Fieber. Es war, als schaute ich von oben auf mich herab. Mein schwerer Kopf signalisierte mir aber, dass alles gut war.

Ich dachte an Giuliana, wie sie teilnahmslos vor dem Fernseher gesessen hatte, und an Christina, die meine Schwester in den Arm genommen hatte, so als kannten sie sich schon seit Jahren. Sie waren die einzigen, denen ich Rechenschaft schuldig war – sonst niemandem.

Kapitel 33

Als Franco uns an diesem Nachmittag die Tür öffnete, war ich nicht ganz so gefasst, wie ich es hätte sein müssen. Luciano dagegen klopfte Franco auf die Schulter. „Alles in Ordnung. Fehlen nur noch ein paar Unterschriften."

Ich ging hinter ihnen in die Küche, lehnte mich an den Türrahmen und schob die Hände in die Taschen. „Ach ja? Alles in Ordnung? Das ist wirklich gut!"

Mein leiblicher Vater schien die Eigenschaften eines Lügners von Weltklasse zu haben.

„Entschuldige, Valerio, ich dachte, wir müssen es ja nicht noch schlimmer machen, als es ist."

„Schon okay. Du solltest jetzt damit aufhören."

Er hob den Kopf und blinzelte. „Wie bitte?"

Christina kam aus dem Nebenzimmer. „Was ist passiert?"

Luciano sagte: „Entschuldige, aber ich weiß nicht..."

„Es hat keinen Sinn, Luciano, wir müssen es ihnen sagen."

„Oh bitte." Christina machte ein erschrockenes Gesicht und berührte mein Gesicht mit den Fingerspitzen. Sie schien jetzt zu begreifen, dass etwas nicht gut gelaufen war.

Inzwischen war auch Giuliana dazugekommen und starrte uns ängstlich an. „Valerio, es ist etwas passiert, was Schreckliches, oder? Sag bitte, dass es nicht so ist." Sie strich sich eine Haarsträhne aus den Augen und wartete.

„Genau das wollte ich vermeiden, Valerio", sagte Luciano wütend, fasste sich aber gleich wieder und legte Giuliana beruhigend die Hand auf den Arm. Ihre Augen waren rotgeweint, die Nase rosa. Wie betäubt schüttelte sie den Kopf.

„Es tut mir leid. Wirklich. Aber Luciano hat Recht, trotz allem. Am Ende wird alles gut werden. Es fehlen nur noch ein paar Unterschriften", sagte ich müde.

Jetzt übernahm Luciano. Sachlich und vernünftig beschrieb er die Ereignisse in meinem Elternhaus, Brunos Verletzung, die Befragung durch die *carabinieri* und die Absprache innerhalb der Familie. In seiner Direktheit erkannte man wieder den Anwalt - kühl die Fakten analysierend. „Es war richtig, was wir getan haben, vernünftig für alle Beteiligten."

„Ach so, für alle Beteiligte?" Ich konnte seine Gelassenheit nicht fassen.

Er hob den Kopf und sah mich mit einem blassen Lächeln völlig unbeeindruckt an. „Ja. Jetzt tu nicht so, Valerio, du weißt, was ich meine. Warum sollen wir zulassen, dass die Sache jetzt alles verdirbt?"

Christina wandte sich an mich. „Was ist mit Bruno? Wie gefährlich ist seine Verletzung?"

Ich ließ mich auf einen Stuhl am Küchentisch fallen und stützte den Kopf in die Hände. Natürlich war das Christinas erster Gedanke. Und ihre Frage war angebracht. Wenn sich Bruno nicht von seiner Verletzung erholte, wäre sowieso alles verloren. Um das alles überhaupt aushalten zu können, versuchte ich, mich nur auf einen winzigen Ausschnitt davon zu fokussieren – Brunos Verletzung. Als befänden wir uns in der Uni-Klinik in Hamburg, erläuterte ich ihr, wie ich die Heilungschancen einschätzte. Meiner Meinung nach war es eine Frage von ein bis zwei Wochen, bis Bruno wieder auf den Beinen war – wenn alles gut ging. Christina nickte. Sie wusste, dass sie sich auf meine fachliche Einschätzung verlassen konnte.

Während ich erzählte, hielt Franco Giuliana im Arm und wischte ihr die Tränen ab. Sie setzten sich zu uns an den Küchentisch. „Wie soll es nun weitergehen", fragte Franco.

Den Rest der Unterhaltung bekam ich kaum noch mit. Ich sah und hörte – Luciano erklärte. Ich war niedergeschlagen.

Kapitel 34

Die kleine Osteria war halb leer, die wir nach unserem Besuch bei Giuliana und Franco spontan betraten, von Kerzen auf den runden Bistrotischen golden beleuchtet, viel besser als eins der gut besuchten Restaurants. Wir setzten uns zu dritt an den winzigen Tisch, bestellten eine Flasche Sangiovese und Antipasti. So rechten Appetit hatte keiner von uns. Die Kerzenflamme überhauchte Christinas ernstes Gesicht, ließ ihr Haar so hell leuchten, dass es metallisch glänzte. Im Hintergrund lief *„I maschi"*. Gianna Nannini sang: *Die Männer, die so verliebt wie ich, die Männer, die so verliebt wie du, welche Emotionen, wie viele Lügen...*
Ja, wie viele Lügen.
Luciano brach das Schweigen. „In gewisser Weise kann ich es auch nicht fassen, was passiert ist. Ich hätte nie geglaubt, dass Giuseppe und Alberto so aggressiv reagieren würden. Aber letztendlich sieht es ja so aus, als würde sich alles fügen."
„Es hat Warnzeichen gegeben, die wir nicht ernst genommen oder richtig gedeutet haben."
Christina sah von mir zu Luciano. „Wir sollten uns einmal Gedanken darüber machen, was geschieht, wenn es gut ausgeht. Giuliana und Franco übernehmen das Haus und die Bewirtschaftung der Felder, ja?"
Wir nickten.

„Soviel ich verstanden habe, ist Franco Automechaniker und kümmert sich in Urbino um den stadteigenen Fuhrpark."

„Das ist richtig", sagte Luciano und betrachtete Christina mit neugierigem Interesse. „Du machst dir Gedanken? Weil er von Landwirtschaft keine Ahnung hat, würde er die Felder nicht mehr bearbeiten?" fragte er.

Christina zog die Augenbrauen hoch. „Ist es nicht so?"

„Nein, denn Francos Vater war Bauer und hat seinen Sohn immer kräftig mitarbeiten lassen. Außerdem ist Ernesto ja auch noch da. Die beiden werden das schon schaffen."

„Oh, gut! Aber sagt mal..."

„Du brauchst dich auch nicht um die drei Brüder zu sorgen. Ich werde sie gut in mein Unternehmen einbinden. Vielleicht sind sie durch den Vorfall endlich einsichtig geworden."

Ich fühlte mich unbehaglich, mein Kopf schmerzte. Die beiden sprachen über das Nachher und ich war noch ganz mit dem Jetzt beschäftigt. Ich wusste, dass ich keine Schuld an Brunos Verwundung hatte, und war doch auf eine irrationale und völlig unerschütterliche Weise überzeugt, dass es doch so war. „Aber die Wunde ist nicht letal", sagte ich laut, bevor ich begriff, dass ich zu mir selbst redete.

Luciano sah mich irritiert an. Christina biss sich auf die Unterlippe.

Die Situation war mir peinlich. Ich wartete, weil es schien, als wolle Christina einen Gedanken formulieren, doch stattdessen trank sie nur einen Schluck von ihrem Wein und berührte mein Handgelenk. „Du solltest dir nicht die Schuld geben. Das darfst du nicht. Das ist verrückt."

„Nun lasst uns doch mal nach vorne sehen. Es nützt ja nichts." Luciano schien ärgerlich.

„Was ist mit der Mühle", fragte Christina auf einmal. Könnte man sie wieder instand setzen?"

„Natürlich könnte man das, aber warum sollte man. Es würde sich doch nicht rentieren. Man kauft heute schließlich sein Mehl im Supermarkt und nicht beim Müller."

Ich kannte Christina zu gut, um nicht zu wissen, dass sie mit ihrer Frage etwas bezweckte. Ich bat Luciano, sie ausreden zu lassen. Der Kellner räumte unsere Teller ab. Wir schwiegen einen Moment.

„Während ihr oben bei deiner Familie gewesen seid, Valerio, hatte ich lange Zeit, mich mit Franco und Giuliana zu unterhalten. Beide scheinen mir sehr naturverbunden und bodenständig zu sein. Ich kann mir vorstellen, dass sie sich auf ökologische Landwirtschaft spezialisieren und in der Mühle aus alten Getreidearten wie Dinkel, Emmer und Einkorn Mehl herstellen könnten."

„Was?", fragten Luciano und ich gleichzeitig ziemlich erstaunt.

In der nächsten Stunde erläuterte sie uns ihre Idee. Das war Christina, wie ich sie kannte. Ich fühlte mich in eine überraschend gute Stimmung versetzt, wenn auch meine Kopfschmerzen damit nicht vertrieben waren.

„Ja, meine Güte, sagt doch was! Ihr kennt Giuliana und Franco doch besser als ich", sagte sie unvermittelt und zog den leichten Sommerschal um ihren Hals enger.

„Ich...?" Luciano schaute mich kopfschüttelnd an. Anscheinend wusste er noch nicht, wie er mit dem Vorschlag umgehen sollte.

„Ja", sagte ich endlich mit Entschiedenheit. „Das ist eine ausgezeichnete Idee. Die Nachfrage nach Bioprodukten steigt, und Mehl aus alten Getreidesorten wird auch immer beliebter. Ernesto könnte weiter seinen ausgezeichneten Wein anbauen, mit Franco die Felder bestellen und ihm in der Mühle helfen. Mutter und Giuliana würden selbst angebautes Gemüse auf den Märkten der Umgebung verkaufen."

Auf Lucianos Gesicht breitete sich ein zufriedenes Lächeln aus. Er schlug die Beine übereinander und lehnte sich entspannt auf seinem Stuhl zurück.

Eigentlich wäre das die Lösung aller Probleme. Die einzige Frage blieb, wie würden sich Giuliana und Franco entscheiden? Es war ja auf den Höfen rund um Canavaccio durchaus üblich, dass die Männer tagsüber einem Beruf in der Stadt nachgingen und abends und an den Wochenenden die Felder bestellten. Einen Haken hatte die ganze Sache: Würden Giuliana und Franco meinem Onkel Don Giancarlo auch ein lebenslanges Wohnrecht einräumen? Würde es Giuliana überhaupt ertragen, mit meiner Mutter, Ernesto und ihm unter einem Dach zu leben? Würde sie ihnen verzeihen können? Das waren Dinge, die geklärt werden mussten. Luciano schien meine Gedanken erraten zu haben – wieder einmal. Er drehte sich zu mir. Lichtzungen und Schatten der Kerze teilten sein Gesicht. „Tja, darüber müssen wir uns dann mit den beiden vor Unterzeichnung des Vertrages noch einmal unterhalten."

Und an Christina gewandt: „Alle Achtung, deine Idee, Christina, - *grandioso*. Absolut außergewöhnlich, finde ich. Also – morgen sollten wir mehr wissen, hoffe ich."

„Ja, schön", sagte ich, „warten wir es ab."

Christina machte ein zustimmendes Geräusch und wollte anscheinend etwas sagen, wurde aber vom Kellner unterbrochen.

Mit einem aufmunternden *Salute* stellte er uns eine volle Flasche Grappa mit drei Gläsern auf den Tisch.

„Woher der wohl weiß, dass wir den nötig haben", grinste Luciano und schenkte ein.

„Christina, du beeindruckst mich. Könntet ihr euch nicht mit dem Gedanken anfreunden, nach Urbino zu kommen und hier eine Gemeinschaftspraxis eröffnen. Ich glaube, darüber würde sich nicht nur Francesco freuen."

„Kommt gar nicht in Frage", herrschte ich ihn an. Und wieder versöhnlicher: „Jetzt trinken wir erst einmal auf ein gutes Gelingen morgen."

Der Grappa rann mir scharf die Kehle hinunter. Christina krächzte. „Oh Gott, hat der es in sich!"

Als sie wieder Luft bekam, schaute sie mich von der Seite an und legte den Kopf schief. „Ich finde Lucianos Vorschlag gar nicht so übel.

Sie lächelte mich Zustimmung heischend an.

Ich machte ein missmutiges Geräusch.

Luciano schenkte nochmal ein. „Na dann...

Kapitel 35

Ich nahm nicht den direkten Weg zur Mühle. Vor unserer Abreise würde ich mich noch einmal mit Giuliana treffen, nicht bei ihr zu Hause und auch nicht in unserem Elternhaus, aber dort, wo wir in unserer Kindheit die meiste gemeinsame Zeit verbracht hatten, losgelöst von allen Ängsten.

Ich fuhr eine Stunde vor der verabredeten Zeit los, stellte mein Auto unterhalb der Mühle ab, ließ mein Elternhaus rechts von mir liegen und lief über den festgetretenen Lehmpfad zwischen den Feldern, vorbei an meinem Elternhaus, empor zur Spitze des Pietralata. Von hier oben waren das Haus, die Mühle und die entfernter liegenden kleineren Gehöfte kaum noch zu erkennen. Selbst die etwas höher gelegene Kirche San Ambrosio mit dem angrenzenden Friedhof, auf dem sich nicht nur die Grabstätten der Vorfahren der Familie Gemelli befanden, sondern auch die der örtlichen Bauernfamilien, schienen von hier oben winzig.

Ich ging an einer hoch gelegenen ärmlich wirkenden Bauernkate vorbei. In dem Weinberg davor arbeitete ein Bauer, den ich nicht kannte oder vielleicht nicht mehr erkannte. Der Bauer hob die Hacke mit Schwung hoch über die Schulter, um sie dann in das lehmige, von der Sonne gebleichte Erdreich niedersausen zu lassen. In dem angrenzenden Gemüsegarten arbeiteten gebückt zwei Frauen. Als ich an ihnen vorbei kam, hörten sie mit der Arbeit auf und schauten mich aus furchendurchzogenen

Gesichtern misstrauisch an. In einem Pferch rissen zwei magere Ziegen Grasbüschel aus. Kauend drehten sie ihre Köpfe und schauten mir aufmerksam nach. Noch ein paar hundert Meter weiter und ich hätte ein letztes Mal neben dem in den Fels gehauenen Mussolini-Kopf die weite Sicht bis Rimini genießen können. Aber ich kehrte um. Giuliana sollte nicht lange auf mich warten müssen.

Sie saß an einer windgeschützten Stelle hinter der Mühle, direkt am Bach. Ihr Kind hielt sie in eine Decke gewickelt in den Armen.
Ich hatte mich ein wenig verspätet und Giuliana schaute fragend auf, als ich näher kam.
„Wo warst du so lange?" Ihre Stimme klang besorgt.
„Ich musste nachdenken." Ich hockte mich neben sie und nahm ihr mit einem kurzen fragenden Blick die kleine Esther ab. Ich schlug den Zipfel der gehäkelten Baumwolldecke zur Seite. Das Kind schlief fest, eine kleine Faust neben dem Gesichtchen, der kleine Mund entspannt. Ein neues Leben, ein neues Schicksal, eine neue Verantwortung. Giuliana würde das schaffen. Ich hatte mir das in den letzten Tagen wie ein Mantra immer wieder gesagt. Wir hatten die wichtigsten Dinge besprochen, nachdem die eidesstattlichen Erklärungen abgegeben, der Vertrag unterzeichnet war. Was würde die Zukunft für Giuliana und ihre Familie bringen? Es würde davon abhängen, wie sie die Gegenwart meisterten.
„Glaubst du, dass ihr das hinbekommt, mit den Eltern und Onkel Don Giancarlo unter einem Dach"? fragte ich leise.

Sie nahm mir das Kind aus den Armen, sah mir gerade, fast trotzig, in die Augen und nickte. „Verdammt, das werden wir", sagte sie. „Franco ist stark. Und ich werde stark sein. Ich weiß inzwischen, was ein Kompromiss bedeutet." Sie sah mich herausfordernd an, als erwartete sie meinen Widerspruch. Als ich nur zustimmend nickte, fuhr sie fort: „Mutter und Vater? Sie haben einiges wieder gutzumachen. Weißt du, ich glaube aber, dass ich ihnen vergeben kann. Und Onkel Giancarlo", sie winkte ab und lachte, „den werde ich mit seinen eigenen Waffen schlagen. Ich kenne mich auch aus mit frommen Sprüchen."

Ich fühlte die Verantwortung. Wir hatten Giuliana und ihre Familie auf einen Weg geschickt, von dem wir annahmen, dass es der richtige war. Von allen möglichen Wegen schien er der einzig taugliche. Ernesto und die Mutter hatten ihre Schuld, die Folgen ihres Schweigens und Duldens, eingestanden und waren zur Reue und Umkehr bereit. Vielleicht würden sie eine Art inneren Frieden finden.

Esther war wach geworden und schrie. Giuliana gab ihr den Schnuller und summte leise ein Kinderlied. Mit dem Zeigefinger strich sie der Kleinen über die Stirn, bis sie wieder einschlief. Es war diese friedliche Szene, die mich hoffen ließ.

Giuliana sprach leise weiter. „Christinas Vorschlag mit der Mühle und dem Bio-Gemüse ist großartig. Außerdem wissen wir, dass ihr hinter uns steht - sogar Luciano. Ich bin voller Schwung."

Sie blickte mich von der Seite an und beugte sich vor. „Keine Angst, wir werden uns bei euch oft genug beklagen, wenn wir Probleme haben", drohte sie lächelnd. „Und was ich von Christina bisher weiß, wird sie es sich nicht nehmen lassen, alle paar Monate hier aufzukreuzen." Wir sahen uns an und lachten, zum ersten Mal so unbeschwert wie in den guten Tagen unserer Kindheit.

Die untergehende Sonne tauchte die Hügellandschaft in ein unwirkliches, rotgoldenes Licht. Ich nahm Giuliana in den Arm und streichelte sanft ihren Kopf.

Mein Handy klingelte. Ich ging ein paar Schritte vor der Mühle den Bach entlang. Es war Luciano. Er bat mich, pünktlich zurück zu sein. Es war unser letzter Abend vor unserer Abreise. Wir würden bei Francesco gemeinsam zu Abend essen, erklärte er mir.

Nun drängte die Zeit. Ich musste mich auch noch von meinem Freund Roberto verabschieden. Giuliana umarmte mich lange zum Abschied. Sie weinte. Doch es waren keine Tränen der Verzweiflung mehr, es waren Tränen der Hoffnung.

Der Tag zog vorbei, ein neuer würde beginnen. Vorbei. Dies war die Zeit zwischen den Untaten und den Taten. Meine Rückkehr war schmerzlich, aber ich hatte gelernt zu akzeptieren. Vergangenheit, Gegenwart und Zukunft ließen sich nicht trennen, sie waren verschmolzen zu einem Ganzen, zu einem Bestandteil meiner Persönlichkeit. Was mir bisher im Leben widerfahren war, Gutes ebenso wie Böses, was ich getan oder versäumt hatte, gehörte unauslöschlich dazu. Ich war heimgekehrt, doch ich würde wieder gehen – aber versöhnt. Es gab kein NON MI IMPORTA NIENTE mehr.

Kapitel 36

Es ist diese Stadt, in der mein Schicksal sich verfangen hat und hängengeblieben ist. Das Gute nimmt manchmal seltsame Hintertüren, um sich Einlass zu verschaffen.

Seit zwei Jahren bin ich zurück in meiner Heimatstadt. Ich habe lange gebraucht, alles, was geschehen ist, als Gegebenheit anzunehmen. Ich habe mich entschieden zwischen Nichtwollen und Wollen, zwischen Nichtkönnen und Können, zwischen Vergeltung und Vergebung. Meine Gedanken sind heller und stärker. Ich würde immer noch gern vergessen, aber habe mich selbst auf Kurs gebracht, bin meinem Herzen gefolgt - und Christina. Christina, die Pragmatische, Christina die Kluge. Sie hat sich in Urbino verliebt, hat mir den Blick geöffnet für die Verheißung, es irgendwie besser zu machen als bisher. Sie hat mir gezeigt, dass es trotz allem, so erbarmungslos eine Vergangenheit auch gewesen sein mag, möglich ist, dem Leben eine Wendung zu geben, Sinn und Freude zu suchen und nicht nur auf die alten Muster zu starren. Ich bin so lange von zu Hause fort gewesen, habe das Vibrieren der vergehenden Zeit in meinem Körper gespürt und lebe mein Leben nun, nach der Rückkehr, beschwingt und gelassen.

Wir haben in Urbino eine Gemeinschaftspraxis eröffnet – Christina und ich. Sie, die blonde deutsche Ärztin, ist beliebt bei den Urbinaten. Sie hat mehr Patienten als ich, besonders männliche - natürlich.

Von meinem Sprechzimmer aus geht mein Blick jeden Morgen, bevor ich den ersten Patienten hereinrufe, hinüber zum Mausoleo dei Duchi und der Kirche di San Bernardino mit dem dahinterliegenden Friedhof. Ich halte stumme Zwiesprache mit Francesco de Carlo, den wir vor sechs Monaten begraben haben. Von dort schaut er nun auf die Dächer seiner geliebten Stadt und auf die Türme des Palazzo, so wie er es immer gewollt hatte. Er hatte sich in der Freude über meine Rückkehr wieder gut erholt. Er hatte mich gedrückt, bis mir die Luft weggeblieben war. Es war aufwärts gegangen. Doch dann hat sein kraftloser Körper aufgegeben. In seinen letzten Stunden ist noch einmal der Philosoph in ihm erwacht. Mit einem schwachen Lächeln hat er geflüstert: „Ich fürchte den Tod nicht, nur das Ungewisse."

Luciano, Christina und ich haben nach seinem Tod eine Stiftung geründet: die Francesco-de-Carlo-Stiftung. Sie unterstützt Kinder von den einsamen Bauernhöfen und aus bildungsfernen Familien beim Lernen, an die Begabtesten unter ihnen werden Stipendien vergeben.

Giuliana und Franco haben die Mühle restauriert und wieder in Betrieb genommen. Sie haben Erfolg. Ihr biologisch angebautes Gemüse und die alten Mehlsorten aus der Mühle sind beliebt, ihr Kundenstamm kommt aus der Umgebung von Urbino, ebenso wie aus Fano oder Pesaro.

Giuliana hat sich mit den Eltern versöhnt. Sie ist weder als Opfer beschämt worden, noch sind die Täter ruiniert. Giulianas Geschenk der Vergebung hat die Eltern verändert. Ihre Vergebung verharmlost nicht die Tat, dennoch sieht Giuliana die Schuld der Eltern als vergangen und vergeben an. Sie hat erkannt, dass ihre Reue ernst gemeint ist.

Gemeinsam mit der Mutter führt sie heute einen sehr geordneten Haushalt. Sogar die Abkehr vom Alkohol ist ihr mit Christinas Hilfe gelungen. Sie hat die Fußfessel des gedemütigten Opfers ablegen können.

Die kleine Esther hat sich zu einem lebhaften, hübschen Kind entwickelt. Sie versteht es ausgezeichnet, mit ihren ausgefallenen Wünschen und Spielen ihre Eltern, Großeltern und sogar Onkel Giancarlo ständig zu beschäftigen. Eine ganz besonders innige Verbindung hat sie zu ihrer *nonna.* Meine Mutter hat sich zu einer liebevollen Großmutter gewandelt. Selbst ihre Gesichtszüge sind weicher geworden.

Und Ernesto – mein Nicht-Vater – spricht heute mehr denn je mit seinen Weinstöcken. Vor ihnen breitet er sein Innerstes aus, wenn er am frühen Morgen durch die Reihen geht und die widerspenstigen Triebe zurechtbiegt. Auf den Feldern und in der Mühle ist er der gute Geist, der Franco berät und, wenn es nötig wird, zur Hand geht. Wenn es November wird, freut er sich auf das Ritual der Olivenernte. Er hält sein Öl nach wie vor für das beste der Umgebung.

Luciano hat Christina und mich nun endlich in seine Familie eingeführt. Lorena hat uns auf ihre freundliche Art herzlich willkommen geheißen. Meine jüngeren Geschwister Stefano und Laura sind stolz auf den Arzt und die blonde deutsche Ärztin in ihrer Familie. Laura hat ein Medizinstudium in Bologna begonnen, und Stefano steht in Mailand kurz vor dem Abschlussexamen in Architektur. Wann immer es möglich ist, sehen wir uns in Urbino.

Ja, es war eine kleine Sensation, als wir uns in Urbino niederließen. Wir waren wochenlang Stadtgespräch. Es hieß immer: Ach, der kleine Valerio, *Dottore* Francescos Mündel – schaut, was aus ihm geworden ist. Und dann seine blonde *Dottoressa - che bella famiglia.*

Meine Brüder Giuseppe, Alberto und Bruno sehe ich manchmal, wenn ich Luciano zu seinem *Agriturismo* auf den Monte Nerone begleite. Bruno hat sich damals, wie erhofft, gut von seiner Verletzung erholt. Er ist inzwischen verheiratet. Luciano hatte vor der Eröffnung des Restaurants eine Köchin eingestellt, die junge Alice aus dem nahe gelegenen Apecchio, und Bruno begann, sich plötzlich für die Küche zu interessieren. Alice hat ihm nicht nur das Kochen beigebracht, sie hat ihn auch zu ihrem Ehemann gemacht.

Giuseppe und Alberto leben zurückgezogen in einem kleinen Anbau hinter dem *Agriturismo*. Sie machen gute Arbeit. Das Restaurant ist so gut besucht, dass Luciano an eine Erweiterung denkt. Wenn wir zum Essen bleiben, ist die Stimmung sehr angenehm und leicht, ja gesprächig, aber keineswegs persönlich. Was die Vorgänge vor Jahren angeht: Nichts wurde gesagt, nichts wird gesagt. Alles andere klappt perfekt.

Ich bin zurück, endlich angekommen. Zurück mit Christina. Wir leben hier - und es ist möglich. Manchmal liege ich wach neben ihr im Bett, betrachte sie und denke: Sie ist es wirklich. Sie ist einfach da, mit mir in meiner Heimatstadt. Es ist kein Traum, es ist wahr. Und manchmal sage ich laut: zwick mich - und sie sagt verschlafen: zwick lieber mich, und wir lachen und merken, sie gehört uns, diese Gewissheit.

Das Leben ist ersprießlich, wenn man es zu gebrauchen versteht.
(Seneca „Vom glücklichen Leben – De vita beata")